おかしいぞ！国語教科書

古すぎる万葉集の読み方

梶川信行編

笠間書院

おかしいぞ！　国語教科書　古すぎる万葉集の読み方　目次

Ⅱ　問題のありかを探る

Ⅲ　高校「国語総合」の教科書、全二十三種を徹底解剖

〔単元構成／配当時間／教材化された万葉歌／教材の典拠となったテキスト／典拠と教材との異同／脚注の傾向と問題点／学習の手引き等の傾向と問題点／趣意書の特色／指導書の構成と問題点／総合所見〕

――梶川信行・野口恵子・佐藤織衣・鈴木雅裕・佐藤愛◆141

Ⅴ　こう教えたい『万葉集』——新たな教材の提案

はじめに

子どもの頃は、教科書に書いてあることはすべて間違いないことなのだと素朴に信じていた。しかし、とりわけ大学院に進学し、専門的に学ぶ一方で、高校の非常勤講師をしていると、教科書の記述と最新の研究動向との隔たりに気づくようなった。やがて大学の教壇に立ち、国語科教育法の授業なども担当するようになると、教科書に対する疑念は一層膨らんで行った。

教科書の『万葉集』は昭和のままである

もちろん、教科書のすべてが問題だということではない。総じて言えば、どの教科書にも優れた教材が集められている。平成二十五年度から使用されている高等学校「国語総合」の教科書のどれをめくってみても、新鮮な教材が多い。思わず読みふけってしまうような心に残る作品がたくさん載せられている。なかなか工夫された解説もある。何より、紙面が美しくなっている。

ところが、『万葉集』に関しては、学習指導要領が新しくなり、教科書が改訂されても、中身はほとんど変わっていない。少しレイアウトをいじっただけで、古いデータを流用した教科書が多い。教師用指導書の中には、旧版と一字一句違わないものを新しい教科書用として提供しているものさえある。

『万葉集』や『古事記』は、共通一次やセンター試験で、一度も出題されたことがない。進学校の中には、だから授業では取り上げません、と公言しているところもある。したがって、少子化で発行部数が減る中、経費節減のためであろうが、現代文しか改訂作業を行なっていないと疑われる教科書が目につく。その結果として、「国語総合」の『万葉集』は昭和のまま、ということになっている。

『万葉集』に限らず、古典は総じて等閑に付されているのだ。

『万葉集』ならざる『万葉集』が教材とされている

たとえば、万葉歌をこんな形で教材としている「国語総合」の教科書がある。

天皇、蒲生野《かまふの》にみ狩りする時に、額田王の作る歌

あかねさす　紫野《むらさきの》行き　標野《しめの》行き　野守《のもり》は見ずや　君が袖振る

額田王

歌の前には、作者と作歌事情が記されている。題詞と呼ばれているが、そこに「額田王」とあるのに、なぜ、さらに下の方に「額田王」と記されているのか。ほとんどの教科書が、こうした形で作者名を記しているのだ。

周知のように、これは平安時代以後に編まれた勅撰和歌集の形式である。「国語総合」の和歌の単元は、多くの場合、『古今集』『新古今集』とセットにして、三大歌風が学べるようになっているが、奈良時代に生まれた『万葉集』を平安時代以後の形式に改変して教材としているのだ。これでは『万葉集』とは言えない。

また、山部赤人の場合だが、

若の浦に　潮満ち来れば　潟を無み　蘆辺《あしべ》を指して　鶴《たつ》鳴き渡る

という歌を教材としている教科書がある。これは長歌に付された二首の反歌のうちの一つで、この一首だけで成り立っていた作品ではない。それを長歌から切り離し、一首の独立した短歌として赤人の代表作としたのは『古今集』の仮名序、すなわち紀貫之の判断だった。つまり、『万葉集』の単元だと言いつつ、実は貫之の眼鏡に適った形で万葉歌が提示されているのだ。

失敗の経験

『万葉集』ならざる『万葉集』が教材とされているのは、決して今に始まったことではない。元号が昭和から平成に変わった頃、たまたま高校の国語の教科書の編集に携わる機会があった。その頃も状況は同じだったので、私は高校生たちに、ぜひ本当の『万葉集』の姿を知ってほしいと思った。そして、できるだけ『万葉集』本来の形を尊重しつつ、与えられた少ないスペースの中で、『万葉集』のダイジェストを作ることを試みた。

しかし、今から思えば、若気の至りだった。ほぼ全入となった高校生に、馴染のない古典の和歌を押しつけたところで、本物を理解するための下地がまだできていない、ということに気づかなかったのだ。八世紀なりの国際化を理解させるために、遣唐使や遣新羅使《けんしらぎし》に関わる歌など、見馴れない歌を何首か教材としたことも、現場の先生方の理解を得られなかった。私の意図は空回りし、失敗に終わったのだ。

時代錯誤の学習法が古典嫌いを増やしている

ところが数年前、たまたま上代《じょうだい》文学会という学会の秋季大会で、教科書に関する発表をする機会が与えられた。思いのほか反響が大きく、質疑の時間が足りなくなった。関心を持っている人がこんなにもいるのだと、私は意を強くし、それから国語教科書の中の『万葉集』に関する論文を書くようになった。

そうした論文を書く時、常に頭の中にあったのは、自分の失敗の経験だった。教科書の万葉観は総じて古すぎる。どんな科目の教科書であれ、当該分野の学問的成果と乖離した内容は望ましくない。そこまでは失敗前と同じだが、とは言え、生徒たちにそれを性急に押しつけることは、決して建設的なことではあるまい。ほぼ全入となった高校生の発達段階に応じた形で教材を提供すべきではないか。そう考えるようになっていたのだ。

こう言うと、「そんなことは当たり前ではないか」という声が聞こえて来そうである。しかし、実際にはどうだろうか。学生たちに聞いてみると、現在でも高校における古典の授業は文法中心で、品詞分解することが学習だと思っていた、という声をよく耳にする。教科書会社が発行している各社の教師用指導書を見ても、文法的な説明と品詞分解が大きなスペースを占めている。

一語一語厳密に分析し、現代語訳して行く授業を想定しているのだろうが、それは訓詁《くんこ》注釈《ちゅうしゃく》的（「詁」とは、古い言葉の意）な学問の方法である。福沢諭吉や大村益次郎といった幕末の各藩のエリートたちが、一冊のオランダ語の辞書を取り合うようにして、自然科学の知識を吸収した適塾の勉強法が連想される。海外に圧倒的に高い文化があり、翻訳することが学問だった時代の学習法である。

しかし、それを行なったのは一部のエリートたちだった。現在、ほぼ全入の高校生たちに、かつてのエリートたちと同じ学問の方法を押しつけていることを、私はとても疑問に思っている。とりわけ、すべての高校生が学ぶ「国語総合」では、そうした学習法はふさわしくない。また、国際化が進む中、学習指導要領は「伝え合う力」の育成を求めているが、その理念にも適うものではあるまい。

私は国語科教育法の授業で、常々学生たちに、スポーツに喩えて説明している。健康増進のためのスポーツと選ばれた者が行なうスポーツは違うのだ。すべての子どもたちに選手を養成するようなトレーニングを強制したら、スポーツとは辛いものだと思って、嫌いになってしまう子もいるだろう。身体の弱い子が、かえって体を壊してしまうこともあるに違いない。学習指導要領が、古典を学ぶことを通して人生を豊かにし、生涯にわたって古典に親しむ態度を育てることを求めているように、「国語総合」の古典は、健康増進のスポーツであるべきだ。しかし、文法中心の古典の授業は、選手養成のトレーニングのようなものなのだ、と。

　やや語弊のある言い方かも知れないが、現在も多くの高校で行なわれている古典の授業は、古い常識に基づいて、間違ったトレーニング法を強制しているように見える。教科書も、それに加担しているように思われてならない。不幸なのは生徒たちである。さまざまな調査で、高校生の四人に三人は古典嫌いだという結果が出ているが、それは当然のことなのではないかと思われる。

教科書の未来のために

　しかし、古典文学はおもしろいものだ。そして私たち研究者は、自分が携わって来た古典文学に関する研究が、未来にきちんと受け継がれて行くことを願っている。ところが、若い人たちはなかなか古典に興味を持ってくれない。

　座して嘆いていても仕方がないので、学会としても、繰り返しさまざまな方策を講じて来た。しかし、従来の方策は、すでに大学に入った学生や、学問を志した大学院生に対するものだった。もちろん、それも必要なことだが、やはり底辺を広げる努力も大切であろう。そのためには、高校生にも働きかけて行かなければならない。そこで本書では、必修の「国語総合」と選択科目の「古典B」で、どのように『万葉集』を学び分けるべきか。その提案もしてみた。教科書がすぐに変わって行くことは期待できないが、現場の先生方の参考になればと考えている。

本書は、中学・高校の先生方や教職を目指す学生さんたちに読んでほしいと考え、企画したものである。教える立場の方々に、教材の裏側にある問題点などについても、理解していただければ幸いである。もちろん、教育問題は子を持つ親御さんたちにとっても切実なことであろう。したがって、若い人たちを育てる責任のあるすべての方々に、本書を手に取ってほしいと願っている。

本書は主に『万葉集』を扱っているが、これは一人『万葉集』の問題ではない。教科書の古典の教材には、どんな問題が潜んでいるのか。教材とされたものに関する研究の現状はどのようなものなのか。本書はその一部に過ぎないが、研究者の側から情報を提供し、それを世間の方々に知っていただくことで、現在のチグハグな状況が少しでも改善すればと念じている。

なお、本書の章立ては、提出された原稿を読んだ上で、編者の責任で行なったものである。どこに位置づけるか悩んだものもあるが、個々の内容はいずれも意義のあるものだと信じている。

編　者

I

今、なぜ教科書を問うのか

国語教育の危機

多田一臣

はじめに――教育政策そのものへの疑念

近年、あちこちで国語教育と文学研究との間に見られる乖離について取り上げられるようになってきている。平成二十六年四月、東京大学国語国文学会の大会において、「教育と研究」と題するシンポジウムが行われた。その成果を踏まえつつ、『国語と国文学』平成二十七年十月号が同題の特集を組み、十四本の論考がそこに収められている。そこで問われているのも、基本的には、右の乖離の問題であり、その編集後記にも「中等学校（中学校・高等学校）における国語教育と、国語学・国文学の研究とは、本来不即不離の関係にあったはずである。ところが、現在両者は不幸にして乖離しがちである」との文言が見られる。

日本文学協会の機関誌『日本文学』も、二〇一四年と二〇一五年の二年にわたり、ともに一月号で「教科書と文学」の特集を組んでいる。その企画の意図は、教材として取り上げられた作品のありようや教授の方法の是非を問うところにあるらしく、右の問題とは直接にはかかわらないものの、教科書そのものを検討対象としようとしているところに通底するものがあるといえる。

一方、上代文学の分野でも、この問題はかなり以前から議論の対象になっている。これを主導したのは本書の編者である梶川信行で、古典の教科書、とりわけ高等学校「国語総合」の教科書の抱える欠陥について、いくつかの論考を通じて、具体的な指摘を行っている。平成二十四年十一月の上代文学会秋季大会における梶川の報告「国語教科書の中の『万葉集』――高等学校「国語総合」を例として」は大きな反響を呼んだが、それ以後も、梶川は「国語総合」に取り上げられた作品、とくに『万葉集』の和歌について、教科書の記述や取り上げ方が、いかに研究の現状と隔たりをもっているかを明らかにしている。

本書の企画も、そうした梶川の問題意識を背景に構想されており、それに共感する立場から、執筆者の一人に加えていただいたような次第である。

ただし、私は現今の高等学校の国語教育のありかた、さらにいえば中等教育から高等教育に及ぶ教育政策そのものに疑念を抱いており、そのこともあわせて説き及んでいきたいと考えている。以下、綿密な論証の上に立つ論述ではなく、むしろ主観的な物言いに終始することになるが、ご容赦願いたいと思う。上代文学の教材そのものに対する疑問は、最後に述べることにしたい。

1 国語教育の昔と今

まずは、教育政策の問題から考えていく。あらかじめ結論を言えば、教育政策に定見がなく、変動する状況に対して場当たり的な対応しか行ってこなかったことが、すべての混乱の原因であったということになる。

学校教育の質の低下は年々著しくなる一方だが、そうした状況に適切に対処する方策がとられた形跡はまったく見られない。質の低下した要因はさまざまだが、高等学校の全入が実現し、大学進学もほぼ全入（進学希望者についてだが）となったような状況が、そうした事態を生み出したように思われる。中学校の教育内容をきちんと習得することができれば、一廉の知識人といえるほどの教養が得られるはずだが、実際にはその内容をほとんど咀嚼しえないまま高校、大学へと進学してしまう手合いが増えている。

一方で、学校教育への不適応を訴えて、登校を拒否する生徒（学生）も少なくない。こうした生徒（学生）は、私の世代にはほとんどいなかった。当時は一クラスはほぼ六十人、手取り足取りの指導などはありえず、まったくの放りっぱなしであった。家庭教師をつけたり、塾に通ったりするのは、ごくごく例外的な存在だった。

高度成長期以前の時代状況

これで何が言いたいのかと疑問をもたれるかもしれない。肝腎なのは、そうした状況の中にありながら、当時の生徒の学力はいまよりずっと高かったということである。高度成長期以前の時代状況を背景に、新たな知識を獲得することへの渇望が、あらゆる世代にわたって共有されていたことが、学力の高さと結びついていたのだと思われる。

当時は、大学進学率は低く、一九六五年では十三パーセント（男子のみでは二十一パーセント）程度であり、大学生はまだ知的エリートとみなされていた。私（一九四九年二月生まれ）の世代では、中学を終えて就職する者もいたし、大学進学は目指さないとの理由（多くは経済的事情）から、あえて商業高校へ進む者もいた。当時の商業高校の中には、名門校と呼ばれる学校もあった。知識への渇望、それを支える教養主義が、中等教育をも含めて、教育の場全体にまだ残されていたのだろう。

それが崩れるのが、高度成長期を過ぎて、大衆化社会が生まれてからである。かつては、貧困のため高等学校への進学を断念せざるをえない生徒たちが少なからずいたが、彼らに進学の機会を与えることを目的に、高校全入運動が展開されたことがあった。だが、大衆化社会の到来は、そうした努力とは無関係に、高等学校への全入を実現させてしまった。

しかし、そのことがかえって、知識への渇望が影を潜め、教養主義が意義を失いつつあるような状況とも相俟って、無目的なまま上級の学校へ進学する生徒の数をいたずらに増やすことになっていった。一方、こうした状況に対処していくはずの教育政策は、現状の追認に終始する。そこには何の定見も見られない。その結果もたらされたのが学力の低下である。こうした事態は、高校全入運動を進めた人びとにも、予期せぬことであったに違いない。

昔の高度な教材選択

ここで、教科書の質が問われることになる。私は、千葉大学文学部で十四年、東京大学文学部で十九年にわたって国文学の教員を勤めたが、その間、徐々に学生の学力の低下を感じるようになった。最上位の学生の学力は昔と変わらないものの、下位の学生の学力は以前とはまったく比べられないほどに落ち続けている。しかも、国文科に進学する必然性をもたず、目的意識の希薄な学生が増えている。これはどこの大学、どこの国文科でも同様だろう。

こうした事態は、高等学校の教育の質の低下とも結びついている。以前、本書の企画とはまったく別な動機から、高等学校の現代文（現代国語）の教科書の今昔を比べて見たことがある。ここでの昔とは、私が高等学校在学中に使用した教科書をいう。もっとも、原本は手許にないので、東京都江東区千石にある教科書研究センター附属の教科書図書館で閲覧し、その目次のコピーを取った。私が使用したのは、大日本図書株式会社の『高等学校現代国語一〜三』である。編者は山岸徳平・稲垣達郎ほか十三名。この目次を見て、その教材の高度な選択に、あらためて一驚した。一年生用の『現代国語　一』を見ると、森鷗外「サフラン」、石光真清「城下の人」（ここから刺戟を受けて、後に四部作をすべて読んだ）、小説では芥川龍之介「山鴫」、大岡昇平「俘虜記」、詩の周辺の文章として、伊藤整「若い詩人の肖像」（梶井基次郎との出逢いの場面）、萩原朔太郎「『青猫』スタイルの用意について」など。変わったところでは、民俗学系統で柳田国男や関敬吾の文章も入っている。随筆に寺田寅彦、吉野作造、石井鶴三の文章があったりする。夏目漱石と芥川龍之介の師弟の手紙などもある。木下順二「『マクベス』を見る」も忘れがたい。これが一年生用である。

二年生用はさらにすごい。定番の漱石は、ここでは「我が輩は猫である」である。しかも小宮豊隆「「猫」論」まで収められている。現今の教科書が、漱石といえば判で押したように「こころ」を入れているのとは大違いである。ついでながら、「こころ」は、教科書から排除されるべきであり、むしろ「三四郎」「草枕」「虞美人草」「夢十夜」などを入れるべきだと思う。むろん「猫」でもよい。「こころ」は、青春時代に読む小説ではない。誰が最初に「こころ」を入れる愚を犯したのか、聞いてみたい気がする。小説で特筆すべきは、神西清「雪の宿り」が全文掲載されていることである。応仁の乱を舞台とするこの小説が、作者の戦争体験を踏まえたものであることは、当時は知るよしもなかったが、とにもかくにも三島由紀夫が「三拝九拝して読むべき作」と激賞した小説である。この作から得た感動はいまだに忘れがたい。これだけでも、この教科書の編者に感謝したいほどである。もう一つ、二年生用では、古典論として益田勝実「倭建命の形象」、石母田正「平家物語とその時代」、猪野謙二「『経国美談』をめぐって」が収められている。いまから考えると幾分時代性を感じさせる陣容ではあるが、当時としては第一級の古典論であった。

三年生用の小説は、島崎藤村「嵐」、梶井基次郎「檸檬」（いまも定番教材とされる）、魯迅「藤野先生」。詩論として石川啄木「食らうべき詩」。この編者たちは、民俗学的な関心がつよいらしく、柳田国男「涕泣史談」、宮本常一「寄り合い」といった文章が収められている。文体論として二葉亭四迷「余が言文一致の由来」を載せているのも驚かされる。翻訳物でサン＝テクジュペリ「人間の土地」、評論として広津和郎「志賀直哉論」など。さらに学問論として三木清「学問論」、デカルト「方法序説」を収めているのは、ようやく失われつつある教養主義の名残ともいえようか。

現在の教科書の水準

これに比べると、現在の現代文の教科書の内容は相当にひどい。小説にしろ評論にしろ、現代作家のものが中心になりつつあるのは、時代への阿《おもね》りのようなものを感じさせる。教科書に載せられたもののすべてがそうだというわけではないが、現代作家の小説の中には、内部に批評的な目をもたず、自意識の垂れ流しに近いものも少なくない。小学生の作文の大人版である。評論にしてもしかりで、そうしたものを取り入れようとするのはあきらかな知的頽廃である。だが、そうした選択が現在の生徒には取り付きやすいというのだろう。

私が学んだ教科書には教養主義の名残があると先に述べた。さらにいえば、そこには広い意味での人文知を学ばせようとの意図もあった。教養主義はその基礎を人文知に置くが、私たちの世代には、背伸びをしてでも、そうした知の世界に触れたいとする願望があった。わからないながらも、そうした知に対する畏敬の念があった。現代国語の教科書は、そうした知の世界に誘《いざな》う意味をたしかにもっていたのである。ところが、現在の教科書は、生徒の目線に迎合することのみを第一と考えている。目指すところは、良薬は口に苦しではなく、口に甘ければ何でもよいということらしい。ならば、その水準はますます下がっていくことになる。

古典の教科書も同様である。まずは教科書が薄くなった。取り上げられる作品の固定化が進むとともに、その分量も著しく減った。正確な比較はできないものの、古典に割く時間数も減少しているのではあるまいか。私たちの時代でも、教科書には作品のさわりしか収められていなかったが、近年はさらにさわりのさわり程度になってしまっている。古典不要論が主張されるようになった昨今、その扱いが軽くなるのはやむをえないとする判断もあるのだろう。

和歌教育の惨状

とりわけ和歌の惨状はひどい。和歌の比重は年々軽くなっている。その理由は、和歌が散文の目指すところとは対極にあるような表現性をもつからだろう。これには解説が必要かもしれない。国語教育の目的の一つは、社会の成員相互の間におけるコミュニケーション能力の養成に置かれている。相互の意思の伝達を明瞭にはかることが、そこでの目標になる。発せられた言葉の意味は、正しく相手に伝わらなければならない。そこで、曖昧な言葉は避けられ、意味の透明性が求められることになる。

意味の透明性が表現の目標にされると、その影響は文学作品の理解にも及んでくる。文学作品もまた、意味の透明性を指標として解釈されるようになるからである。散文の場合はそれでもよい。意味の伝達に主眼を置くのが散文だからである。

ところが、和歌のような韻文は、意味の伝達を直接の目的とはしない。しかも、そこに用いられる言葉は日常語の対極にある。韻律をもち、修辞技法が用いられるのも、和歌の大きな特徴といえる。さらに言えば、日常を乗り超える不思議な力が、和歌にはあると信じられていた。歌い手の心情を表現することが和歌の目的とされるようになっても、右に述べた基本は維持され続ける。

和歌の比重が軽くなっていった理由は、おそらくここにある。意味の伝達を中心に和歌を捉える限り、その表現の基本を理解することができないからである。昨今はまた、教える側も和歌の表現性についてきちんと学んでいないことが多いから、無理にでも意味を主体に和歌を教えようとする。その結果、和歌を現代語訳することが、指導の目的とされるようになる。

軽視される枕詞や序詞

その結果、何が起こるのか。問題となるのは修辞技法である。いま修辞技法と述べたが、古代和歌を研究する立場からは、これも問題のある言い方になる。修辞技法とは正確には技法ではなく、韻律とともに、和歌を支えるもっとも本質的な表現要素だからである。和歌の生命素といってもよい。

修辞技法とされる表現、たとえば枕詞や序詞、掛詞や縁語などは、教育の場でどのように教えられているのか。たまたま手近にある古典の教材（教科書ではない副読本）を見ると、枕詞について「特定の語を導くための「決まり文句」で主に五音から成ります。……和歌の「主意（テーマ）」に関係せず、訳す必要もありません」、序詞について「特定の語を導くために、枕詞と同じく連想を用いる音数不定の語句。枕詞と違い、詠み手の創意工夫によるので、訳す必要があります。枕詞と同様「主意」には関わらない」などと説明されている。枕詞を訳す必要がないとするのは、多くの教材に共通しており、教室でもそのような指導がなされているのだろう。教科書にも「通常口語訳しない」（たとえば三省堂『精選　新編国語総合』）と明瞭に説かれている。勤務先の学生に聞いても「これは枕詞だから訳さないでよい」と教えられたという答えが返ってきた。

現代語訳とは、和歌を意味として捉えることと同義である。その立場に立てば、枕詞や序詞はただの贅物に過ぎないことになる。だが、本当に贅物であるなら、それがなぜ和歌の表現の中に存在するのかがきちんと説明されなければならない。教材の中には「語調を整えるため」と注記しているものもあるが、それでは何の説明にもならない。

古代和歌の表現を考える立場からすると、修辞の技法とされるものは、すでに述べたように、和歌の表現の本質にかかわる生命素にほかならない。枕詞や序詞は広義の比喩表現（象徴）といってもよいが、比喩とは厳密には重ならない。何らかの類似性（具象・心象・音等）をもつ表現を畳み重ねる（あるいは繰り返す）ことによって、対象とされるものの像を浮かび上がらせるような表現法がその本質になる。畳み重ねや繰り返しは、もともと神の言葉、すなわち非日常言語に由来する。それゆえ、和歌の表現を考えるためには、こうした表現のありかたが、きちんと説明されなければならないことになる。

だが、繰り返すように、和歌もまた散文と同様、表現内容を意味として捉えることが指導の中心とされている。教える側にも、和歌の表現についてのたしかな理解を欠いている場合が少なくない。これでは、和歌を教材とする必然性は、ほとんど失われてしまうに違いない。おそらくそこに、和歌が次第に軽視されるようになった根本的な理由があるのではあるまいか。

2 古典を学ぶこととは

物語理解に必要な和歌

いま古典の教材としての韻文を散文と対置して考えた。ところが古典の散文、とりわけ平安時代の仮名散文は、その基本を和歌に置いている。歌物語は無論だが、物語文学の文体の基盤は和歌にある。言い換えれば、近代の小説と同様には物語文学は読めないということである。

物語文学の例によって、一つだけ確認しておこう。和歌が神の言葉を起源とすることはすでに述べた。この場合の神とは、もとより便宜的な言い方に過ぎない。この世界を支える絶対的な根拠はまずはこの世界の外側に作り出されるが、それをここでは神と呼んでいる。したがって、ここでの神とは、外界＝向こう側＝自然と言い換えることもできる。つまり、人間世界の対極にある世界を意味することになる。

神の世界が絶対であることは、表現の根拠も向こう側にあるということにほかならない。しかも、そのことが、日本語表現のありよう、とりわけ古代の日本語表現のありようをつよく規定しているのである。

近代社会は、自意識を中心に据えてすべてを意味づけるが、古代はむしろ神の側、外界＝向こう側＝自然を絶対化する。言い換えれば、古代においては、人は外界＝向こう側＝自然に対して受動的に接していたことになる。

和歌はむろんのこと、和歌の世界を基盤とする散文の世界にも、そのようなありかたが現れている。この点については、すでに何度か触れたことがあるが、ここでも重ねて指摘しておこう。平安時代の散文は、しばしば主語があいまいであると評されている。このことは、日本語一般の特徴として論じられる場合も多いが、とりあえずは平安時代の物語文学の例をもとに考えてみたい。『源氏物語』「紅葉賀」巻を例にする。

木高《こだか》き紅葉《もみぢ》の陰に、四十人の垣代《かいしろ》、言ひ知らず吹き立てたるものの音《ね》どもにあひたる松風、まことの深山《みやま》おろしと聞こえて吹きまよひ、色々に散りかふ木《こ》の葉の中より、青海波《せいがいは》のかかやき出《い》でたるさま、いとおそろしきまで見ゆ。かざしの紅葉いたう散り過ぎて、顔のにほひにけおされたる心ちすれば、御前《おまへ》なる菊を折りて、左《さ》大将《だいしやう》さしかへ給ふ。日暮るるほどに、けしきばかりうちしぐれて、空のけしきさへ見知り顔なるに、さるいみじき姿に、菊の色々うつろひ、えならぬをかざして、けふはまたなき手を尽《つ》くしたる入《い》り綾《あや》のほど、そぞろ寒く、この世の事ともおぼえず。

桐壺帝の朱雀院への行幸に際して、光源氏が頭中将を相手に青海波を舞い、その舞のすばらしさに、天までもが感応したことが描かれている。この部分は、語り手の視点からの叙述ではあるが、「聞こえて」「見ゆ」「おぼえず」という受動的な表現の多用は、舞に感応して引き起こされた自然現象（「松風」や「しぐれ」）が、いわば天の意志として語り手の感覚の中に依り憑いていることを示している。この場合、受動的な表現とは、その視点がむしろ天の側にあることを示している。古橋信孝は、この部分の表現について、地上に属する語り手は、天の側から書くことはできず、天の意志を感じることしかできないので、そこでこうした文体が成立した、とする卓抜な理解を示している（古橋信孝『和文学の成立』若草書房・一九九八）。こうした外界＝向こう側＝自然を絶対化するようなありかたが、主語があいまいだと評されるような文体を生むのである。さらにいえば、ここに現れた自然と人事の融合は、和歌の表現世界を受け継ぐ中で現れたものと見なければならない。なぜなら、和歌の基本構造である心物対応構造の物象表現とは、外界＝向こう側＝自然の謂いにほかならないからである。このことは、物語文学のような散文表現が、必ずしも意味の透明さと結びつくわけではないことを示している。和歌を軽視することがいかに不適切であるかが、ここからもたしかめられるだろう。なお、以上の根幹は、「古代文学をなぜ読むのか」（『上代文学』八十八号・二〇〇二）に記したことの繰り返しになる。

学校文法の機能不全

外界＝向こう側＝自然を絶対化する受動的な感覚は、実のところ日本語のありかたにも深く浸透している。いわゆる学校文法が機能主義的な説明に終始していることへの批判は以前からあるが、古典の読みにも学校文法がむしろ害悪を流していることをあらためて指摘しておかなければならない。これも、以前に記した論から一例を示すにとどめる。

ここで取り上げたいのは、一般に受身の助動詞として知られる「る（ゆ）」「らる（らゆ）」である。これも手近な高等学校の文法の副読本には、その活用、接続、意味が示されている。意味としては、自発・可能・受身・尊敬がその用例とともに掲げられている。「自発（自然とそうなる）が基本的な意味で、可能・受身・尊敬の意味が派生した」

との注記もある。問題とすべきは、意味に分類することの妥当性である。「る」「らる」の根本は、外界＝向こう側＝自然を絶対化する受動的な感覚を示すところにある。つまり受身が基本になる。受身・自発・可能・尊敬の意味は、すべて受動的な感覚から生じたことになる。「る」「らる」のこのようなありかたについては、すでに山田孝雄が次のように述べている。

「る」「らる」は状態性の間接作用をあらはすものにして、その最も根本的なりと認めらるるは受身をあらはすものなり。……それより一転して自然にその事の現はる、勢にあることを示す。今これを自然勢といふべし。この自然勢が受身の一変態なりといふことは、その勢の起る本源は大自然の勢力にありて人力を以て如何ともすべからぬことを示すものにして、人はそれに対して柔順なるより外の方途なきなり。これ即ち大なる受身なりといふべきなり。この自然勢より再転して文の主体に或る能力の存する義を表はすなり。

（山田孝雄『日本文法学概論』宝文館出版・一九四八）

受身・自発・可能の根本が「大自然の勢力」に本源をもつ「大なる受身」にあることが明確に説かれている。「大自然の勢力」とは、絶対化された外界＝向こう側＝自然そのものの謂いとして捉えることもできる。これらの助詞は、外界の事象に対して受動的に接してきた古代の日本人の思考をよく示す表現であったことになる。

『岩波古語辞典』「基本助動詞解説」も「る」「らる」の基本的意味を「動作・作用・状態の自然展開的・無作為的な成立を示す」としている。とくに「可能」について、「農民が多数を占めた日本では、可能を、人間の技術や闘争によって獲得するものと見るよりも、自然に随順し、自然の運行の中から結果が湧き出て来るものと把握している。それゆえ、日本には自然の成り行きによる成就をよしとする風が厚く、ものごとが可能となるのも、人為・努力によるとするよりも、自然に成立・出現することと考えた」と説明しており、これまた傾聴に値する。これも言葉を換えれば、「る」「らる」が、外界＝向こう側＝自然を絶対化する中に生ずる表現、つまりは受動的な表現であることを示すものといえる。向こう側を絶対化するところから、尊敬の意味も現れることになる。以上の主要部分は、小著『古代文学の世界像』(岩波書店・二〇一三)の終章に記したことの繰り返しになる。

ここで、高等学校の文法教育に話を戻せば、副読本にあるような意味の分類は、むしろ「る」「らる」の本質の理解からはずれるものということになる。「る」「らる」が、外界の事象を受動的な感覚で捉える表現であること、その受動的な感覚が、外界＝向こう側＝自然を絶対化する古代日本人の世界像と深く結びついていることの理解こそが主眼とならなければならない。

古典を学ぶ意味

いま世界像と述べた。受動的な感覚もそうだが、古典を学ぶ意味は、近代の私たちとは異なる世界のありようを理解するところにあるかと思う。そうした世界のありようをここでは世界像と呼んでいる。ところが、古典の教科書の解説は近代の視点から、言い換えれば近代の側の物差しによって、古典を評価しようとしている。その底流には、時代は違っても、同じ人間なのだから理解しうるはずだとする安易な楽観主義がある。とはいえ、問題はそれほど単純ではない。例として示した、外界＝向こう側＝自然を絶対化する受動的な世界像は、人間を中心に置き、おのれの自意識を中心に据えてすべてを意味づけようとする近代社会のありようとは決定的に背馳する。本来この世界には存在しなかった核物質を生じさせ、その制御もできぬまま、いまだに収拾できない混乱に陥っている現在の状況は、どこまで人間を中心に置くべきかを、近代の私たちに厳しく問い掛けるものともいえる。世界のありようを考えるためには、まさしく古典知が踏まえられなければならない。そこに古典を学ぶ本来の意味がある。「る」「らる」という助動詞一つをとっても、それを考える端緒になりうるはずである。このことをここでもつよく主張したい。

人文知衰退の時代に

高等学校の古典教育が、学習指導要領に規定されていることはいうまでもないが、文部科学省編『学習指導要領解説　国語編』（平成二二年六月）の「古典A」の「性格」として、次のようなことが記されている。

時代がいかに変わろうとも普遍的な教養があり、かつて教養の大部分は古典などの読書を通じて得られてきた。また、古典は文化と深く結び付き、文化の継承と創造に欠くことができないものである。

抽象的な文言だが、至極まっとうなことが述べられている。ただし「時代がいかに変わろうとも普遍的な教養があり」と「かつて教養の大部分は…」とあるところには微妙な落差があり、普遍的な教養＝人文知の意義を認めつつも、教養主義の衰退を意識せざるをえない解説執筆者の複雑な思いが現れているような気がする。

以前にも述べたが、いまや普遍的な教養＝人文知の衰退は極まったともいえる。「教養主義の没落」である。すべてが「下流化」（「教養主義の没落」「下流化」の用語は、竹内洋による）する中で、教養＝人文知は無用論を突きつけられたと同様な状況に立ち至っている。そうした状況を見据えてか、文部科学省が大学における人文社会系諸学部の見直しを要請したことは記憶に新しい。教養＝人文知の無用論は、古典不要論をも勢いづけることになるのかもしれない。

だが、右にも述べたように、古典を学ぶことは、世界像の新たな見直しにつながる意味をもつ。教養＝人文知が無用の学ではなく、現在にとってかけがえのない有用な学であることについては、「人文学の活性化のために考えておくべきこと」『文学部の逆襲』（塩村耕編・風媒社・二〇一五）において詳述した。参照願えれば幸いである。

3 教科書の中の『万葉集』

ここまで、日頃、高等学校の国語教育について思うことをあれこれ書き連ねて来た。いずれも独断によるが、当然のことを述べたものと信じている。

とはいえ、ここまで記したことは、本書の意図とは大幅にずれがある。そこで最後に、具体的な教材が、研究の現状から乖離している例を二つほど取り上げることにしたい。

近世以前には評価されていない歌

一つは、大伴家持の「春愁《しゅんしゅう》三首」の中の一首である。多くの「国語総合」の教科書にこの歌が載せられている。

二十五日に作る歌

うらうらに　照れる春日《はるひ》に　雲雀《ひばり》上がり　心悲しも　独《ひと》りし思へば　（巻十九・四二九二）

春日は遅々《ちち》として、鶬鶊《そうこう》正に啼《な》く。悽惆《せいちう》の意《こころ》は、歌にあらずしては撥《はら》ひ難し。よりてこの歌を作り、もちて締緒《ていしよ》を展《の》ぶ。

右にこの歌は「春愁三首」の中の一首とした。だが、研究者によっては、これを直前の二首と区別すべきだとする見方もある。直前の二首は「二十三日に、興に依りて作る歌」の題詞が付され、しかも当該歌の二日前に詠まれているからである。これ自体、大きな問題ではあるが、さまざまな理由からこの三首は一括して捉えるべきだと考えるので、そこには踏み込まないこととする。

この「春愁三首」は、『万葉集』屈指の傑作との評価が高い。とりわけこの一首を、家持の最高の作とする評価もある。それが、多くの教科書に収載されている理由だろう。だが、近年の研究によると、この三首が高い評価を得るようになったのは、どうやら近代、それも大正期に入ってからのことであるらしい。橋本達雄「秀歌三首の発見」（『大伴家持作品論攷』塙書房・一九八五）によれば、三首の存在にはじめて光を与えたのは、大正四年ころの窪田空穂であるという。空穂の三首発見および評価は、その歌人としての立場や主張とも重なりあっており、「気分の歌」を歌うこと、いわゆる「微旨」「微動説」の見地につながる境地を三首の中に認めたことが、発見の契機になったのだという。その意味で空穂の功績は大きいといえる。だが、この発見を引き金として三首の評価が一挙に高まったのだとすれば、それはこの三首が空穂の歌人的立場や創作理念に響きあっていただけでなく、近代人の普遍的感性に訴えかけるものを含んでいたことになる。ここには家持の強い憂愁が歌われており、それは近代人の孤独にも通ずる、という評価はそこから生まれる。

とはいえ、この評価はあくまでも近代の立場からのものであるに過ぎない。実のところ、この三首は近世以前においてはまったく評価された形跡がない。その理由をむしろ考えるべきなのではないか。この三首が詠まれた背景に、当時の大伴家持が置かれていた、次第に困難さを増していく政治状況があったことは推測されてよいが、それを知ることはこの歌の鑑賞に必ずしも必須とはいえない。このことをまず断っておきたい。

評価されずにいた理由

それでは、この歌が評価されずにいた理由は何であったのか。それは、この歌の表現性が、古代の歌のありようを大きく逸脱したところにあったからだと捉えることができる。この歌は古代の歌としてはかなり異質な表現性をもっていたことになる。

この歌の言葉も、それまでの歌には類例のないものが用いられている。初句の「うらうらに」は、上代文献全体を見渡しても例をもたない。春を「うららか」と形容するようになるのは、ずっと時代が下ってからのことである。「照れる春日」も同様である。『万葉集』の「春日」は春の一日を意味するのがほとんどで、その場合も「長き」ものとして歌われるのが通例である。左注には「春日は遅々として」とあるが、これは春の暮れがたさを意味しているから、春の陽ざしを表現する「照れる春日」とは対応しない。「雲雀」も、集中では他に家持関係の二首にしか現れない特別な鳥である。左注の「鶬鶊」は、鶯のことだから、雲雀とは対応しない。ともあれ、この上三句に表現される、うららかに照る陽光のもと、巣から真一文字に翔け上る雲雀の像は、『万葉集』にあっては他にまったく類例のない新鮮な景であったことになる。野田浩子は、これを「非類の景」と呼んでいる(『万葉集の叙景と自然』新典社・一九九五)。

この上句に歌われているのは、明るくのびやかな春の景だろう。ところが、下句に目を点ずると、ここにはきわめて強い孤独感が示されている。しかも、問題とすべきは、その孤独感が何にもとづく感情なのかがどこにも示されていないことである。「心悲しも」とある悲しみの対象は少しも明らかでない。上句の景と下句の情との間には、きわめて大きな落差が存在している。外界の景は外界の景として、歌い手の心情は心情として、もはやそれらは相互に関係をもちえないほどに隔たっている。これは景と心の対応、すなわち心物対応構造を基本とする古代の和歌のありかたからすると、相当に異質である。この異質さが、この歌がずっと評価されずにいたことの理由だろう。享受者にとっては不完全な歌に見えるからである。

下句の言葉にも不審がある。「独りし思へば」である。『万葉集』の「独り」は、もっぱら恋人のいない状態を意味する。そこで、これを恋歌と見て、その意味に解する説もある。しかし、一方でこの「独り」は、より深い人間存在の孤独を表現しているようにも見える。近代に入って、この歌が評価されるようになったのは、「独り」をその意味に解したからである。うららかな春の景に同化することができず、たった一人そこから疎外されてしまった心の悲しみ、孤独な思いがここにつよく現れているというのである。とはいえ、その孤独感、「心悲しも」と歌われる悲しみの内実は少しも明らかではない。

近代人が評価する理由

もっとも、この歌のそうした古代の歌の表現としては不完全ともいえるありかたが、かえって近代に入ってからの高い評価を生む理由になっているのかもしれない。景と情の隔絶した落差は、読み手にそれを埋める何かを求めることになる。そこに、私たちは、近代人の孤独に通ずる思いを投げ入れてこの歌を理解しているのではあるまいか。

もともと心物対応構造における景（物象）とは、歌い手の心に形を与えてくれるもの、言い換えれば物象は心象を引き出す意味をもっていた。だが、この歌では、景が引き出す心象はたしかなものとしては現れていない。「心悲しも独りし思へば」のように、投げ出されているばかりである。おそらくその思いは、歌い手にとっても意想外の気分として、景と情のはざまに揺曳しているのだろう。だからこそ、私たちはこの歌に、近代人の孤独という私たち自身の気分を補い入れて鑑賞することができるのである。

このように見ていくと、この歌の内実をきちんと把握するのはなかなか難しいことがわかる。何より、この歌は、古代の和歌としては異質な表現性をそなえている。そうした歌を、教育の場でどのように指導するのか。この歌の傑作という評価は、近代以降のものに過ぎない。しかも、近代人の孤独に通ずるといっても、その実態は少しも明らかではない。ここに使用される言葉が、『万葉集』の表現の水準に照らして異例であることも、すでにながめた通りだが、具体的な指導の場では、さらに踏み込んだ説明が必要となろう。左注とのずれなど、どのように教えるのだろうか。このような厄介な歌を、左注も含め、多くの教科書がなぜ教材としているのか、むしろ編者の説明が聞きたいところである。

研究者の意見が分かれる歌

もう一首、これも教材として適しているかどうかに疑念の残る例をあげておく。やはり多くの「国語総合」に収載されている歌である。

柿本朝臣人麻呂の歌一首

近江《あふみ》の海　夕波千鳥《ゆふなみちどり》　汝《な》が鳴けば　心もしのに　古《いにしへ》思ほゆ　（巻三・二六六）

この歌の教材としての問題点については、すでに梶川信行が「万葉歌を読む二〇　教科書の中の万葉歌」（『語文』一五一輯・二〇一五）で取り上げている。ここではその驥尾に付しながら、私なりに感じたことを記してみたい。

この歌の奥底に、いまは廃墟と化した近江大津宮への感慨が宿されていることは、今さら指摘するまでもない。その意味で、この歌は同じ人麻呂の「近江荒都歌」（巻一・二九～三一）と一連の歌と見てもよい。ならば、この歌を指導する場合には、その歴史的背景についても触れる必要が出てくる。現在の高等学校の指導要領では、「日本史」は選択科目に過ぎず、次期の指導要領でも必修となるのは、「歴史総合」という鵺のような科目になるから、この歌の歴史的背景を具体的に説明するのはなかなか難しいところがあるかもしれない。

ただし、その難しさは、この歌の理解にとって本質的なことではない。より問題なのは、この歌の表現をどのように把握するかについて、研究者の間に意見の一致を見ない点があることである。この歌については、かつて「近江二首を読む」（『論集上代文学』三十一冊・笠間書院・二〇〇九）で論じたことがあるが、以下、それをもとに記していきたい。

「夕波千鳥」の理解不一致

まずは、「夕波千鳥」の理解が諸説一致しない。「夕波千鳥」は、人麻呂の造語と見てよいが、その描く像の把握に大きな対立がある。これについては、梶川の先掲論文に詳細な整理がなされているが、ごく簡単にいえば、夕波の上を飛ぶ千鳥と見るか、岸辺にいる千鳥と見るかという対立である。後者なら、千鳥の向こうに打ち寄せる夕波が重ねられていることになる。私見は前者に傾く。その理由は、ここに天智天皇挽歌群の中の倭大后の歌が意識されているとする説（西郷信綱『万葉私記』未来社・一九七〇）があるからである。倭大后の歌の後半部には、

沖つ櫂　いたくな撥《は》ねそ　辺《へ》つ櫂　いたくな撥ねそ　若草の　夫《つま》の　思ふ鳥立つ　（巻二・一五三）

とあり、この「思ふ鳥」は千鳥のことであろうという。そもそも、千鳥のような白い鳥は、しばしば死者の魂と重ねて捉えられており、この歌でも、漕ぎ撥ねる櫂が「思ふ鳥」＝千鳥＝亡き天智の魂をあの世に飛び立たせてしまうことを恐れる心情が歌われている。この千鳥の像が「夕波千鳥」の背後に意識されているというのは、たしかに聞くべき理解といえる。ならば、これは岸辺で餌をあさる千鳥の姿ではないだろう。

もっとも、これについては別な見方もある。佐佐木幸綱は、千鳥は岸辺にいるとする立場から、次のように述べている。この歌は倭大后の歌を踏まえてはいるが、ここには新たな「自然の発見」がある。倭大后の歌では、千鳥は死者の魂として把握されているが、この歌では、千鳥は千鳥そのものとして捉えられており、近江朝への慕情を歌いつつも、そこには前代までの呪的な心情をもはや継ぎえないとする意識が現れており、それこそが新たな「自然の発見」であるというのである。

つまり、千鳥は千鳥そのものとして彼（＝人麻呂）の前に立ち現れたのである。表現者人麻呂は、それを素材として選択することもできれば、また捨象することもできるという自由をえた。また、千鳥はどうあっても千鳥そのものでしかなく、千鳥を魂魄と見做すことも、魂魄を千鳥と化させることもできないという、認識者の

限界をも人麻呂は同時に知らされたのであった。

（佐佐木幸綱『柿本人麻呂ノート』青土社・一九八二）

この理解は、肯綮《こうけい》に中《あた》る。千鳥を岸辺にいるとするところには従えないものの、人麻呂の歌が切り拓いた新らしさを正面から指摘したすぐれた見方といえる。

いずれにしても、「夕波千鳥」の表現をどう捉えるかが、この歌を理解する鍵になるはずだが、それを適切に指導するのはここでも簡単ではない。

下句理解の誤り

この歌のさらに大きな表現上の問題は、下句の理解にある。まず「心もしのに」の「しのに」は、一般には、草がなびいたり、心がうちしおれたりするさまをあらわす擬態語とされ（『時代別国語大辞典　上代編』三省堂・一九六七）、「萎《しな》ゆ」と同根などと説明される。そこから「心もしなえるように昔のことが思われる」といった理解が生まれる。いくつかの教科書に「しんみりと。しみじみと」「しみじみとした悲しい気分になって」のような注が付されているのは、それに従ったためと思われる。

だが、その理解は誤っている。少なくとも異論を差し挟む余地は大いにある。そこを検討してみよう。そのためには、下に続く「古思ほゆ」から見ていく必要がある。「古」とは、いまは廃墟となった近江朝の繁栄の過去を意味する。このことはすでに触れた。だが、ここで重要なのは、イニシへとムカシの違いである。同じく過去を示すものの、イニシへには現在につながるとする意識があり、ムカシにはむしろ断絶感がある。ここにイニシへが用いられているのは、人麻呂にとってその繁栄の過去が体験として親しく思い起こされるような過去であったことを示す。一方、「思ほゆ」は「思ふ」の自発形であり、意識せずとも思わされてしまうことを示す。「古思ほゆ」とは、心が「古」への思いにすっかり領有されてしまったことをいう。「②古典を学ぶこととは」で述べたことに倣えば、向こう側＝過去＝「古」に依り憑かれた状態といってもよい。それを導き出しているのは千鳥の鳴く音《ね》である。「古」にひたすら引き寄せられ、あるいは「古」に向けられてしまう心を、うち萎えたさまとして捉えるのは不自然である。

「しのに」は「萎ゆ」ではなく、むしろ「しのふ」との関係から理解されなければならない。対象に向かって心が引き寄せられる状態を意味する「しのふ」である。大平純子は、「しのふ」を、他のものに気をとられることなく、ただ一つのものへと赴く、切実な、ひたすらな情態とし、「しのに」も同様な意義をもつとする。その上で、この人麻呂歌についても、「古」を切実に慕い求め、「古」だけに領されている人麻呂の心のさまがこの一句に映されていると説く（大平純子「人麿の「淡海の海」の歌について」『高知女子大国文』一八・一九八二）。この理解が適切である。大平は、『万葉集』中のすべての「しのに」の用例を検討し、この理解でいささかも不都合のないことを検証している。こころみに現代語訳をすれば、「近江の海の夕波千鳥よ。お前が鳴くと心もひたすらに過去のことが思われてならない」というところであろうか。

イニシヘとムカシの違い

大伴家持にも、この人麻呂歌を踏まえた作がある。巻十九の巻頭に位置する「越中秀吟」と呼ばれる歌群の中の一首である。

夜ぐたちて　鳴く川千鳥　うべしこそ　昔の人も　しのひ来にけれ　（巻十九・四一四七）

「越中秀吟」は全部で十二首からなり、天平勝宝二年（七五〇）三月一日の夕から三日の朝にかけて時間を追って詠まれた歌群である。そこには家持の微妙な心の揺れが現れている。右の歌は、三月二日の夜に詠まれた二首のうちの一首である。夜更けて聞こえてきた千鳥の鳴く音に、つよい望郷の思いが萌してきたことが歌われている。ここでは、その望郷の思いを「昔の人」の感慨と結び合わせている。「昔の人」への共感の意識といってもよい。ここで家持の脳裏にあるのは、先の柿本人麻呂の歌である。人麻呂の「古」を思う懐旧の情を、鄙にあって都を思う望郷の思いに重ねたことになる。その対象はいずれも非在の時空にほかならない。人麻呂を「昔の人」とするのは、家持が人麻呂を一時代前の先達と認めたためである。

ただし、これも梶川の論に詳しく述べられているように、イニシへとムカシの違いを、上に記したのとはまったく反対に解する説もある。『岩波古語辞典』（岩波書店・一九七四）に示された大野晋の理解がそれであり、それを受け継ぐ『古典基礎語辞典』（角川学芸出版・二〇一一）もまた同様の立場に立つ。私見は、西郷信綱が『古事記注釈第二巻』（平凡社・一九七六）で述べた両語の理解にもとづく。イニシへとは往《イ》にし方《ヘ》であり、イマ（今）に続く過去、ムカシ（昔）は、向《ムカ》フと関連のある語で、一つ彼方なる向こう側の世界を指すので、イマとは断絶があり、イマとは異なる時点として対象化される過去である、とする理解である。この西郷説が妥当と考えるが、いずれにしても、これらの語の理解において、すべての研究者の見方が一致していないことだけは確かである。

つまるところ、この歌の場合も、解釈の上で意見が対立しており、しかも背景をも含めて説明すべきことがあまりにも多すぎる。大学の国文学の演習の場ならともかくも、この歌を教室でどのように指導したらよいというのだろうか。これも教科書編者のきちんとした説明を聞きたいところである。

4 おわりに

『万葉集』のような和歌を、いわばつまみ食いのように並べても、和歌を読むおもしろさに触れることなど、ほとんどできないのではあるまいか。指導する教員の力量次第ということもあるが、実のところは、古典の教科書そのものの抱える問題でもあろう。大昔、私が非常勤講師として出講していた高校では、教科書は一切使用せず、和歌については西尾実・益田勝実編著『新訂万葉　古今　新古今』(秀英出版・一九七一)を使用していた。これは学問的に見ても水準の高い教材で、その教授用参考書には、いまも時折お世話になることがある。進学校では、現在も教科書を使用せず、文庫本を何冊も買わせてそれを読ませているところがあるが、これはこれで一つの見識だろう。繰り返しになるが、少なくとも、和歌については、よほど優れた教員が指導する以外は、興味を呼び起こすことなどできないのではないかと思う。

優れた教員と書いたが、現今の教員養成のシステムはますます悪い方向に向かっている。中等教育の教員は、戦後、開放性の理念のもと、教員養成課程以外からも教員になる道が開かれたはずであった。ところが、近年は教員養成を実質的に教員養成課程出身者に限定しようとする動きが顕著になっている。戦前の師範学校制度への逆戻りといってよい。教科の知識よりも、瑣末な教育技術や調整能力のみが求められるようになってきている。こうした愚劣な方向性がもたらされた理由は、教員養成のための指針を定める会議のメンバーに、大学関係では教員養成課程のある大学の執行部経験者しか選ばれていないためだと思われる。国語教員に関して言うなら、優れた教員には教育技術より、人文系諸学の豊かな知識こそが必要であるはずである。さらに言うなら、そうした人文系諸学の修士課程を修めた人材こそが、これからの中等教育の担い手とならなければならない。教職大学院など愚の骨頂である。本書の趣旨からすれば、教科書の抱える問題を中心に論ずるべきではあるが、ここでは国語教育さらには教育政策そのものについて発言させていただいた。どうか諒とされたい。

古すぎる教科書の万葉観

梶川信行

はじめに──『万葉集』はどのように教えられるべきか

現在の高等学校学習指導要領（文部科学省、平成二十一年三月）では、すべての高校生が必修科目として「国語総合」を学ぶことになっている。それに基づいて、現在九社から二十三種類の教科書が市販されているが、一部の教科書を除き、ほとんどの教科書で『万葉集』が取り上げられている。しかも、採択数で上位を占める教科書はいずれも(1)『万葉集』を教材化している。その数字上においては、九割以上の高校生が『万葉集』を学んでいることになる(2)。

ところが、そこに選ばれた万葉歌は、後世の秀歌選のパッチワークのような形であって、古代和歌としての『万葉集』の世界を集約したものとは言い難い。また、その教材の扱い方や解説などにも、今日の研究水準などから見て、不適切と思われる点が目立つ。古い常識に基づく記述が多いばかりでなく、中には皇国史観と受けとめられかねない記述さえ見られる。

学習指導要領は、グローバル化社会に適応できる人材を育てるためであろうが、国語という教科の目標の重要な柱として、「伝え合う力を高める」ことを挙げている。「話すこと・聞くこと」が重視されているのだが、それを受けて、近年の教科書には、スピーチやディスカッションなど、発信型あるいは双方向型の教材が増えている。『万葉集』に関する単元の「学習の手引き」等にも、話し合いや鑑賞文の作成を促すものが見られる。その一方で、依然として、文法事項の確認など、従来型の「手引き」や脚注も多い。

そこでこの章では、高等学校「国語総合」における『万葉集』の問題点を洗い出し、それを整理することを通して、今後の国語教育の中で『万葉集』はどのように教えられるべきか、という問題を考えてみたいと思う。

1 「国語総合」の教科書

高等学校では、平成二十五年度から新しい学習指導要領に基づく教科書が使用されているが、本稿で検討対象とする教科書は、以下の通りである。なお、分冊になっている教科書の「現代文編」「表現編」の五冊は除いてある。

東京書籍　『新編国語総合』（国総301　文科省の検定に合格して与えられた記号と番号）
　　　　　『精選国語総合』（国総302）
　　　　　『国語総合　古典編』（国総304）
三省堂　　『高等学校　国語総合　古典編』（国総306）
　　　　　『精選国語総合』（国総307）
　　　　　『明解国語総合』（国総308）

教育出版　『国語総合』（国総309）
　　　　　『新編国語総合　言葉の世界へ』（国総310）
大修館書店　『国語総合　古典編』（国総312）
　　　　　『精選国語総合』（国総313）
　　　　　『新編国語総合』（国総314）
数研出版　『国語総合　古典編』（国総316）
　　　　　『高等学校　国語総合』（国総317）
明治書院　『高等学校　国語総合』（国総318）
　　　　　『精選国語総合　古典編』（国総320）
筑摩書房　『精選国語総合　古典編』（国総322）
　　　　　『国語総合』（国総323）
第一学習社　『高等学校　新訂国語総合　古典編』（国総325）
　　　　　『高等学校　国語総合』（国総326）
　　　　　『高等学校　標準国語総合』（国総327）
　　　　　『高等学校　新編国語総合』（国総328）
桐原書店　『探求国語総合　古典編』（国総330）
　　　　　『国語総合』（国総331）

右のように、教科書名には似たものが多く、とても紛らわしい。同じ書名もある。したがって、書名で示すと混乱を来たす可能性が高い。そこで以下、教科書は「東書301」などと、出版社名の略称と教科書番号で示すことにする。

右の教科書で学習した生徒たちが大学に進学するのは、平成二十八年度からである。したがって、彼らが『万葉集』をどのように学習して来たかということに関しては、右の教科書から窺い知ることができる。

2 教材化された万葉歌

右の教科書のうち、大修314、第一328の二種を除き、『万葉集』が教材化されている。収録されている歌は二首から一三首。平均すると八首ほど。頁数で言えば、解説や手引きなどをも含めて、二～五頁である。そこに初期万葉から大伴家持までの歌を、概ね年代順に配列し、最後に東歌・防人歌を載せるのが、一般的な形である。すなわち、多くの教科書は戦前の学説である四期区分説(3)に基づく万葉史のダイジェストの形で『万葉集』を教材化している、と見ることができる。

そこで教材化されている歌を作者別に示すと次のようになるが、人名の下の漢数字は『国歌大観』番号である。

舒明天皇　一五一一（1社2冊）
有間皇子　一四一（1社2冊）・一四二（2社3冊）
額田王　八（2社4冊）・一七（1社1冊）・一八（1社1冊）・二〇（7社14冊）
大海人皇子　二一（5社10冊）
持統天皇　二八（1社1冊）
柿本人麻呂　三〇（1社1冊）・四八（3社6冊）・一三一（1社2冊）・一三二（1社2冊）・一三三（1社2冊）・

二五五（1社2冊）・二六六（5社11冊）・四九六（1社1冊）

志貴皇子　一四一八（4社7冊）

大伴旅人　三三八（1社1冊）・三四八（1社1冊）・四五二（1社2冊）・八二二（1社2冊）・一六三九（1社1冊）

山上憶良　三三七（5社9冊）・八〇二（3社5冊）・八〇三（3社5冊）・八九三（1社2冊）・九七八（1社1冊）

山部赤人　三一七（5社10冊）・三一八（5社10冊）・九一九（3社5冊）・九二五（1社2冊）

大伴坂上郎女　一五〇〇（1社2冊）

狭野弟上娘子《さののおとかみのおとめ》　三七二四（2社3冊）

湯原王　一五五二（1社1冊）

大伴家持　四一三九（5社9冊）・四二九二（6社12冊）

東歌　三三七三（8社16冊）・三四五九（1社1冊）

防人歌　四三二二（1社1冊）・四三四六（2社4冊）・四四〇一（3社7冊）・四四二五（2社4冊）

東歌・防人歌を除き、著名な作者の歌が中心だが、全体に秀歌選などの定番となっているものが多い。中でも人麻呂の歌が多く、ほとんどの教科書で扱われている。周知のように、『古今和歌集』の仮名序で人麻呂は「歌聖」とされたこともあって、平安朝以後の和歌史の中における位置づけは重い。人麻呂が重視されるのは、そうした和歌史の常識を反映しているのであろう。

また赤人の歌も、多くの教科書が教材化している。万葉歌の作者の代表として、人麻呂と赤人を並称する記述は、『古今集』の仮名序をはじめ、平安時代以後の歌論書などに、しばしば見られる。人麻呂の歌とともに、赤人の歌が多く教材化されているのも、和歌史の反映であると考えられる。

また、家持の歌も多く採られているが、三十六歌仙の中の『万葉集』の作者は、人麻呂・赤人・家持であった。また『小倉百人一首』でも、天智天皇と持統天皇を別とすれば、やはりその三人が顔を並べている。家持の歌が多く採られているのも、こうした和歌史の常識の反映に違いあるまい。

逆に、『万葉集』に多くの歌が収録されている作者でも、笠金村《かさのかなむら》、高橋虫麻呂、田辺福麻呂《たなべのさきまろ》の歌はまったく採られていない。長歌が中心ということもあろうが、教科書に採られた作者たちの多くが八代集にも名を残すのに対して、この三人はそこに登場しない。これも平安朝以後の和歌史における一般的な評価を反映したものであろう。

3 古典を学ぶ目的と意義

学習指導要領の求める学習目標

新学習指導要領の「国語総合」の「目標」には、

国語を適切に表現し的確に理解する能力を育成し、伝え合う力を高めるとともに、思考力や想像力を伸ばし、心情を豊かにし、言語感覚を磨き、言語文化に対する関心を深め、国語を尊重してその向上を図る態度を育てる。

とされているが、これは旧学習指導要領と一字一句変わりがない。高等学校の教育全体の目標が「生きる力」の育成であり、その中で「国語」に求められているのは、「伝え合う力」の向上である。「話すこと・聞くこと」が重視されているのだが、それは「国際社会の平和と発展に（中略）貢献し未来を拓く主体性のある日本人を育成するため」（教育課程編成の一般方針2）であるとされる。新指導要領では、「伝え合う力」の向上をより強調する形で、各項目がさらに詳細で具体的なものになっている。

その中で、古典の学習に関しては、

言語文化の特質や我が国の文化と外国の文化との関係について気付き、伝統的な言語文化への興味・関心を広げること。

ということが求められている。また、教材を取り上げる際に留意すべき事項の一つとして、

我が国の伝統と文化に対する関心や理解を深め、それらを尊重する態度を育てるのに役立つこと。

とする項目もある。それはまさに「国語総合」で古典を学習する意義を説いたものだと言ってよい。

また、上級学年での学習が想定されている選択科目「古典A」の「目標」には、

古典としての古文と漢文、古典に関する文章を読むことによって、我が国の伝統と文化に対する理解を深め、生涯にわたって古典に親しむ態度を育てる。

とされている。同じく選択科目の「古典B」の「目標」には、

古典についての理解や関心を深めることによって人生を豊かにする態度を育てる。

と記されている。すなわち、「国語総合」においても、「生涯にわたって古典に親しむ」ことによって、「人生を豊かにする」ことを促す方向で、指導することが求められている。また、指導すべき内容としても、

古典などを読んで、言語文化の特質や我が国の文化と中国の文化との関係について理解すること。

という項目が見られる。言うまでもなく、日本文化の形成にとって漢字・漢文の果たした役割は計り知れない。したがって、右は「我が国の伝統と文化に対する関心や理解を深め」るためには、当然の目配りであると言えよう。

今も続く文法偏重の古典の授業

ところが、多くの教育現場では必ずしも、「人生を豊かにする」ことを促す方向での学習指導は、なされていないように見える。文法中心の学習だが、それは「生涯にわたって古典に親しむ態度を育てる」教育にはほど遠いのではないかと思われる。[4]

私の勤務する日本大学の国文学科に所属する学生たちに、「高校でどんな古典の授業を受けて来たか」と質問すると、ほぼ全員が「文法の学習が中心だった」と答える。〈古典＝文法〉といったイメージだが、「文法を丸暗記することが古典の授業の目的のように思えた」と言う学生さえいる。そこで「文法の学習が好きだったか」と聞くと、「嫌いだった」と答える学生が多数を占める。[5] 古典分野の授業を敬遠する学生も多い。文法に偏った学習が、古典嫌いの若者を生産し続けているのではないかと思われてならない。[6]

もちろん、中には特色ある教育を行なっている高校もあろう。また、文法中心の学習でも、実りのある古典の授業を実践している優れた教員も多いに違いない。しかし、日大に進学する学生たちの多くは、付属高校を典型として、進学希望者が多数を占める高校の出身者である。彼らの経験は、中間層の多くの高校における古典の授業の姿を、ある程度反映しているのではないかと考えられる。

確かに、学習指導要領は「文語のきまり」の学習も求めている。したがって、多くの教科書の中に、そうした指導項目に配慮した教材が用意されている。また教師用の指導書にも、必ずと言ってよいほど品詞分解の頁が設けられている。そうした教科書・指導書と授業は鶏と卵のような関係であろうが、〈品詞分解・文法事項の確認・現代語訳〉といった形の授業が、現在も教育現場の主流であるということを、そこからも窺うことができる。

学習指導要領では「生涯にわたって古典に親しむ態度を育てる」ことが求められている。しかし、はたして文法偏重の学習で「古典に親しむ態度」が育てられるのか。〈品詞分解・文法・現代語訳〉といった古典の学習は、訓詁注釈といった伝統的な学問の方法に、明治以後の日本語研究の中で育まれた学校文法という制度を取り込んだものであろう。しかし、周知のように、学校文法に対しては、日本語学の分野などからの批判も多い(7)。また、ほぼ全入となった高校生に求められることは、古典をあたかも学問の対象であるかのように、一語一語微視的に分析することではあるまい(8)。

高校生には人生を豊かにするための古典を

高校生の古典の学習は、学習指導要領が求めているように、「生涯にわたって古典に親しむ態度を育てる」ことこそが重要である。したがって、和歌や俳諧は別として、物語や説話などの散文は、教科書に載らない部分をも含めて、現代語訳でどんどん読んで行く方がよいのではないか。それによって、内容のおもしろさや先人の知恵などを知り、「我が国の伝統と文化に対する関心や理解を深め」た上で、重要な部分のみ、あるいは暗誦すべき部分のみ、原文（歴史的仮名遣いに基づいた漢字仮名交じりの文章に句読点を打ち、適宜改行したりして教材化したもの）を提示する形でもよいのではないかと思われる。

むしろ、「音読、朗読、暗誦」（内容の取扱い）などによって、古文を体感することの方が、「古典に親しむ態度」を育てるには有効ではないか。とりわけ万葉歌を学習する際には、音読・暗唱によって、古代の歌の表現やリズムを体感することの方が、効果的な学習方法となろう。

そこで、そうした考え方を基本としつつ、古典を学習する目的と意義を、年代や教育機関などの違いにも配慮しつつ、私なりに整理してみると、左の図のような形になる。すなわち、現代の高校生たちに対しては、あくまでも一般の読者として古典に親しむことを求めるべきなのだ。たとえば、自ら古典に関する書物を読んだり、それに関する文化的な施設を訪れたり、文化財などに関心を寄せたりする若い世代を育てることだが、文法中心の古典で、生徒たちをそうした気持ちにさせることは難しい。

古典を学習する目的と意義

教養としての古典
中学・高校における国語の授業・大学における総合教育科目
→ **一般の読者を育てる**
（知識と教養を育み、人生を豊かにするための古典）

学問としての古典
大学・大学院における日本文学系の専門科目
→ **教員及び研究者を育成する**
（真理を探究する対象としての古典）

教養・娯楽としての古典
カルチャーセンター・生涯学習などの講座
→ **一般の読者を楽しませる**
（教養を深め、人生を豊かにするための古典）

すでに述べたように、文法中心の古典の学習は、伝統的な学問の方法を基本としたものだと見られる。しかし、一部の選ばれた者たちだけが高校に進学した時代ならばまだしも、ほぼ全入の高校で学問的な方法を生徒たちに押しつけることは、決して建設的なことではあるまい。また、明治時代のように、海外に圧倒的に高い国力を持つ国があって、それに「追いつけ追い越せ」という時代ならば、受動的な形での学習にも意味があったように思われる。

しかし、現在はそういう時代ではない。したがって、学習指導要領もそれに応じた形で、発信型あるいは双方向型の教育を重視するようになっている[9]。アクティブ・ラーニングの導入も求められている。ところが、学生たちを通して窺い知ることのできる高校の古典の授業は、ほとんど変化していないように見える。私が高校生だった昭和の高度成長期の古典の授業とほとんど変わっていないとすれば、それはあまりにも時代錯誤ではないか。

現在の学習指導要領では、「文語のきまり」の学習

は多くの指導項目の一つに過ぎない。「古典B」では、

文語文法の指導は読むことの学習に即して行い、必要に応じてある程度まとまった学習もできるようにする。

とされているが、「国語総合」にこうした文言はない。これは上級学年の選択科目だからこそであろう。すべての高校生にそれを学習させることを想定しているわけではあるまい。ところが、多くの高校では、相変わらずその一点のみが肥大化した古典教育が行なわれている。しかし、そうした教育では決して、「伝え合う力」の育成にはなるまい。

因襲にとらわれず柔軟な評価方法を

学習指導要領では、単位の認定に関して、

生徒が学校の定める指導計画に従って各教科・科目を履修し、その成果が教科及び科目の目標からみて満足できると認められた場合には、その各教科・科目について単位を修得したことを認定しなければならない。

とあるだけで、定期試験で○×のペーパーテストを行なわなければならない、という決まりがあるわけではない。評価は、作文やプレゼンテーションなどで行なっても構わないのだ。

現在、学校基本調査の結果によれば、少子化の進行に伴って、高校一校あたりの生徒数は減少し続けている。一クラスあたりの人数をも含め、今後も少人数化が進んで行くものと見られるが、その結果として、肌理《きめ》の細かい評価の方法が実現しやすくなることも期待できる。〈伝え合う力〉を評価するためには、○か×かで判定できる知識の定着を中心とした定期試験ばかりでなく、○か×かでは評価できない文章力やディベートの際の発信力などをも含め、総合的に判断することが求められる。高校における古典の授業や評価の方法を、根本的に考え直してみる必要があろう。

4 秀歌選のパッチワーク

江戸時代の訓によって秀歌とされた万葉歌

「国語総合」の教科書では、「和歌（の世界）」「和歌と俳諧」などといった単元を設定し、『古今集』や『新古今集』の歌々と、歌風の違いが見て取れるように構成するのが一般的である。「三大歌風」が効果的に学べるようになっているのだ。

そうした中で、もっとも多くの歌が採られている万葉の作者は、人麻呂である。軽皇子《かるのみこ》が阿騎野《あきの》で狩猟をした時の長歌（四五）の「短歌」四首のうちの一首だが、

東《ひむがし》の　野にかぎろひの　立つ見えて　かへり見すれば　月傾《かたぶ》きぬ

という歌が教材化されている（大修312・313、数研318、明治320、第一325・326）。

周知のように、この歌にはかつてさまざまな訓が存在したが、右は賀茂真淵（一六九七〜一七六九）『萬葉考』の訓を採用したもの。寛永版本は、冒頭からの「東野炎立所見而」という七文字を、アヅマノノ・ノニハケブリノ・タツミエテと訓んでいる。「炎」をカギロヒと訓ませるのはかなり無理があり、ケブリという古訓の方が素直だとも考えられる。

しかし、多くの注釈書が真淵の訓に従ったばかりでなく、近代まで多くの読者を獲得した『萬葉集略解』がその訓を採用したこともあって、この訓が一般に流布することとなった。さらには、島木赤彦の『萬葉集の鑑賞及其批評』（岩波書店・一九二五）、斎藤茂吉の『万葉秀歌　上巻』（岩波書店・一九三八）、久松潜一の『万葉秀歌（一）』（講談社

学術文庫・一九七六）など、近代の秀歌選にも受け継がれ、人口に膾炙することとなった。そして、現代の多くの注釈書も、この訓を支持している。(10)

また結句の「月西渡」を、文字通りツキニシワタルと、本文に忠実に訓もうとする注もある（伊藤博『萬葉集釋注一』集英社・一九九五）が、今のところあまり定着していない。しかし、近世の万葉観に従ってよしとするわけには行かない。今後も、妥当な訓を求めて研究が続けられなければならないが、高校生に『万葉集』を教える際、訓に問題のある歌を、わざわざ長歌から切り離してまで教材化することが、本当に適当なことなのかどうか。

誰が秀歌と認定したのか

『古今集』や『新古今集』と異なる『万葉集』の特色を示すならば、やはり長歌を外すことはできない。しかし、大きなスペースを必要とすることもあって、長歌が教材化される場合は、短めのものが選ばれる。(11) 右も長歌を省いた上で、四首の「短歌」のうちの一首だけが採られたものだが、ならば初めから短歌を選んだ方が適当と判断したものか、独立の短歌を教材化した教科書が多い。

淡海《あふみ》の海　夕波千鳥　汝《な》が鳴けば　情《こころ》もしのに　いにしへ思ほゆ(12)

という歌だが、人麻呂の歌の中ではもっとも多くの教科書に採られている（東書302・304、三省306・307、教出310、筑摩322・323、桐原330・331）。

教科書では、右が人麻呂の代表作ということになるが、そうした見方は必ずしも『万葉集』の評価と一致しているわけではない。言うまでもなく、『万葉集』の中核は、巻一・巻二の御代別の標によって歴史化された部分だが、それは持統朝を〈現代〉とした歌集である。人麻呂を到達点としたヤマトウタの歴史であると言ってよいものだが、(13) その達成は長歌を基本としている。

一方、巻三に収録された歌々は、拾遺的なものだと見られている。(14)つとに、『古今和歌六帖』や藤原俊成の『古来風躰抄』がこの歌を選んではいるが、これを秀歌とする見方は、島木赤彦の『萬葉集の鑑賞及其批評』(岩波書店・一九二五)や斎藤茂吉の『万葉秀歌　上巻』(岩波書店・一九三八)などに受け継がれ、近年でも大岡信の『私の万葉集二』(講談社現代新書・一九九三)や、岡野弘彦の『万葉秀歌探訪』(NHK出版・一九九八)などに取り上げられている。すなわち、主に短歌の実作者たちの価値判断に基づいて秀歌とされたものである。

何を秀歌とするかは人それぞれである

赤人の歌の中では、次のような歌がしばしば教材化されている。

若の浦に　潮満ち来れば　潟を無《な》み　葦辺《あしべ》を指して　鶴鳴き渡る

み吉野の　象山《きさやま》の際《ま》の　木末《こぬれ》には　ここだも騒く　鳥の声かも

周知のように、右はいずれも長歌の「反歌」である。しかも、どちらも二首あるうちの一首のみが採られたもの。言うまでもなく、長歌から「反歌」を切り離し、独立の短歌として味わうこと自体、『万葉集』を正確に理解しようとする態度とは言い難い。

今さらめいたことばかりを述べるが、「若の浦に」の歌を独立の短歌として評価し、味わうのは、『古今集』仮名序に始まる。それは紀貫之の価値観と歴史認識に基づく。一方、「み吉野の」の歌をもっとも絶賛したのは島木赤彦であろう。『歌道小見』(岩波書店・一九二四)、『萬葉集の鑑賞及其批評』などである。両方採用している教科書は存在しないから、無意識のうちに、貫之に拠る(教出309、第一325・326、桐原330・331)か、赤彦に拠る(三省306・307)か、といった選択がなされていることになる。

また、家持の場合で言えば、次のような歌がしばしば教材化されている。巻十九の巻頭と巻末の歌である。

春の苑《その》　紅にほふ　桃の花　下照る道に　出で立つ娘子《をとめ》
うらうらに　照れる春日に　ひばり上がり　心悲しも　ひとりし思へば

「春の苑」の歌が選ばれた早い例は、『古今和歌六帖』(15)であろう。藤原俊成の『古来風躰抄』にも選ばれているが、俊成は「うらうらに」の歌ばかりでなく、直前に置かれた「廿三日」の二首（四二九〇、四二九一）も選んでいない。一方、「廿三日」の二首とともに、評価したのは窪田空穂が最初であると言われる。また、それを「絶唱三首」と名付けたのは久松潜一『萬葉集の新研究』（至文堂・一九三四）である。つまり、平安・鎌倉の伝統的な秀歌観に拠る（東書301、三省307・308、大修312・313、数研316・317、第一327）か、近代の歌人・学者の万葉観に拠る（東書302・304、教出309・310、明治318・320、筑摩323、第一325・326、桐原330・331）か、といった選択である。

以上は、典型的な例を挙げたのだが、「国語総合」で教材化された万葉歌は、さまざまな時代の好尚を反映した秀歌観に従って選ばれたものが、あたかもパッチワークのような形で集められていると言ってよい。ほとんどの教科書が、『万葉集』を学ぶと言いつつ、実際には、古代の歌として提示しているのではない。その享受史的な姿を一貫性なく提示したものにほかならない。

作品鑑賞型の学習と事実探求型の学習

一方、大岡信の『折々のうた』（一九七九年一月から二〇〇七年三月まで「朝日新聞」朝刊に連載）によって、『万葉』『古今』『新古今』のみならず、『梁塵秘抄』や『閑吟集』まで視野に入れた単元構成をとっている教科書もある（東書301）。各時代の歌々をどう読んだらいいのか、著名な詩人が道案内する形である。

それは「詩歌　うたの心」という単元であり、あくまでも生徒たちが作品を味わうことに力点が置かれている。「折々のうた」という表題を掲げた上で、各歌集の歌を二首ずつ、二百字程度の解説文とともに載せている。『万葉

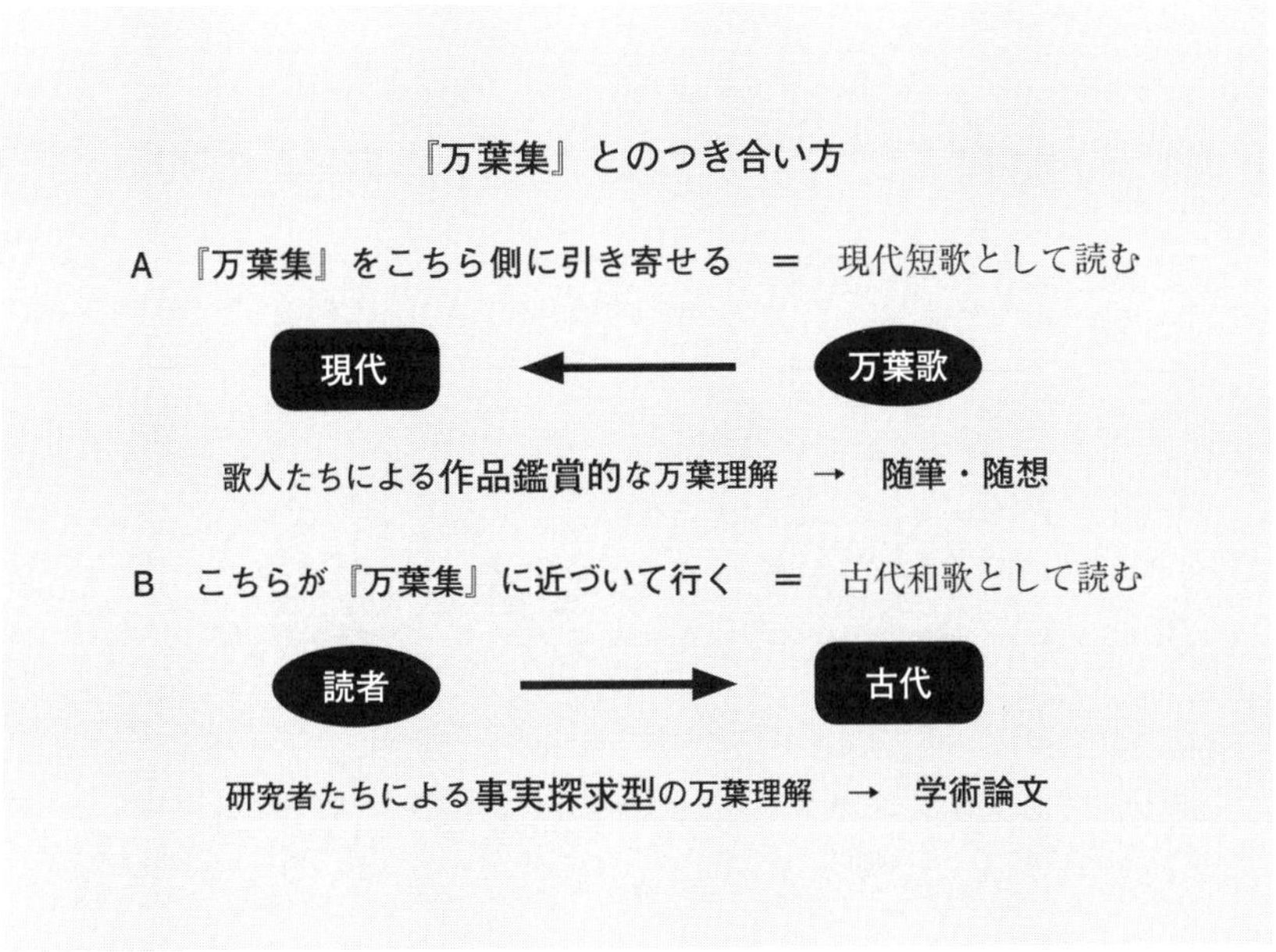

集』からは人麻呂（二六六）と家持（四一三九）が選ばれているが、現代の高校生たちに「伝統的な言語文化への興味・関心」を持つことを促そうとするのが目的であるならば、むしろこうした形で提示する方が適切であろう。教科書の『万葉集』は、所詮秀歌選でしかないのだから、どのような秀歌選であるのかを明確にした方が誤解を招かない。また、大岡の鑑賞文を手本として、生徒たちに「書くこと」を促すこともできる。

『万葉』『古今』『新古今』の歌々を、各歌集の部立に準じて「春」「夏」「秋」「冬」「旅」「恋」というテーマに分けて、それぞれ一首ずつ並べた教科書もある（第一327）。また、その三つの歌集の歌を「四季の歌」「心の歌」と分けて、比較できる形のものもある（教出310）。同じテーマの歌であっても、時代の好尚によってこのように違うということを対照的な形で示すことは、単元の目標をはっきりさせる上で効果的であろう。これも一つの方法ではないかと思われる。

そこで、『万葉集』とどのようにつき合うかと言った時、上の図のような二つの立場が考えられる。大雑把にいえば、作品鑑賞型と事実探求型の違いである。日本文学系の学科の大学生たちが、専門科目として『万葉集』を学ぶ時はBでなければならないが、ほぼ全入の高校生たちが『万葉集』を学習する際には、Aの方が適切なのではないかと思われる。「折々のうた」はあくまでも、古典に親しむための教材なのだというスタンスで、きちんと教えなければなるまい。したがって、この場合は文法の学習などに時間を費やすことは避け、生徒たちがそれをどう受けとめるか、また自分が受けとめたものをどう伝えるか、ということを大切にすべきであろう。

もちろん、一部の高校では、Bの方向で学習することもあり得よう。しかし、当然のことながら、享受史的な秀歌選のパッチワークでは、『万葉集』に対する正確な理解はおぼつかない。また、学校文法ですべての古典を理解しようとする学習では、伝統や文化の理解には繋がらず、発展性がない。文法を金科玉条とすることがいかに不都合か、ということに対する厳しい批判もある。(16) Bの立場を採る場合も、教材の選択と授業の方法を根本から考え直す必要があろう。

5 古い常識に基づく記述など

研究の進展に無頓着な教科書も多い

漢字ばかりで表記されている『万葉集』を、漢字仮名交じりの形で教材化することは、高校生に対する当然の配慮であろう。その点は決して不都合ではない。しかし、どのようなテキストに基づいて漢字仮名交じりの本文が提示されているかと言えば、必ずしも適切な教科書ばかりではない。

たとえば、三省306・307、教出309・310、大修312・313、明治318・320、第一325・326、桐原330・331の教科書は『新編日本古典文学全集』（小学館・一九九四〜一九九六）の『万葉集』に準拠したとし、東書301・302・304は『新日本古典文学大系』（岩波書店・一九九九〜二〇〇三）を使用したとしている。高校の図書室の書架にもあるようなものを選んでいるのであろうが、数研316・317と筑摩322・323のように、四十年以上も前に出版された『日本古典文学全集』（小学館・一九七一〜一九七五）を典拠としている例も見られる。改訂の際に内容の見直しを行なっていないのだ。

周知のように、平成に入ってから新たに廣瀬本が発見され、それに基づく本文研究も進められている。もちろん、教材化された歌々の本文が、それによって大きく変わってしまったわけではないが、『日本古典文学全集』はそうした新しい研究が視野に入っていないのだ。研究の進展に無頓着な教科書が望ましいものであるとは言えまい。

その基本的な万葉観に関しても、古いステレオタイプが目立つ。たとえば、『万葉集』とはどのような歌集かといった説明の中に、

素朴な心情を核とした五七五七七の定型短歌形式の「和歌」が多く採られている。（三省306・307）

歌風の特色は、実感に即した感動を率直に表現した、生命感にあふれた力強さにある。（教出309）

上代人の素朴で純粋な生活感情が歌いあげられている。（大修312・313）

雄大、素朴な歌風が特徴とされる。（数研316・317）

歌風は清新、素朴で、枕詞、序詞、対句、反復などの技巧が用いられている。（第一325・326）

素朴で雄大な詠みぶりに特色があるが、次第に繊細なものへと移行している。（桐原330・331）

という記述が見られる。「素朴」「率直」「雄大」「清新」といった説明である。

言うまでもなく、これは平安朝以降受け継がれて来た伝統的な万葉観に基づく。たとえば、藤原俊成（一一一四〜一二〇四）の『古来風躰抄』は、

上古の歌は、わざと姿を飾り、詞を磨かんとせざれども、人の心も素直にして、ただ、詞にまかせて言ひ出だ

せれども、心深く、姿も高く聞ゆるなるべし。

としている。また賀茂真淵も『萬葉集大考』で、

いにしへの世の哥《うた》は人の真ご丶ろ也、後のよのうたは人のしわざ也。

という言い方で、古代の人と歌を理想化している。島木赤彦の『萬葉集の鑑賞及其批評』も、

萬葉人の歌ひ方が、常に眞實な心の集中からなされ、現れる所は緊張の聲調、高古の風格となつて、吾々をして常に頭をその前に垂れしめる。

という形で、『万葉集』を絶賛している。右は各時代を代表するものだが、こうした言説は、それこそ枚挙にいとまがない。「国語総合」の万葉観は総じて、千年前とあまり変わっていない、ということになろう。

もはや過去のものとなった東歌民謡説

個別の問題に目を向けても、古い常識が目立つ。たとえば、東歌である。アララギを中心に形成された短歌観と、戦後の『万葉集』研究の中で獲得した学説との相剋の中で、アララギ的短歌観の方に軍配を上げた形で歌が選ばれているように見える。

多摩川に　さらす手作り　さらさらに　何そこの児《こ》の　ここだ愛《かな》しき

稲つけば　かかる我が手を　今夜《こよひ》もか　殿の若子《わくご》が　取りて嘆かむ

「国語総合」で東歌を教材化する場合、右のうちのどちらかが選ばれている。「多摩川に」の歌はすでに、『古今和歌六帖』に選ばれているが、『古来風躰抄』は両方とも選んでいない。いずれも娘子の労働する姿が詠み込まれた歌だが、それらは東歌民謡説を背景として選ばれているのであろう。

脚注には、単に「東国地方の歌」（三省306・307、大修312・313、数研316・317、第一325・326、桐原331）と、差し障りのない説

明に留める教科書が多い中で、「庶民生活を反映した民謡風の作品が多い」（東書304）、「庶民的な発想・表現を持つ歌が多い」（明治318・320）、「遠江・信濃以東の東国で詠まれた歌。中央とはことば遣いがやや異なる」（筑摩323）などと、やや突っ込んだ説明をしている教科書も見られる。草深い東国の、文字を知らない衆庶の素朴な歌声と見ているのであろう。

そうした中で、

万葉時代の多摩川は、手作りの布をさらす労働の場であった。だからこの歌は、みんなで仕事をしながら口ずさまれたものとも考えられている。

といった俵万智の「響きを味わう」という解説（教出309・310）は、「労働の場で（中略）口ずさまれたもの」としている。民謡説を前提としていると見るしかない。

周知のように、土屋文明の『萬葉集私注』（筑摩書房・一九四九〜一九五五）が、その急先鋒であった。二二三八首中の一七八首に「民謡」とする注がつけられている。[17] 当該歌についても「労働歌として成立したもの」（三三七三）「稲をつく者の労働歌である」（三四五九）としている。実際、明治320の指導書の中にも、

当時の労働生活が詠まれていて、もともと多摩川の布さらし場での作業歌だったのかもしれない。

と説明しているものがある。[18] しかし、東歌が民歌か否かと活発に議論されたのは、もう四十年も前の話になる。現在、土屋文明のような東歌民謡説を積極的に支持する研究者は、まずいないのではないか。[19]

神武天皇を初代とする代数がまだ使われている

皇国史観と受けとめられかねない記述も見られる。たとえば、脚注の天智天皇の説明として、「第三十八代の天皇」（東書301）とするものがある。また、天武についても「第四十代天皇」（数研316・317）とする記述が見られ、持統

を「第四一代の天皇」（大修314）とする説明もある。代数が示されたところで、生徒たちにはいつ頃の天皇か、具体的にイメージできないだろう。しかし、それは措くとしても、これらの代数は神武天皇を初代として数えたものだから、神武の実在を前提としたものにほかならない。

とりわけ、天武を「第四十代」、持統を「第四一代」とする記述は、弘文天皇の即位まで認める立場になる。「弘文天皇」とする注も見られる（教出309）が、そうした説は江戸時代になってから現れたものである。水戸の彰考館で編纂された『大日本史』で、「天皇大友」としたのが、その代表的な例である。彰考館の中には反対意見もあったが、徳川光圀の裁断によって認められたのだと言う。(21)

伴信友（一七七三～一八四六）の『長等《ながら》の山風』も、それを支持しているが、周知のように、弘文天皇と諡《おくりな》したのは明治天皇であって、明治三年（一八七〇）のことである。現在でも大友が天皇の大権を掌握していたとする説はあるものの、当然、神武天皇を初代とする歴史観とは別物である。(22)

現在の研究水準と乖離した説明の数々

後世の評価と歴史的事実とを混同した注も見られる。たとえば、山部赤人の歌に関して「叙景歌という新しい境地を開く」（筑摩321・322）とする脚注である。しかし、「叙景」という用語の早い使用例は、正岡子規の芸術論であろうと思われる。(23) いずれにせよ、近代の翻訳語にほかならない。「有心」や「幽玄」など、自ら歌論をなした王朝の歌人たちの作歌理念と同じように、赤人が「叙景歌」という概念を創ったと、誤解させてしまう危険性が高い。

必ず見られる枕詞と序詞に関する説明も、決して適切なものとは言えない。たとえば、

ある特定の語にかかる。語調を整えることを主な役割とし、普通現代語訳はしない。（桐原330・331）

とする説明がある。これも周知のように、枕詞を「調」の問題として捉えたのは真淵の『冠辞考』である。しかし

戦後、枕詞の研究もかなり進展して来た。はたして現在、枕詞を「語調を整える」ものと考えている研究者はいるのだろうか。

また、序詞について、

ある語句について具体的なイメージを与える表現技法。七音以上の長さ、作者の独創による詞句である点を除けば、「枕詞」とその働きはほぼ同じである。（筑摩323・324）

とする説明も見られるが、これも戦後の研究がまったく視野に入っていないものと言うしかない。

額田王に関する説明も、多くは三角関係的な説明に偏る古い常識に基づくものだが、[24] なぜその説に拠るのか、理解できない例もある。それは「熟田津《にきたつ》に」（八）の歌の脚注である。たとえば「愛媛県松山市北部にあった船着き場」（大修312・313）という説明が見られる。

周知のように、熟田津の具体的な位置に関して、決定的な説はない。かつてさまざまな候補地が示されたが、「松山市北部」ということからすると、堀江湾付近とする説であろう。これも古い説である。[25] 当然、筆者はその説にも与《くみ》しないが、[26] それは措くとしても、諸説があって決定できない問題に関して、特定の古い説に基づいて具体的な位置を提示することは、高校生用の教材として、決して適切なことではあるまい。「今の愛媛県松山市にあったといわれる港」（第一325・326）とする注もあるが、その程度で留めておくべきであろう。

今指摘したことの多くは、改訂前の教科書の記述とまったく変わりがない。新指導要領に基づく教科書を編集する際、内容の見直しを行なわなかったことは明らかである。教科書全体として見れば、現代文を中心に、改訂を機に新しい教材を採用したり、説明に工夫が凝らされたりしている部分も見られるものの、『万葉集』に関しては、古い版をそのまま流用したものが多いと言うしかない。ひどい場合は、準拠したとするテキストは新しいものに変更しているが、実際には、中身が一字一句変わっていなかったものもあった。

編集者の中に、古典は変わらないものという意識があるのではないか。あるいは、採算を重視し、必要最小限の改訂に留めたのかも知れない。少子化の中、大量販売が見込めない現状だから、後者の方がより大きな原因だと想像しているが、それでもなお、古い常識がまかり通っている現状を生み出した責任は大きい、と言わざるを得ない。

6 おわりに

教科書は所詮、秀歌選の焼き直しでしかない。長歌から反歌を切り離し、短歌として味わう形がその典型である。しかし、ほとんどの教科書は秀歌選であることを謳《うた》わない。『万葉集』とはこういうものだ、という姿勢で示しているように見える。その点は、根本的に改める必要があろう。

『万葉集』は各時代にわたって読み継がれて来た。貫之はこういう歌を好み、俊成はこういう歌を秀歌とした。また、真淵はこういう姿勢で『万葉集』に向かい、赤彦はこのように『万葉集』に自己の短歌観を投影させた。時代により、立場により、さまざまな形で読み継がれた結果として古典となり、現代に伝わったものだ、と教えるべきではないのか。

そして、高校生にはまず、現代に生きる自分たちの感覚で、万葉歌を自由に読むように促すべきであろう。47頁の図で言えばAの方だが、少なくとも必修科目の「国語総合」では、そうすべきではないかと思われる。そのためには、古い常識に基づく教科書を全面的に書き改めることは当然のことであろう。また、秀歌選としての立場を明確にした上で、短歌を中心に、現代の高校生たちが共感しやすい歌を選ぶことも必要である。すなわち、一般の読者を育てる方向の教材として、根本的に再構築することが求められよう。

一方、Bの方向での読みが求められるとすれば、それを必要とする生徒だけが上級学年で選択することが想定され、発展的な学習と位置づけられている「古典B」で行なうべきであろう。長歌や旋頭歌の学習は、こちらで行うべきである。とは言っても、あまり専門的にならないように、ごく初歩的なものに限るべきだが、万葉仮名に対する理解などを盛り込むことによって、漢字から仮名への歴史的な道筋を学ぶことも、「古典の言葉と現代の言葉とのつながりについて理解したりすること」という学習指導要領の趣旨にも適《かな》う。最低限の文法の学習も、選択科目の「古典B」ならば、あってもいいように思われる。

なお、本書では「Vこう教えたい『万葉集』――新たな教材の提案」で、教材とする『万葉集』の一例を示した。

【注】

1 『内外教育』（二〇一三年一月二二日、時事通信社）によれば、二〇一三年度における「国語総合」の教科書の採択数は約一五三万冊。出版社別で言うと、第一学習社、東京書籍、大修館書店、三省堂、筑摩書房、数研出版、明治書院、教育出版、桐原書店という順になる。

2 当然のことだが、教科書に収録されていても、実際に学習しているとは限らない。周知のように、センター試験に『万葉集』が出題されたことはない。それは共通一次の時代も同じである。入試にあまり関係のない教材なので、授業では取り上げない高校もあると聞いている。

3 澤瀉久孝・森本治吉編『作者類別年代順　萬葉集』（新潮社・一九三二）に始まる。必ずしも『万葉集』自体が示す時代区分ではなく、壬申の乱・平城遷都などによって時代を区分する。

4 文法中心の古典の授業に関しては、当然賛否両論がある。たとえば『国文学　解釈と鑑賞』（六二巻七号・一九九七）で、「古典文法教育の創造」という特集が組まれたことがあった。古典教育における文法の学習を肯定的に捉え、再構築しようとする特集である。また『国文学　解釈と教材の研究』（四三巻一一号・一九九八）でも、「これだけ文法が分かれば古典が読める」という特集が組まれたことがある。一方『日本語学』（三〇巻四号・二〇一一）には、「文法を教えない古典の指導」という特集が見られる。それぞれに一理あるとは思うのだが、私は、作品を読み味わうことよりも、学校文法の習得を目的化したような授業ならば、やめた方がいいと考えている。古典嫌いの学生の話を聞くと、そのほとんどは文法中心の授業の中で、その学習に躓《つまず》いたことが原因だからである。彼らは古典が嫌いなのではない。文法の学習が嫌いなのだ。とりわけ、ほぼ全入となった高校生に必修とされている「国語総合」では、まずは古典に親しむことを優先し、できれば好きにさせることに力を注ぐべきであろう。

5　文部科学省・国立教育政策研究所の「平成十七年度教育課程実施状況調査（高等学校）」によると、七割以上の高校生が古文は嫌いだと回答している。また、たかきかずひこ「なにのための古典教育か？」（『国文学　解釈と鑑賞』六二巻七号・一九九七）も、生徒たちに対するアンケート調査を基にして、文法中心の学習を「嫌だ」と思っている生徒が圧倒的多数を占め、それを肯定的に受けとめている少数派の生徒も、大学受験の「方便」としか考えていないと報告している。

6　鳴島甫「古典教育再考―七割もの生徒に嫌われている古典教育からの脱却―」（『日本語学』二六巻二号・二〇〇七）。

7　たとえば、町田健『まちがいだらけの日本語文法』（講談社現代新書・二〇〇二）など。一方、森山卓郎・矢澤真人・安部朋世「国語科の学校文法における「品詞」について」（『京都教育大学紀要』一一八号・二〇一一）は、批判の多い学校文法に対して、社会や学校現場で広く使われている現状を無視すべきではないと言う。したがって、単純に否定するのではなく、部分的な改修・改訂を続けるべきであるとする。

8　黒田徹「『万葉集の読解と文法指導」（『国文学　解釈と鑑賞』六二巻七号・一九九七）は、品詞分解ではなく「構文的なレベルでの文法現象をも的確に把握できるように指導して行かなければならない」とする。しかし、この論文では題詞を絶対視し、その情報から歌の中に詠まれていないことまで補って現代語訳している。歌集の中の歌は編集された結果としてその形になっているということが、すっぽりぬけ落ちているのだ。結果として、「構文的なレベルでの文法現象」の捉え方は、必ずしも適切ではない。

9　昭和三十一年施行の高等学校学習指導要領には、「国語科の目標」の第一に、「読解力」「鑑賞力」「批判力」が挙げられている。同三十五年ではそれが「思考力」と「批判力」に変わり、四十五年では「表現する能力」に変わっている。「伝え合う力」が第一に挙げられるようになったのは、平成十一年からである。また文法に関しても、昭和五十三年の指導要領には、「文語のきまり、訓読のきまりについては、文章の読解に即して行なう程度とすること」とされている。全体として、読解中心の国語からコミュニケーション重視の国語に徐々に変化して来たことが窺える。

10　小島憲之ほか『萬葉集①〈新編日本古典文学全集〉』（小学館・一九九四）、稲岡耕二『萬葉集（一）〈和歌文学大系〉』（明治書院・一九九七）、佐竹昭広ほか『萬葉集一〈新日本古典文学大系〉』（岩波書店・一九九九）、阿蘇瑞枝『萬葉集全歌講義一』（笠間書院・二〇〇六）、多田一臣『万葉集全解1』（筑摩書房・二〇〇九）などが、真淵の訓を踏襲している。

11　現行の「国語総合」で教材化されている長歌は、額田王の近江遷都の歌（教出309）、人麻呂の石見相聞歌（桐原330・331）、山部赤人の不尽（富士）山の歌（東書302・304、大修312・314、数研316・317、明治318・320、筑摩322・323）、山上憶良の子等を思ふ歌（三省306・307、教出310、第一325・326）の四首である。一方、長歌をまったく教材化していない教科書もある（東書301、三省308、大修314、第一327）。

12　原文は「淡海乃海」だが、これを「淡海の海」とする教科書（東書301）よりも、「近江の海」としている教科書（東書302・304、三省306・307・308、教出310、筑摩322・323、桐原331）の方が多い。周知のように、「近江」とは和銅六年（七一三）の好字令に基づく国名表記である。したがって、人麻呂作歌では「淡海」（三一九、三二六六）とされている。赤人の「望不尽山歌」（三一七～三一八）を「富士山」と表記してしまう（大修312・313、数研316・317、明治318・320）のと同様、後世の常識に基づく本文の改竄である（梶川信行「《富士山》の誕生―「望不尽山歌」論のために―」『万葉史の論　山部赤人』翰林書房・一九九七）。とは言え、これは教科書の問題ではなく、準拠したテキストの問題であろう。現代の注釈書にも、小島憲之ほか『萬葉集一〈新編日本古典文学全集〉』（小学館・一九九四）のように、「淡海」を「近江」とし、「不尽山」を「富士山」としたものが多い。

13　梶川信行「《初期万葉》の「雑歌」」（梶川信行編『初期万葉論』笠間書院・二〇〇七）、同「『万葉集』の持統朝―その歴史認識の形成をめぐって―」（『語文』一五二輯・二〇一五）。

14　伊藤博「巻三以下の〈近つ世〉の歌」（『萬葉集の構造と成立　上』塙書房・一九七四）。

15　『古今和歌六帖』は、『万葉集』の四分の一ほどを抄出しているので、必ずしも秀歌として撰ばれたとは言えないだろう。

16　小松英雄『丁寧に読む古典』（笠間書院・二〇〇八）、多田一臣「国語教育の危機」（本書所収）。

17　水島義治「東歌の本質―その民謡性と非民謡性」（『萬葉集東歌の研究』笠間書院・一九八四）。

18　現在の教師用指導書のほとんどは、非常に大部なもので、その記述は詳細だが、『万葉集』に関する単元の解説には、古い常識に基づくものも見られる。たとえば、もっとも採択数の多い第一学習社325の『指導と研究　第六分冊・古文編』で言えば、解説文の中に引用されている文献は、斎藤茂吉『万葉秀歌』（岩波書店・一九三八）、土屋文明『万葉集小径』（三学書房・一九四三）、五味智英『古代和歌』（至文堂・一九五一）、犬養孝『万葉の旅』（社会思想社・一九六四）などで、半世紀以上経過したものが中心であった。また数研出版316の『国語総合　教授資料　古文編』は、分担執筆のせいか、古いステレオタイプの説明と、明らかに品田悦一『万葉集の発明　国民国家と文化装置としての古典』（新曜社・二〇〇一）を参考にしたと見られる記述が同居し、矛盾が見られた。

19　かつて、一貫して非民謡説を唱えたのは、水島義治である。その研究を集約したのが『万葉集東歌の研究』（笠間書院・一九八四）である。また、「東歌民謡説の構築と蹉跌」については、品田悦一「東歌・防人歌論」（神野志隆光ほか編『セミナー万葉集の歌人と作品　第十一巻』和泉書院・二〇〇五）に詳しい。

20　教育出版309は、「さざなみの志賀の唐崎」（三〇）の歌の脚注に、「志賀」の説明として、「天智天皇と弘文天皇の皇居である近江の大津宮が置かれた」としている。この注は改訂前「大津宮」だったが、なぜかそれが「近江大津の宮」に改変されている。しかし、あとは何も変わっていない。

21　茨城県立歴史館編『大日本史編纂記録』（茨城県・一九八九）。

22　荒木敏夫「ヒツギノミコと皇太子」（『日本古代の皇太子』吉川弘文館・一九八五）。

23　正岡子規「我邦に短篇韻文の起りし所以を論ず」（『早稲田文学』二六号・一八九二）。

24　額田王に関しても、江戸時代末期以後に形成された享受史的なイメージに基づく記述が数多く見られる。たとえば「初め大海人皇子に寵愛され、後に天智天皇に仕えたらしい」（筑摩322・323）というもの。天智と大海人の間で愛の葛藤に翻弄された額田王である。中には、「熟田津に」（八）の歌を取り上げながら、脚注で、直接関係のない三角関係的な理解を促すものすら見られる（第一325・326）。

25　かつて愛媛大学教授であった武智雅一の「熟田津の位置私考」（『文学』七巻一二号・一九三九）の説である。

26　梶川信行『額田王　熟田津に船乗りせむと』（ミネルヴァ書房・二〇〇九）。

Ⅱ

問題のありかを探る

小・中学校教科書と万葉集

菊川恵三

はじめに――小学校教科書に登場した古典教材と、中学校古典教材との違い

ここでは小学校・中学校の国語教科書を取上げてみたい。中学ならともかく、小学校の教科書に万葉集歌が掲載されているのかと、いぶかる方も多いだろう。その答えは、イエスでありノーである。確かに万葉集の歌としては掲載されてはいないが、百人一首のなかに持統天皇「春過ぎて」、天智天皇「秋の田の」、山部赤人「田子の浦に」などが載っているからだ。

小学校で「百人一首」といえば、あるいはカルタ大会の楽しかった経験を思い起こす方もいるだろうか。しかし、実際に百人一首が国語教科書に掲載されていたかとなると、記憶にないのではないか。ところが現在、ほとんどの小学校国語教科書に百人一首の歌が掲載されており、しかもそれは三年か四年の教科書なのである。

実はこれにはわけがある。平成二十年度から新しい学習指導要領がスタートし、そこに従来になかった「伝統的な言語文化」についての事項が加えられた。これを受けて教科書が新しくなり、百人一首が取り

上げられるようになったというわけだ。したがって今後は、多くの児童がカルタなどを通じて百人一首の歌に触れることになる。

三・四年生で百人一首に親しんだ児童が、五・六年生で触れるのが枕草子や平家物語である。和歌・俳句から物語・随筆、つまり「韻文から散文」への展開は、文学の展開からはごく自然なものだと思われる。しかし、中学の教科書へと目を移すと、そうではない。古典教材の配列は、一・二年生で竹取、平家などを扱い、和歌をあつかった「万葉・古今・新古今」は、最終学年の三年生にならないと出てこない。この「散文から韻文」の配列は、実は高等学校の一年生の必修科目「国語総合」でも共通する。なぜ、小学校だけが「韻文から散文」なのか。そこにはどのような問題があるのだろう。このような視点から考えてみよう。ただし主な対象を小・中学校におくため、万葉集のみに焦点化するのではなく、散文を含めた古典教材全体の中で取り上げていきたい。

分析の対象とした小・中学校国語教科書は、光村図書（以下、光村）と東京書籍（以下、東書）である。光村は小・中学校の国語教科書としては最大シェアを占めており、東書は中・高の占有率が高い(1)。二つの教科書を対照することで、小・中学校それぞれの違いや連続性など、教科書編纂の工夫を通して興味深い問題が見えてくる。

私のこの問題意識は、本書に収められた他のものと比べ、かなり異質だろうと想像する。これは私自身の立場と経験によるところが大きい。長年国立大学の教育学部で国語教育を担当してきた関係で、小学校教員を念頭においた授業が必要だったからだ。また、学習指導要領など教育行政との関連をいうのも、そのことによる。

1 小学校国語教科書の和歌

最初に光村・東書の小学校国語教科書における古典関連教材を一覧したものを掲げる。万葉歌については、作者と初句を示して傍線を施した。

小学校国語教科書の古典関連教材　**「◎」は大単元、「○」はコラムや資料、「・」は所収作品や内容**

学年	光村図書	東京書籍
三年	○「声に出して楽しもう　一茶・百人一首など」 ・芭蕉「荒海や」他三句、友則「久方の」、仲麻呂「天の原」の二首 ◎4かるたについて知ろう ○巻末付録「百人一首を楽しもう」 ・持統「春過ぎて」、天智「秋の田の」他二〇首	○「日本の言の葉　俳句に親しもう」 ・芭蕉「閑かさや」他、春夏秋冬にわけ古典俳句三句。近代俳句九句。
四年	○「声に出して楽しもう　子規・啄木など」 ・近代俳句三句、短歌三首	○「日本の言の葉　「百人一首」を声に出して読んでみよう」 ・持統「春過ぎて」、赤人「田子の浦に」他九首 ・「十人一首」でカルタ遊びをしてみよう。

五年	◯「声に出して楽しもう　竹取物語・枕草子・平家物語」 ◯「声に出して楽しもう　論語」 ◯巻末「古典の世界」	◯「日本の言の葉　古文を声に出して読んでみよう」 ・竹取物語、平家物語、奥の細道など ◯「日本の言の葉　古文に親しもう」 ・枕草子「春はあけぼの」
六年	◎「4伝統文化を楽しもう　伝えられてきたもの　狂言柿山伏」 ◯「声に出して楽しもう　天地の文」 ◯巻末「古人のおくり物―狂言・落語」	◯「日本の言の葉　漢文を読んでみよう」 ・論語、孟浩然「春暁」 ◯「日本の言の葉　いにしえの言葉に学ぶ」 ・世阿弥、福沢諭吉など

これを見ると、今の子どもたちは小学校三、四年で、百人一首を通して天智天皇や持統天皇歌と出会うことがわかる。これは多くの人たちも経験したことだろう。

驚くのは、光村図書の場合、巻末付録ではあるものの、百人一首から二十首もの歌が収められていることである。全四ページ、紀貫之「人はいさ」・小野小町「花の色は」はもちろん、清原深養父《ふかやぶ》「夏の夜は」・藤原良経《よしつね》（後京極摂政前太政大臣）「きりぎりす」まで登場する。中学の教科書でも、これほど多くの和歌を掲載することはないだろう。その理由については後述するとして、もう一つの東京書籍でも持統・赤人を含め十首あることを思うと、次世代の子どもたちは百人一首に親しみをもってくれそうだ。

ところで、この百人一首が光村では三年、東書では四年に掲載されているのはなぜだろう。一覧表をみると、光村では三年で百人一首に加え芭蕉の俳句も掲載し、四年では近代の俳句・短歌をのせている。これに対して、東書では古典・近代を区別せず三年で俳句、四年で和歌となっている。これを対照させると次のようになる。

光村図書　三年＝古典「和歌＋俳句」　四年＝近代「短歌＋俳句」
東京書籍　三年＝俳句「古典＋近代」　四年＝和歌（短歌）「古典＋近代」

このように三年・四年を一体で考えると、実は二社ともに和歌・俳句という韻文教材を収載していることがわかる。その違いは配列だけなのである。そして、これは冒頭で述べたように、平成二十年度から始まった新しい学習指導要領に則したものなのである。

詳細は略すが、新学習指導要領では、従来「国語の特質」として教育漢字の配当などが示されていた事項に、わが国の理解を深める意図をこめて「伝統的な言語文化」が加わった(2)。次は、それを学年ごとに記述した部分である（ただし、一・二年は略した）。

第3学年・第4学年
ア　易しい文語調の短歌や俳句について、情景を思い浮かべたり、リズムを感じ取りながら音読や暗唱をしたりすること。
イ　長い間使われてきたことわざや慣用句、故事成語などの意味を知り、使うこと。
第5学年・第6学年
ア　親しみやすい古文や漢文、近代以降の文語調の文章について、内容の大体を知り、音読すること。
イ　古典について解説した文章を読み、昔の人のものの見方や感じ方を知ること。

声に出して読む古典

百人一首が小学校の三、四年の教科書で取り上げられるようになったのは、この「易しい文語調の短歌や俳句」

の記述に拠ることがわかる。それらを三年、四年でどのように配するかなどは、教科書編者に任せられているのである。また一覧表をみると、光村では三年から五年まで学年ごとに「声に出して楽しもう」と単元ごとの目標が示されている。これもまた、指導要領の「リズムを感じ取りながら音読や暗唱」「音読する」に対応している。

ところで一覧をよく見ると、百人一首といっしょにカルタが取り上げられていることに気づく。波線を施したように、光村では百人一首とは別に「かるたについて知ろう」という文章をのせ、東書では同じ箇所に「「十人一首」でカルタ遊びをしてみよう」とある。「十人一首」とは聞きなれない言葉だが、百首では多すぎるので十首でやろうというのである。このように、小学校ではカルタを通して百人一首に親しむ工夫がなされている。確かに、俳句や格言と違い、百人一首カルタは、古くから楽しい遊びとして親しまれてきた。これを小学校教育に積極的に活用しようというのは、理にかなっている。

もっとも、カルタとなると「声に出して読む」というよりは、札をさがすのに「耳を澄ませて聞く」ことから始まりそうだ。まずは和歌を耳から入れ、勝つために暗記、暗唱につなげていけばいいだろう。百首となると多すぎるので、二十首を一組にした「五色百人一首」なども活用できる(3)。この章の冒頭で指摘した、本文や巻末付録に多くの百人一首歌を掲載しているのは、内容理解よりも声に出すための資料と考えれば納得できる。

ところで小学校も高学年になると、光村・東書とも五年では竹取物語・平家物語などの有名古典の冒頭を、さらに六年では狂言の柿山伏（光村）、論語に加え孟浩然の漢詩「春暁」（東書）をのせる。福沢諭吉の「天地の文」という見慣れない教材も目に付くが、これも指導要領にあった「近代以降の文語調の文章」に則したものだろう。

もっとも、ここまで広がってくると、逆に不安になってくる。いくら声に出して楽しもうといっても、古典・文語文を数多く示すだけでは難しいだろう。そこには、小学生には内容は十分にわからなくてもよいとの考えがあるのだろうが、小学校も高学年になればそれだけではすむまい。音読主義が批判の対象となる点でもある(4)。それを避けるためには、光村図書の狂言「柿山伏」のように、テキストだけでない古典へのアプローチが試みられてよい。もっとも、教師にとっては狂言・落語といった古典芸能は最もあつかいにくい教材かも知れない。現在の小学校教科書は、このような問題をはらみながら展開している。

② 中学校国語教科書と万葉歌

中学校国語教科書の古典関連教材　「◎」は単元、「○」はコラムや資料、「・」は所収作品や内容

学年	光村図書	東京書籍
一年	◎「4いにしえの心にふれる」 ・いろは歌—音読を楽しもう ・七夕に思う（作者未詳「彦星と」） ・蓬莱の玉の枝—竹取物語から ・今に生きる言葉（格言） ○季節のしおり　春夏秋冬 ○言葉としぐさの古典芸能—落語	◎「4さまざまな古典作品を知ろう」 ・伊曽保物語 ・竹取物語 ・矛盾 ○日本語のしらべ　中也「月夜の浜辺」
二年	◎「1広がる学びへ　枕草子」 ◎「5いにしえの心を訪ねる」 ・音読を楽しもう—平家物語 ・扇の的—平家物語	◎「4」 ・枕草子 ・徒然草 ・平家物語

	・仁和寺にある法師―徒然草 ・漢詩の風景 ○季節のしおり　春夏秋冬 ○古典芸能の世界―能・狂言	・古典芸能に親しもう ・漢詩 ○日本語のしらべ　白秋「落葉松」
三年	◎「5いにしえの心と語らう」 ・音読を楽しもう　古今集仮名序 ・君待つと―万葉・古今・新古今 《万葉九首》持統「春過ぎて」、人麻呂「東の」、額田王「君待つと」、赤人・富士山歌（含む長・反歌）、憶良「憶良らは」家持「春の園」、東歌「多摩川に」、防人「父母が」 《古今三首》貫之、敏行、小町 《新古今三首》西行、定家、式子 ・夏草―「おくの細道」から ◎「7三年間の歩みを編集しよう」 ・学びて時にこれを習ふ―論語 ○季節のしおり　春夏秋冬 ・志貴「石走る」 ○古典芸能の世界―歌舞伎・浄瑠璃	◎「4」 ・万葉・古今・新古今 《万葉八首》額田王「君待つと」、人麻呂「近江の海」、憶良「瓜食めば」（含む長・反歌）、赤人「春の野に」、家持「うらうらに」、東歌「信濃道は」、防人「韓衣」 《古今四首》業平、宗于、小町、貫之 《新古今四首》定家、西行、寂蓮、式子 ・おくのほそ道 ・論語 ・古典の言葉を味わおう ○日本語のしらべ　藤村「初恋」

右は小学校と同様に、二社の中学国語教科書を一覧にした。当然のことながら、中学では古典に当てられる時間が増加する。「◎」と数字で示したように、教科書全体で七つほどある大きな単元の一つに古典が当てられる。小

学校ではほとんどがコラム的な扱いだったのとは異なる。

学年ごとの主要作品の採録状況と配列をみると、二社ともに共通していることがわかる。古文では一年竹取物語、二年枕草子・徒然草・平家物語を受けて、三年生になって和歌と俳文が掲載される。漢文は一年ことわざ・格言、二年漢詩、三年論語。さらに、三年次の和歌は「万葉・古今・新古今」から、俳文は奥の細道というのも共通する。先にみてきた小学校の教科書に比べると、差異が極めて小さいのである。

また、散文と韻文の配列に注目すると、小学校では「韻文から散文」だったのに、中学では「散文から韻文」になっていることが判る。これも学習指導要領に記されているのかと、中学の「伝統的言語文化に関する事項」をみると次のようになっている。

第1学年
ア　文語のきまりや訓読の仕方を知り、古文や漢文を音読して、古典特有のリズムを味わいながら、古典の世界に触れること。
イ　古典には様々な種類の作品があることを知ること。
第2学年
ア　作品の特徴を生かして朗読するなどして、古典の世界を楽しむこと。
イ　古典に表れたものの見方や考え方に触れ、登場人物や作者の思いなどを想像すること。
第3学年
ア　歴史的背景などに注意して古典を読み、その世界に親しむこと。
イ　古典の一節を引用するなどして、古典に関する簡単な文章を書くこと。

これを見る限り、中学校学習指導要領は作品や配列を指定しているわけではないことがわかる。むしろ、小学校の方が、三・四年で「文語調の短歌や俳句」のように、細かに指摘している。その例に倣えば、和歌などは三年の「歴史的背景などに注意して古典を読み」というより、一年の「音読して、古典特有のリズムを味わう」に近いともいえる。にもかかわらず、多くの中学校教科書が同じということは、古典教材については長い年月の中で定着してきたものを踏襲している可能性がある。

和歌教材の中心を占める万葉集

さて、ここで視点を変えて、三年生の教科書に採録された和歌教材の中身を、万葉歌を中心にみていこう。万葉歌は、「万葉・古今・新古今」と三大歌集の一つとして登場する。ただそこでの万葉集の扱いは、古今集・新古今集とは違う。一覧表の傍線部に明らかなように、初期（額田王）、二期（柿本人麻呂）、三期（山上憶良・山部赤人）、四期（大伴家持）と各期の代表的歌人を集め、東歌・防人歌からも一首が加えられる。さらに、光村では赤人の富士山歌、東書は憶良の子等を思う歌が、いずれも長歌を含めて掲載される。(5)

つまり、万葉の四期区分という研究史に立って、庶民の歌とされてきた東歌・防人歌を加え、さらに特別な歌体として長歌、という形になっている。こうして、万葉歌の全体をダイジェストで伝えようとしているようだ。当然、歌数も多くなり、光村で九首、東書で八首の万葉歌が収められる。

一方、古今集・新古今集は、代表歌人の歌を三首ないし四首を掲載するのにとどまる。例えば古今集では、三期区分に必要な「読み人知らず」歌は見えず、小町・貫之を軸にわずかに一人か二人。新古今集では定家・西行・式子内親王に集中し、後鳥羽上皇も見えない。このように「万葉・古今・新古今」と併記されてはいるが、実質的には万葉集がその中心を占めていることがわかる。

もっとも光村では、コラムとして各学年に「季節のしおり」を設け、春夏秋冬の詩、短歌、俳句などが掲載される。殊に三年は古典和歌・俳句の学習と連動させるため、たとえば春では志貴皇子「石走《いはばし》る」、在原業平「世の中に」、松尾芭蕉「山路きて」のように、古典から選ばれている。

また、一年「七夕に思う」の文章の中で「彦星と織女《たなばたつめ》と今夜《こよひ》逢はむ天の川門《かはと》に波立つなゆめ」（巻十・二〇四〇）の作者未詳歌をのせ、七夕が奈良時代の万葉集から語り継がれてきたことを紹介する。この歌などは、ここ以外には高校の教科書にも引用されることはないだろう。このように現行教科書は、さまざまな工夫がなされていることを忘れてはならない。(6)

以上、小中の古典教材の特徴を対照して示せば、次のようにまとめることができよう。

【小学校】・韻文から散文（3・4年→5・6年）
・和歌は百人一首とカルタ
【中学校】・散文から韻文（1・2年→3年）
・和歌は「万葉・古今・新古今」だが万葉に傾斜

同じ作品、同じ歌

ところで、この「散文から韻文」への配列、「万葉歌への傾斜」は、実は高校一年生の必修科目「国語総合」の教科書にも共通するようだ。高等学校の教科書の場合、同じ出版社でも種類の違う「国語総合」を出している。(7)それら全てについて精査したわけではないが、今、同じ東京書籍『精選国語総合』の目次を示しておこう。

1　古文入門…宇治拾遺（児のそら寝・絵仏師良秀）、今昔物語（検非違使忠明）

2　随筆…徒然草（筑紫に、なにがしの押領使　他四編）
3　物語…竹取物語（火鼠の皮衣　他一編）、伊勢物語（芥川　他二編）
4　和歌…万葉集・古今集・新古今集
5　軍記物語…平家物語（木曽の最期）
6　紀行…土佐日記（馬のはなむけ　他二編）、奥の細道（漂白の思ひ　他三編）

このように、和歌は随筆・物語と軍記・紀行にはさまれるように配列される。古典の中でも、内容と文章が平易な説話や随筆から始まり、平安朝物語に続いて和歌。次に、中世の軍記、近世の奥の細道に同じ紀行の土佐日記と、入門に始まりジャンルを分けつつ時系列を追った配列になっている。

また並べられた作品をみてみると、中学校教材と共通しているのが目に付く。竹取、徒然、平家、奥の細道など、いずれも中学一〜三年教材と共通するのである。むろん、同じ作品ではだめだというのではない。優れた作品を繰り返しながら、より深く学ぶのは、古典の王道だともいえる。

もっとも、この傾向は和歌にあってさらに著しい。「万葉・古今・新古今」という枠組みが共通するだけでなく、歌数・選歌方法に加え、歌そのものも共通するものがある。今、万葉歌を中心に具体的に示してみよう。

《万葉　十首》
額田王「あかねさす」、皇太子「紫の」。人麻呂★「近江の海」。赤人★富士山歌（長反歌）。憶良「憶良らは」。旅人「妹として」。家持★「うらうらに」。東歌★「多摩川に」。防人歌★「父母が」

《古今　七首》読み人知らず二首、業平、小町、貫之、友則、敏行

《新古今　七首》後鳥羽、俊成、俊成女、定家、西行、家隆、式子

万葉集に関しては、額田王と天武の贈答を取上げるなどの新機軸はあるものの、「四期の代表歌人＋東歌・防人

歌＋長歌」という構成は中学と同じになっている。さらに、★印をつけた歌は、光村もしくは東書の中学教科書と同じ歌である。一方、古今・新古今では歌数が三〜四首から七首に増えた分、歌人も多彩になっている。大きく違うのは、中学にはない題詞や詞書が、高校教科書には掲載されていることだけだともいえる(8)。

それにしても、中学三年と高校一年といえば、その間わずかに一年。少なくとも万葉に関しては、同じような歌を、同じように学ぶ可能性もあるということだ。中学と高校では、学校も違えば先生や仲間も違うので気にならないのかもしれない。あるいは、和歌や俳句は受験にあまり出題されず、配当時間も少ないという事情によるのかもしれない。それにしても、もう少し工夫があってもよいだろう。東京書籍の一冊の教科書を取上げただけなので、あくまでも一例ということにとどめておくが、ここからも様々な問題が浮かび上がる。

3 「韻文から散文」、「散文から韻文」

最後に、小学校の「韻文から散文」、中学の「散文から韻文」の教材配列について考えてみよう。この違いはどこからくるのか。端的に言って、これは音声主義と内容理解主義の差ではないかと考える。

「声に出して楽しもう」。小学校三年〜六年の光村教科書では、この目標が繰り返し示される。一方、中学の場合は「いにしえの心にふれる」(一年)、「いにしえの心を訪ねる」(二年)、「いにしえの心と語らう」(三年)とあって、「いにしえの心＝古典」の触れ合いから理解へと向かう。おそらく、小学校では音読・暗唱を念頭に置くので、韻律のある和歌・俳句から、物語・随筆などの散文へと教材が配列されるのだろう。とすれば、中学で和歌・俳句が三年生になるのは、和歌のリズムや韻律以上に内容理解を重視するからということになる。

しかし、和歌が「うた」である以上、韻律を後退させて意味を押し出した授業で、中学生がついてくるのだろうか。それが危惧されるのは和歌の修辞についてだ。枕詞や序詞は意味の上からは不要なものでしかない。枕詞を（　）でくくったり、序詞を下に続く本旨をいうためのものと説明したのでは、「かざり」としか理解できないのではないか。

「瀬をはやみ岩にせかるる滝川のわれても末に逢はむとぞ思ふ」を「岩に割かれる滝川のように」と解釈するのは、序詞と本旨が意味でつながっているからだ。しかし、「みかの原わきて流るる泉《いづみ》川いつみきとてか恋ひしかるらむ」のように意味でつながっていない場合はそうはいかない。苦し紛れに「泉川ではないが」と現代語訳する解説書もあるが、なぜ「でない」ものをわざわざ持ち出すのかについて説明されることはない。これらは、序と本旨が譬喩や音でつながっているのであり、いずれも景物や地名から恋情へと変換するところに面白さがある。このようなことに気づくには、一定程度和歌になじむことが必要になるだろう。

ところが、現行の教科書では、小学校三（四）年生で百人一首をカルタによって触れた児童が、次に和歌を学ぶのは中学三年。この間、五年もの空白がある。一方、中学三年生はわずか一年後、高校一年生でほとんど類似の教材を内容理解中心に学ぶ。こうしてみると、小学校三年と中学三年の間に、大きな穴があいていることがわかる。

この中学一年の教材に小学校三年生で楽しんだ、百人一首とカルタがあればどうだろう。小学校時代にカルタで耳からなじんだ歌を、こんどは自分たちが詠んでカルタを楽しむ。耳から聞いて、口に出して繰り返すことで学ぶのは古代和歌の基本だろう。「歌はただよみあげもし、詠じもしたるに、何となく艶にもあはれにも聞ゆる事のあるなるべし」という藤原俊成『古来風体抄』の発言が脳裏をよぎる。

百人一首から学ぶのはリズムだけではない。「有明」「世に経る」のような語彙から、「人こそ見えね」「絶えなば絶えね」のような語法など、それらすべてが平安朝散文を理解する上での基礎になる。それとあわせて、歌にまつわるエピソードを学ぶのは、内容理解へのもっとも自然なアプローチだろう。小式部内侍の「大江山」、清少納言の「夜をこめて」、人物中心なら道真や実朝を取りあげてもいい。今盛んに言われている「言語活動」や「アクティブ・ラーニング」を取り入れることもできる。その際、百首という多様性がいかせるだろう。このように、小学校で学んだ百人一首を再度置くことで「韻文から散文」への橋渡しとして活用するのである。

そしてこれは、学習指導要領の考えを生かすことにもなる。みてきたように、小学校では「リズムを感じ取りながら音読や暗唱」（三・四年）、「音読する」（五・六年）とある。しかし、中学でも「古文や漢文を音読して、古典特有のリズムを味わいながら、古典の世界に触れること」（一年）とあり、音読を通した古典のリズムは引き継がれている。現行教科書では、散文作品を音読することで果たされているが、そこに和歌を加えてみたいのである。

万葉集と王朝和歌

ところで、このような中で、万葉歌はどのような特徴があるのだろう。百人一首の朗詠になれたうえで、万葉歌を朗詠しようとすると、あちこちでひっかかる。どこかゴツゴツした印象なのだ。防人歌の「幸《さ》くあれていひし言葉《けとば》ぜ」のような方言——正確には方言を装った言葉——、東歌の「ここだ愛《かな》しき」のような、一般には使われない言葉に違和感を持つのは当然だが、それがあちこちにある。

憶良の「憶良らは今はまからむ」のように、特殊な「ら」の用法だけでなく、「まかる」という平安散文では一般的な言葉も、和歌の中で用いられると異質である(9)。同じ憶良の「瓜食《うりは》めば」も、やはり王朝和歌には用いられない。この他、額田王「我が恋ひをれば」、人麻呂の「東《ひむがし》の」も、「恋ひつつあらむ」や「ひがし」と比べるとどこかひっかかる。慣れないうちは、すらすら詠むのは難しいだろう。

万葉集　田子の浦ゆうち出でて見れば真白にそ不尽の高嶺に雪は降りける

百人一首　田子の浦に…　　　　白妙の…　　　　雪は降りつつ

万葉集から百人一首へ歌が変化したこの赤人歌も、「ゆ→に」のように古い語法が捨てられるだけでなく、「真白にそ→白妙の」のように王朝和歌の一般的な用語に替えられる。平安歌人達はこのように万葉歌の角を落とすことで、自分たちの歌として享受したのだろう。

一方、内容の理解に関しては、万葉歌はわかりやすい。日常語が多用されているだけでなく、憶良の子供への情愛や、防人歌の父母との別離など、うたわれた内容が身近に感じられるからである。これ以外にも、額田王と大海人皇子が演じる恋のやりとり、人麻呂のドラマチックな歌、赤人の澄んだ叙景歌、悲しい伝承の歌など幅広い。これらは、長歌・反歌・旋頭歌など歌体の多様性とも関係しているだろう。おそらく和歌という様式が誕生してくるその時、さまざまな可能性がためされたのである。

反面、古今集を始めとする王朝和歌では、その多様性は失われる。四季と恋という二種類のモチーフ、短歌形式という一つの歌体に統合される。そこでは四季の景物の微細な違いがうたわれ、恋を描く様々な方法が先鋭化し、歌枕の発達などイメージを含んだ語が共有される。それらによって、新しい和歌の地平が拓かれる。狭いけれど研ぎ澄まされた詩としての面白さが、王朝和歌の特徴だといえよう。

4　おわりに――活動を通した和歌学習

小・中学校の国語教科書を中心に、和歌教材と万葉集のありかたを検討してきた。取上げたのは、あくまで教科書の中の問題である。実際の授業は、教科書そのままではないだろう。教科書は学習指導要領に示されたものを実現するための教材集であって、これ以外は教えてはいけないというものではない。百人一首カルタに熱中しすべてを暗記した小学生もいれば、和歌はさらりと素通りという場合もあるだろう。

そんな中で、最後に和歌の独自性に注目した学習について触れておきたい。教科書に掲載された和歌を一首ずつ解釈していく。これが基本ではあるが、これだけだと、いかにもつまらない。というのも、散文の多様性と違い、和歌は四季と恋に集約されているので、どの歌も結局同じようなものに見えてしまうからだ。

そうならないために、小学校ではリズムを生かしてゲームを楽しむカルタがいいだろう。身体を動かし、勝った負けたと言ううちに、多くの歌を暗記するのも期待できる。中学に入ったところで、レベルをあげて生徒が朗詠したり、好きな歌や興味のある人物を調べることで物語や随筆に接近できる。さらに、三年年になり万葉を学ぶようになると、歴史的背景に注目したり、赤人・持統など百人一首と万葉歌を比べてみるのも興味を引く。

この他にも、同じテーマの好きな歌を競わせる歌合や、季節の歌や恋の歌を時系列に並べることもできる。例えば、本稿であげた東書『精選国語総合』では、「桜の歌を読み比べる」という例をあげて万葉から新古今の古代和歌、俵万智など近現代短歌に加え、森山直太郎の楽曲「さくら」の歌詞までとりあげる。このような比較をとおして、共通点と相違点、表現されたものの繊細さに気づくことが、和歌ならではの魅力ではないだろうか。

小学校三、四年生の全員が百人一首を学ぶという時代になりつつある。小学校の先生の力量を高めると共に、中学高校の教員もそれに対応した韻文の学習方法を工夫する必要があろう。そして、中学、高校教員を養成する大学教員たちの役割も大きいのである。

【付記】

ここで対象にした小学校教科書は平成二十三年度版（平成二十三年～二十六年使用）、中学校教科書は平成二十四年度版（平成二十四年〜二十七年使用）で、執筆当時使われていたものである。その後、小学校は平成二十七年度版、中学校は平成二十八年度版に改定された。

この結果、光村図書の場合、小学校三、四年教科書では掲載されている和歌・俳句の変更に加え、三年の「かるたについて知ろう」の文章が削除された。また、付録として掲載されていた「百人一首」が三年（二十三年度版）から四年（二十七年度版）に変わった。どうやら、「百人一首」は三年生より四年生の教材として適切だと判断したようだ。

一方、中学教科書では一年の「七夕に思う」（二十四年度版）が、「月に思う」（二十八年度版）へ差し替えられている。しかし、一年竹取物語、二年枕草子・平家物語、和歌は三年という枠組みに変化はなく、掲載和歌の数と中身も同じである。本稿に関しては、小学校よりも変更点が少ない。

以上のように変更は一部にとどまり、新教科書においても本稿で取り上げた問題はそのまま残っている。

【注】

1 『データで読む教育　2011〜2012　調査・統計解説集』（時事通信社・二〇一二）によると二〇一一二年度の中学国語教科書の占有率一位は光村図書で六三・八％、二位は東京書籍で一三・八％である。東京書籍は社会科、英語科に強く、中学教科書全体の占有率は一位になっている。

2 拙論「新学習指導要領の〈伝統的な言語文化〉と古典教育」（『日本語学』二八巻三号・二〇〇九）に学習指導要領の変更点と、それを踏まえた古典教育の方向について書いた。本稿につながるものとして併読いただきたい。

3 「五色百人一首」とは東京教育研究所が出している百人一首カルタで、赤・青・黄色など五色、各二〇首ごとに分かれている。短時間で勝負がつくように工夫されたもので、小学校を中心に多くの学校で取り入れられている。これを基に、市販ではなく自分たちで手作りした二〇首一組のカルタを「セレクト20」と名づけ、小中学校の授業で活用したものに、拙論「百人一首カルタを利用した古典学習」(『和歌山大学教育学部紀要教育科学』56集・二〇〇六)、「手作り百人一首カルタ「セレクト20」の実践研究」(『和歌山大学教育学部　教育実践総合センター紀要』24号・二〇一四)がある。

4　加藤郁夫「国語(古典)「古典重視」にひそむ危うさ」(『2008年版　学習指導要領を読む視点』白澤社・二〇〇八)は、齋藤孝氏や川島隆太氏の発言を背景にした「音読至上主義」に陥る可能性を指摘する。

5　梶川信行「万葉歌は抒情詩か―高等学校「国語総合」の『万葉集』―」(『国語と国文学』九二巻一一号・二〇一五)や「国語教科書の中の『万葉集』―高等学校「国語総合」を例として―」(『語文』一四八輯・二〇一四)は、高校「国語総合」でこのことを指摘する。

6　東京書籍に比べ光村図書の中学教科書は、「季節のしおり」として春夏秋冬の詩歌や歌詞をあげるなど、韻文への配慮が手厚いようにみえる。これは、光村図書が小学校国語に強いことに関係するのではないかと推測する。小学校では詩の占める割合が大きく、光村小学校教科書には中学と類似した「季節の言葉」というコラムものる。反面、東書は高校国語の教科書(光村は刊行していない)に強い。そして詩の扱いは、小、中、高と小さくなっている。

7　注1にあげた『データで読む教育　2011~2012　調査・統計解説集』に拠れば、高校教科書は九社が合計二十三種類の「国語総合」(高一)を出している。これは一社につき三種類出していることになる。ちなみに、中学国語は五社、五種類である。

8　ただし、高校「国語総合」の中でも、題詞や詞書を省いたものに大修館や三省堂の一部の教科書がある。その状況については「Ⅲ　高校「国語総合」の教科書、全二十三種を徹底解剖」を参照していただきたい。

9　『八代集総索引』で「まかる」を検索すると、拾遺集に一首用いられるだけである。しかもこの歌は、人麻呂の吉備津の采女挽歌の異伝で「さざなみの志賀のてこらがまかりにし」(哀傷・一三一五)とある。やはり王朝和歌では避けられた言葉であったことがわかる。

高等学校国語における古典教育の実態と諸問題

城﨑陽子

はじめに――高等学校国語教員へのアンケート調査実施

本書に参画するにあたり、高等学校の国語科教員の古典指導の実態を明らかにしたいと考えた。そこで高等学校国語科教員対象のアンケート調査を計画し、これを実施した(1)。はじめに、調査に至る経緯を解説し、次に、調査結果を示しながら、現在の国語科教員の中で古典教材、特に上代文学作品がどのように扱われているかを論じる。

「高等学校国語における古典教育に関する質問紙調査」と題された質問用紙の内容は、設問1として、勤務校についての概要を尋ねることからはじめた。設問2は高等学校における授業外の教育活動の中で「国語」に関する活動の有無を問う設問である。授業外の教育活動の中でも「国語」、特に今回調査対象の主目的とした「古典」が扱われているかどうかということを尋ねるために設定した。設問3は、対象となる高校の教育過程の科目名と単位数を尋ねる設問である。設問4は高等学校の「国語」の中でも一年次に必修となる「国語総合」において、主に「現代文」「古典」「漢文」「表現」についての時間配分を尋ねる設問である。この設問には現行の『学習指導要領』に掲げられている「内容構成」の「話すこと・聞くこと」「書くこと」「読むこと」の三点からの時間配分も併せて尋ねることにした。(2)

設問5、6、7は今回のアンケート調査で論題とする「古典教育」についての設問である。まず、設問5は、古典・漢文の教材について、教材選択の程度と理由を尋ねる設問であった。これは、各社の国語総合テキストに掲載されている古典教材二〇点を取り上げ、これを「必ず取り上げる教材」「できたら取り上げたい教材」「割愛する教材」に分類してもらい、さらに、「教材選定の判断基準」を記してもらうものである。そして、設問6は、『源氏物語』『古事記』『万葉集』『百人一首』『唐詩』の五つの教材に絞って、「教材として扱いにくいかどうか」、「教材として配慮する点」の二点について尋ねる設問である。そこには、さらに「生徒の関心の高い教材」を自由記述してもらう設問7も併せて設けた。なお、設問6で選択した教材は、本論考が目的とする国語教科書問題における上代文学作品の取り扱われ方を考察することを主眼とする回答を得るために意図した設問であるので、すべての教材を対象としているわけではない。

最後に、フェイスシートとして所属先での位置づけ、性別、年齢別、を尋ねるほかに、教員免許の種別や大学在学中の研究対象を尋ねる設問も設けた。これは、教員の資質の問題として取り上げられるべき回答である。本論考において当該の回答を取りあげることはしなかったが、「古典教育」に様々な経歴をもった教員が携わっていることがわかった。

ちなみに、アンケート調査は予算を得ることができない状況下での実施になった。アンケート用紙の郵送と返信は調査者の負担による。従って、地域や調査対象人数が限定されたことは致し方のないことかと思われる。しかし、およそ一〇〇通の送付に対して四八通の回答が寄せられたことは望外の成果であったと考える。

高等学校国語における古典教育に関する質問紙調査

1．勤務校について，差支えない範囲でお答えください。該当する箇所には○印で囲んでください。

① 所在地 （　　　　　）都・道・府・県／（　　　　　　）区・市・町・村

② a.私立 b.国立 c.公立 ア.高等学校 イ.中高一貫校（a.併設型，b.連携型，c.中等教育学校）

③ ア.普通高校 イ.職業専門高校 ウ.総合高校 エ.総合学科高校

④ ア.普通科 イ.専門学科（a.職業学科 b.その他の専門学科） ウ.総合学科

⑤ ア.全日制 イ.定時制 ウ.通信制 a.学年制 b.単位制

⑥ ア.共学 イ.女子校 ウ.男子校 エ.その他（　　　　　　　　　　　　　　　　）

⑦ 学級数 高等学校３学年計（　　　　）学級

⑧ ア.大学進学が多い イ.専門学校・短大進学が上回る ウ.進学と就職同程度 エ.就職が多い オ.その他
（　　　　　　　）

2．教育活動の中で国語に関連するものはありますか。 ア.なし イ.ある ⇒ある場合は内容を教えてください。

内容	位置づけ	開催時期等	時間
<例>・「奥の細道」（本校は出発地域） ・伝説等郷土芸能や神話伝説等の調べ学習 ・百人一首大会（1年生）	㋐. 行事（　　　　　　　　　） ㋑. 総合的な学習の時間 ㋒. 連携（㊞地域，高大，中高，小高，幼高） ㋓. その他（　　　　　　　）	ⓑ 月1回 ⓓ 年1回 ⓔ（隔週）	① 2 時間 ② 半日 ③ 1日
	ア. 行事（　　　　　　　　　） イ. 総合的な学習の時間 ウ. 連携（地域，高大，中高，小高，幼高） エ. その他（　　　　　　　）	a. 週に1回， b. 月1回 c. 一学期1回， d. 年1回 e.（　　　　）	1. ___時間 2. 半日 3. 1日 4. その他 （　　　　）
	ア. 行事（　　　　　　　　　） イ. 総合的な学習の時間 ウ. 連携（地域，高大，中高，小高，幼高） エ. その他（　　　　　　　）	a. 週に1回， b. 月1回 c. 一学期1回， d. 年1回 e.（　　　　）	1. ___時間 2. 半日 3. 1日 4. その他 （　　　　）
	ア. 行事（　　　　　　　　　） イ. 総合的な学習の時間 ウ. 連携（地域，高大，中高，小高，幼高） エ. その他（　　　　　　　）	a. 週に1回， b. 月1回 c. 一学期1回， d. 年1回 e.（　　　　）	1. ___時間 2. 半日 3. 1日 4. その他 （　　　　）
	ア. 行事（　　　　　　　　　） イ. 総合的な学習の時間 ウ. 連携（地域，高大，中高，小高，幼高） エ. その他（　　　　　　　）	a. 週に1回， b. 月1回 c. 一学期1回， d. 年1回 e.（　　　　）	1. ___時間 2. 半日 3. 1日 4. その他 （　　　　）

3．①教育課程の科目名等と単位数を教えてください。②先生ご担当の単位数を○印で囲んでください。

教科	コース等／学年／科目												
		1年	2年	3年		1年	2年	3年		1年	2年	3年	
国語	国語総合												
	国語表現												
	現代文 A												
	現代文 B												
	古典 A												
	古典 B												
（学校設定科目）													
学校設定													
その他													

4．国語総合の時間配分について，おおよその割合を教えてください。

	教科書名・出版社名 (例)精選国語総合・三省堂	現代文	古典	漢文	表現
1年		%	%	%	%
2年					
3年					

話すこと・聞くこと	書くこと	読むこと
%	%	%

←　計100%　→　←　計100%　→

5．古典・漢文の各教材について，教材選択の程度とその理由について教えてください。

教材　1奥の細道，2徒然草，3方丈記，4十訓抄，5平家物語，6土佐日記，7伊勢物語，8枕草子，9源氏物語，10宇治拾遺物語，11古今和歌集，12万葉集，13古事記，14論語，15孟子，16戦国策，17唐詩，18史記，19十八史略　20蒙求

	該当する教材の数字を記し，選択理由として該当する記号に○印をつけてください。	
ア．必ず取上げる教材		a 教材に適している　b 教養として必要　c 入試に頻出 d その他（　　　）
イ．できたら取り上げたい教材		a 教材に適している　b 教養として必要　c 入試に頻出 d その他（　　　）
ウ．割愛する教材		a 生徒には難しい　b 時間が足りない　c 入試に出ない d その他（　　　）

教材選定の判断基準（もしくは理由）について教えてください。

6．次の作品について①教材として取扱いにくいですか。　②教材として配慮する点をお伺いします。

① の回答：1.とてもそう思う　2.ややそう思う　3.あまりそう思わない　4.全くそう思わない

	①あてまはる選択肢番号に○印を	② 教材として扱う際にはどのような点に配慮していますか
源氏物語	1　2　3　4	
古事記	1　2　3　4	
万葉集	1　2　3　4	
百人一首	1　2　3　4	
唐詩	1　2　3　4	

7．生徒の関心が高い教材は，どのような教材ですか。

ご回答者の先生ご自身について教えてください。

F1. 1. 学校長　2. 副校長　3. 教頭　4. 主幹教諭　5. 教務主任　6. その他（具体的に：　　　）

F2. 性別：　1.　男　　2.　女　　年代：1. 20歳代　2. 30歳代　3. 40歳代　4. 50歳代　5. 60歳代

F3. 先生ご自身が保有する教員免許状等を教えてください。該当する免許を○で囲んで下さい。
高等学校教諭・国語（専修，1種），中学校教諭・国語（専修，1種，2種），小学校教諭，特別支援学校教諭，その他（　　　）

F4. 先生ご自身の専門等について教えてください。経験年数等は，初任校（含む講師等）を1校目として計算。

採用前：大学の専攻	新採用時：担当教科等	現在：担当教科等
例：1983年卒　教員養成学部国語専攻／文学部○○学科	特別支援の中等部家庭科	国語　3校目
		担当教科 校目

F5. 卒業論文はどの時代を選びましたか。(例）上代・中古・中世・近世・近現代・その他（　　　）

F7. 以下の作品について，高校で学習した作品には○印を，大学で初めて学んだ作品には△印を付けてください。

1奥の細道，2徒然草，3方丈記，4十訓抄，5平家物語，6土佐日記，7伊勢物語，8枕草子，9源氏物語，10宇治拾遺物語，11古今和歌集，12万葉集，13古事記，14論語，15孟子，16戦国策，17唐詩，18史記，19十八史略　20蒙求　21その他（　　　）

F8. お好きな作品を3つ挙げてください。(第1位　　　第2位　　　第3位　　　）

＊アンケートはこれで終わりです。長時間，ありがとうございました。

1 調査結果と考察

（1）高等学校の古典教育の状況

①勤務校についての概要

設問1は、フェイスシートの一部として勤務校についての概要を尋ねる設問であった。このうち、調査対象地域についてのみ触れておくと、調査対象となった高等学校は、「東京」「神奈川」「千葉」「埼玉」「群馬」といった関東圏を中心としている。しかし、その他の地域として「長野」「島根」「北海道」「愛知」「宮城」といった高等学校からの回答を得ることもできた。

②授業外の教育活動の中での国語

設問2については、授業以外でも「国語」を扱う時間が存在するかどうかを見定めるための設問であった。実施されている行事として最も多かったのは「百人一首大会」（五例）で、年間行事として取り入れられていることがわかった。また、「古典芸能鑑賞会」（能・狂言・歌舞伎）や「落語講演会」を行事として取り入れている学校も三例あった。さらに、修学旅行に先立って、「奥の細道」や「平家物語」を事前学習する学校（各一例）や、「小笠原言葉講演会」（一例）をもよおす学校もあった。この他、大学附属の系列校間で「文芸コンクール」を行う学校もあり、コンクールへ提出する作品が夏休みの課題として課せられている様子もうかがえた。さらに、「人権問題」についての講演会を催す学校（一例）や「ディベート」や「プレゼンテーション」を総合的な学習の時間に位置づけている学校もあった（一例）。

また、様々な工夫による活動が行われている一方で、三年生の「古典B」を総合的な学習時間に割り当てて、授業化している学校もあり（一例）、年に二回ではあるが、「小論文模試」に総合的な学習時間をあてている高校もあった（一例）。この結果から、授業時間外においても「国語」あるいは、「古典」に触れる機会は決して少なくないことがわかる。そして、その学習効果をあげるために、各学校で工夫されていることがうかがえよう。さらに、タイトな時間配分の中で学習効果をあげようとする現場の状況もうかがえた。

③国語教育の時間配分について

設問3は各高等学校の授業時間配分を尋ねる設問である。アンケート調査の対象となった高等学校のほとんどが一年生で「国語総合」を四〜六単位履修している。二年生でこれが「現代文」二〜三単位、「古典B」二単位〜三単位に分かれる。そして、三年生では二年生の単位数がそのままスライドするか、例えば進学が理系と文系にわかれる高等学校では、取得単位数に若干の増減が見られた。ただし、例えば、三年生で「音楽科」へ進む生徒は「古典B」の単位が一単位になるなど、進学先によって同じ高等学校内においてもばらつきが見られた。この結果は、三年生という時期に至って、「入試」と言うハードルを越えるために、各学校が進学先にあわせて「国語」の単位数を調整していることがわかると同時に、二年生までは、ほぼ等しく「国語」は学習されていることがわかる。問題は、どの程度「古典」に力点が置かれるかということになろう。

④「国語総合」の内容

設問3でおよそ読み取った単位数に加え、設問4では、高等学校の一年生で学習する「国語総合」において「現代文」、「古典」、「漢文」のそれぞれの教材にどの程度時間を配分するかという設問を設けた。この結果を設問3に重ね合わせてみたい。ちなみに、アンケート対象の高等学校が用いている「国語総合」の教科書は、『国語総合』（筑摩書房・国総323）、『高等学校　国語総合』（明治書院・国総318）、『国語総合　古典編』（大修館・312）、『国語総合』（教育出版・国総310）、『高等学校　国語総合』（数研出版・国総317）、『国語総合』（桐原書店・国総331）、『高等学校 国語総合』（第一学習社・国総326）等であった。(3)

設問4の回答に拠れば、「現代文」への時間配分は平均して50％、これに対して、「古典」への時間配分は平均で35％である。そして、漢文への時間配分は残る15％となる。およそ単位数の半分を現代文に、残りを古典と漢文で配分するという概算になるといえよう。

さらに、「国語総合」の内容である「話すこと・聞くこと」、「書くこと」、「読むこと」についてさらに授業時間の配分を尋ねた部分では、各学校によってかなりのばらつきが見られた。「話すこと・聞くこと」に10％、「書くこと」に10％、「読むこと」に80％と、「読むこと」にほぼ特化したような時間配分を取る学校もあった。また、少数ではあったが、「話すこと・聞くこと」に40％、「書くこと」に30％、「読むこと」に30％とほぼ等分に時間配分を取る学校もあった。これは、授業を実践し運営する教員の方針にも関わっている問題であり、およその目安として尋ねたものなので一概に結論を出すことはできない。各科目の要点は現行の『学習指導要領』に示されており、中でも「読むこと」に重点は置かれている。一方で、各教員が何を重点的に行うかは、それぞれの裁量に任されている部分もあるのだ。

（2）古典教材への志向と教育

①古典教材の選択傾向

設問5は本論考の中心となる「古典教材」について尋ねる設問で、例として掲げた二〇の作品について、「ア　必ず取り上げる」「イ　できたら取り上げる」「ウ　割愛する」の三つのパターンに分けてもらい、その理由を尋ねた設問である。取り上げた教材は以下の通り。

1奥の細道、2徒然草、3方丈記、4十訓抄、5平家物語、6土佐日記、7伊勢物語、8枕草子、9源氏物語、10宇治拾遺物語、11古今和歌集、12万葉集、13古事記、14論語、15孟子、16戦国策、17唐詩、18史記、19十八史略、20蒙求

これらの作品を先に示した三つのパターンに分類してもらったわけである。結果は次頁表の通りである。

これを、ア、イ、ウの順に五位までをランキングしてみると、次のようになる。なお、数値の同じ作品は並列した。

ア　必ず取り上げる作品

一位＝徒然草・伊勢物語　二位＝枕草子　三位＝源氏物語　四位＝論語　五位＝史記

イ　できたら取り上げたい作品

一位＝奥の細道　二位＝十八史略　三位＝戦国策　四位＝孟子　五位＝平家物語

ウ　割愛する作品

一位＝蒙求　二位＝古事記　三位＝万葉集　四位＝十訓抄・戦国策　五位＝孟子

このデータを見ると、「ア 必ず取り上げる」作品として100％という数字を出している『徒然草』『伊勢物語』の他、『枕草子』『源氏物語』『論語』などが80％以上の数字を出している作品としてあがっている。先に古典教材を扱う

中で最も少ない時間配分だった「漢文」の作品である『論語』や『史記』が「必ず取り上げる作品」として上位に挙がっていることは見逃せない。「できたら取り上げたい作品」に『十八史略』『戦国策』『孟子』が上がっていることも同様であろう。授業時間の配分と教材の取り上げ方は比例しないのである。

散文と韻文というように視点を変えてみると、『万葉集』『古今和歌集』は45・2%、57・1%とやや低めである。(4) 古文、漢文を通じてその扱う比率が最も低いのは『蒙求』と『古事記』である。この二作品は、「イ できたら取り上げたい」という項目での割合も25〜35%と低く、高等学校の教材としては、どちらかといえば扱われない教

番号	作品名	ア	イ	ウ
1	奥の細道	35.9%	56.4%	7.7%
2	徒然草	100%		
3	方丈記	60.5%	36.8%	2.7%
4	十訓抄	45.9%	40.5%	13.6%
5	平家物語	52.4%	42.9%	4.7%
6	土佐日記	75.0%	22.5%	2.5%
7	伊勢物語	100%		
8	枕草子	88.6%	11.4%	
9	源氏物語	86.7%	13.3%	
10	宇治拾遺物語	75.6%	24.4%	
11	古今和歌集	57.1%	28.6%	14.3%
12	万葉集	45.2%	35.7%	19.1%
13	古事記	2.5%	35.0%	62.5%
14	論語	83.3%	14.3%	2.4%
15	孟子	39.5%	47.4%	13.1%
16	戦国策	37.8%	48.6%	13.6%
17	唐詩	74.4%	16.3%	9.3%
18	史記	79.5%	18.2%	2.3%
19	十八史略	41.2%	50.0%	8.8%
20	蒙求	9.1%	24.2%	66.7%

材となっている様子がうかがえる。

②教材選択の理由

このデータに続き、「ア 必ず取り上げる」「イ できたら取り上げたい」「ウ 割愛する」のそれぞれに対する意見・理由を、「ア」、「イ」については、「a 教材に適している」「b 教養として必要」「c 入試に頻出」「d その他（自由記述）」の選択肢を設けて尋ねた。また、ウについては、「a 生徒には難しい」「b 時間が足りない」「c 入試に出ない」「d その他（自由記述）」の選択肢を設けて尋ねた。それぞれの結果を次に掲げておく。

ア 必ず取り上げる教材

a＝47・7％　b＝35・4％　c＝15・4％　d＝1・5％

イ できたら取り上げたい教材

a＝22・4％　b＝63・3％　c＝10・2％　d＝4・1％

ウ 割愛する教材

a＝13・6％　b＝65・2％　c＝17・4％　d＝4・3％

この結果を見ると、教材を「必ず取り上げる」理由としては、「教材に適している」がほぼ半数の四七・七％を占めることがわかる。また、「教養として必要」との理由とあわせて理由の83・1％を占めることから、高等学校の古典の授業の中で取り上げる教材としての「適切さ」と「教養としての不可欠感」が教材選択の大きな理由であることがわかる。この「教養」という言葉の背後には、ゲームやアニメといった「現代日本人が生み出す様々なモノ・コト」の発想に古典文学が寄与しているという指摘も含まれていると考えられる。(5) また、「d」の自由記述の中に「読んでいて伝わるものが多い」とのコメントも寄せられている。もちろん、「入試に頻出する」という理由も見逃すことはできない。

次に、教材を「できたら取り上げる」理由としては、「教養として必要」が63・3%を占めることが注目される。当該の設問の自由記述には「中学校で触れている」「必ず取り上げる教材の補完」といったコメントもあり、教材としての関連性が重視されていることもうかがえる。

最後に、教材を「割愛する」理由としては、「時間が足りない」との回答が65・2%と高く、限られた時間の中でどの教材を取り上げるかということについて苦悩する現場の教員の姿が浮き彫りにされている。また、「入試に出ない」との回答も17・4%と低くない割合で含まれている。自由記述には「教科書に載っていない」「上代の文章を削らざるを得ない」といったコメントがみえ、教材として採用されるか否か、そして、入試に出ないジャンルの作品は外されるといった事情もみえてくる。

当該の設問には、さらに「教材選定の判断基準」を尋ねる設問（自由記述）を設けた。そこに記された回答でも「高校生としての教養」を掲げる回答は最も多く、次いで「入試対策」「入試問題への対応」が上がっていた。もちろん、「各年代、最低一つを取り上げることを私的な目標としている」「読んでいて面白いか、作者のメッセージが伝わってくるか」といった、内容にまで踏み込んだコメントも少なくなかった。

③教材の取り扱われ方

設問6は、設問5をさらに具体的な作品に絞って回答することを意図した設問である。『源氏物語』『古事記』『万葉集』『百人一首』『唐詩』の五つを教材として掲げ、「教材として取り扱いにくさ」について「1　とてもそう思う」「2　ややそう思う」「3　あまりそう思わない」「4　全くそう思わない」の四段階に分けて尋ねた設問6―①と、各教材を扱うにあたって、「配慮する点」を尋ねた6―②の二つの設問から成っている。なお、作品の選択については、韻文、散文の別を設け、「上代文学」作品への志向をたどることを目的として作為的に選択したことをあらかじめ断っておく。

A「教材としての取り扱いにくさ」について

まずは、「教材としての取り扱いにくさ」について尋ねた6―①について、その結果を上に示す。

この結果を見ると、散文分野の『源氏物語』と『古事記』の「扱いにくさ」は際立つ相違を見せている。『源氏物語』は「1　とてもそう思う」の比率が低く、「2　ややそう思う」と合わせても32・6％、「2　ややそう思う」と「3　あまりそう思わない」の二項目をあわせて56・5％を数える。そして、「4　全くそう思わない」という選択肢にも34・5％の回答が寄せられていることから、「やや扱いにくい教材ではあるが、それほど苦手ではない」といった傾向が読み取れよう。これに対して『古事記』は、「1　とてもそう思う」が28・2％と高く、「2　ややそう思う」とあわせて、全体の71・7％を占め、『源氏物語』の二倍以上にも上る比率となっている。このことからも『古事記』は「扱いにくい教材」として認識されていることがわかる。

韻文分野でみると、『古事記』ほど高い比率ではないものの、『万葉集』が1と2を合わせて62・2％となり、同じ項目の合算で比較した場合の『百人一首』（26・7％）や『唐詩』（22・3％）と比べると「扱いにくい教材」として認識されていることがわかる。

	1	2	3	4
源氏物語	8.7%	23.9%	32.6%	34.8%
古事記	28.2%	43.5%	19.6%	8.7%
万葉集	13.3%	48.9%	24.5%	13.3%
百人一首	6.7%	20.0%	31.1%	42.2%
唐詩	4.4%	17.9%	33.3%	44.4%

B教材として配慮する点

さて、前項の「教材としての取り扱いにくさ」に「教材として配慮する点」（自由記述）を重ね合わせてみたい。

源氏物語

・敬語の使い方、人物関係について。
・昔の恋愛と現在の恋愛についての相違点、共通点。
・ストーリーの壮大さ、面白さを強調。
・主語の省略が多いので、文意や敬語表現でしっかり補う。
・入試頻出のため。

古事記

・神話の面白さを伝える。
・古代語の意味文法。
・高校古典の文法が中古以降を中心に作られているので、内容と共に扱いにくい（注・『万葉集』も同じ）。
・文法にとらわれすぎない点。
・人名の難しさが内容の難しさのイメージにつながらないように。
・性の問題等配慮が必要。
・国の成り立ちなど、政治的な話題にもなり、表現も難しい。
・生徒が予習段階で自力では訳せないのでフォローが必要。
・教員側の態勢を整えてから扱う。
・扱うことがない（「教科書にない」等）。

万葉集

・和歌を学習する際の修辞法の確認など。

・古今（注・『古今和歌集』）等との比較。

・作者の感動をきちんと感じ取れるように。

・上代文法には極力触れず、日本人の必須の教養として身に付けさせたい。

・受験とは別の教養として覚えるべきものであると納得させる。

・扱うことがない（「教科書にない」等）。

百人一首

・暗唱。

・「好きな和歌」を選ばせる。

・札を取らせて、ゲームとしての面白さから入る。

・作者の説明も併せて行う。

唐詩

・リズムと構成の見事さに触れること。

・漢詩のルールをはっきり示す（「押韻」等）。

・中国語での朗読CDなどで韻律を強調する。

・時間があれば扱う。

特に取り扱いにくいとされた『古事記』と『万葉集』についてみると、その扱いにくさの実態は「文法」にあることを見て取ることができる。用語の意味・文法の差異から、事前学習（予習）の「フォロー」にも配慮が必要である様子もうかがえよう。その上、『古事記』には「国の成り立ち」に関わる「神話」の説明について、政治的な難しさもあることがわかる。この点については加藤昌孝も神話が昭和初期においてどのような役割を果たして来たかということを考えると、扱いづらい教材であることを指摘している。(6) 一方、『万葉集』には「教養」としての重要性を強調して扱う姿勢がみられるが、(7) 『古事記』には「態勢を整えて」という回答にもうかがえるような、一種の「構え」が必要なようだ。こうした「扱いにくさ」が『古事記』を教科書教材として掲載しない出版社もあるという実態や、「扱うことがない」という回答にもつながっているように思われる。

入試に頻出するかどうかというのも大きな要素だ。『源氏物語』の回答には、「入試に頻出のため」という記述も見えていることから、作品として扱うという要素にも加え、「入試」という関門への配慮も大きいことが改めてわかる。

(3) 生徒の関心が高い教材

設問7は、「古典教材」の中でも「生徒の関心が高い教材」について尋ねる設問である。具体的な作品名として挙げられていたのは、『源氏物語』『伊勢物語』『枕草子』『更級日記』『宇治拾遺物語』『今昔物語』『百人一首』『平家物語』『方丈記』『雨月物語』『史記』等である。これらの作品の中には、設問5において「教材として必ず取り上げる」ものの中でも高い比率であった作品が少なくない。授業でとりあげることと、生徒が関心を寄せることの相関関係がうかがえるといってもよかろう。

さて、生徒の関心が高い教材について、次のような理由が挙げられていた。

・男女間の恋愛模様が描かれているもの。
・内容がわかりやすく、表現も面白い。
・短くて、話の展開がとらえやすいもの。

・コンパクトかつ現代にも通じるもの。
・現代の人間と通じる点が多い作品。
・「人間」の生き様が見える作品
・男子校だからか、『平家物語』や『史記』などの歴史に関連したもの。
・関心は、専ら試験に出るか否か。

これらの理由を見ると、「短い」「コンパクト」といった内容の分量もさることながら、短く、コンパクトながらも「恋愛模様」や「現代に通じる」、あるいは「『人間』の生き様」といった内容面にも面白味のある作品、さらには、現代にも通じる普遍性をもった作品に関心が寄せられている様子がうかがえる。また、「男子校だから」という性差が理由として登場するのもこの設問に限っての特徴であろう。また、「試験」というハードルに向かう関心も低くないことがうかがえる。

2 おわりに――古典教育の現状と打開

今回のアンケート調査の結果は、高校における「古典教育」の実態を全て網羅しているわけではない。しかし、ここまで見てきたことから、現在の高等学校における「古典教育」の実態をある程度推察することは可能であろうと考える。

古典教育の現場は「時間」との戦いである。教える側も学ぶ側も限られた「時間」の中で、「受験」というハードルを意識しながら「古典」を学ばせ、学ぶのである。そうした学びの状況の中で「古典」という教材は、「短さ」

「コンパクトさ」を求められつつも、なお、「現代に通じる普遍性」や「『人間』の生き様」といった内容面の読み取りが求められるのである。

ところで、「現代に通じる」という志向は一つのキーワードであろう。つまり、「古典作品を探求する」のではなく、あくまでも「現在を生きる糧」にするという意思が明確であるからだ。この点については現行の『学習指導要領』の古典Aの目標には

古典としての古文と漢文、古典に関する文章を読むことによって、我が国の伝統と文化に対する理解を深め、生涯にわたって古典に親しむ態度を育てる。

とあり、古典Bの目標には

古典についての理解や関心を深めることによって人生を豊かにする態度を育てる。

とあることに関わっている。「生涯にわたって古典に親しむ態度」とか「人生を豊かにする態度」とは、いわゆる「豊かに生きる」ことへの提言でもある。このことが、奇しくも古典教材に向かった際の大きな目標として認識されていることは明らかである。ことの当否を問うことはしないが、例えばこうした考え方が一歩進めば古典教材への探求心が芽生えるのではないかとも考える。また、古典文学を「日本の資産」と位置付ける志向は、今後より多くの「モノ・コト」を生み出していくことが予測される(8)。しかし、そこに至る「一歩」を踏み出すことができないのが現実ではなかろうか。

教育現場の状況に沿ってみれば、「上代文学」という「古典教材」は数々の難点を備えていることは明白である。『古事記』も『万葉集』もいずれも特殊な用語を含む「文法」の説明が必要となり、『万葉集』は和歌の修辞法の理解を必要とする韻文作品である。また、『古事記』は特に「神話」を扱う政治的な話題の難しさもあった。授業をするにあたって、教員側に「構え」が必要な上代文学作品がこれから享受の裾野を広げていくためには、設問5や

6でみた「教養」としての価値を浸透させるのが直近の課題であろう。そのためにはどうすれば良いか。漠然とした物言いになってしまうが、「普遍的な価値観」を上代文学作品に見出せるような教材づくり、あるいは授業というものが求められていくことになるのではないか。どちらの作品も日本の文化が芽生えたころのものである。そこには、「日本」という国が成り立っていくために必要とされた様々な歴史的事件や物語が含まれているのだ。そして、その点こそが上代文学の「普遍的な価値観」なのではなかろうか。神話の中のエピソードをいくつか取り上げて学ぶだけではない『古事記』の作品選択、「名歌選のパッチワーク」でない、『万葉集』という歌集の個性が際立つ教材作りが求められ、さらにこれを「資産」として活用する動きを連動させることが低迷する「上代文学」を活性化させる道ではないかと考える。

【注】

1　当該のアンケート作成ならびに結果の検討については教師教育が専門の小高さほみ（青山学院大学非常勤講師）の助力を得た。作業は平成二十七年三月から六月にかけて複数回の会合をもって行った。小高は教員の専門性についての調査研究を続けており、当該の問題を検討するにふさわしいメンバーと判断される。アンケート調査の具体的な内容は資料として文中に掲げた。

2　二〇〇九年（平成二一年）三月に改定された『高等学校学習指導要領』による。

3　国語教科書に付随している記号番号は、文部科学省の検定に合格して与えられたものである。

4　高等学校「国語総合」における「三大集」（『万葉集』『古今和歌集』『新古今和歌集』）の採択状況については、佐藤愛・高橋優美穂の共同研究である「高等学校『国語総合』における三大集の採択状況」（『日本大学大学院国文学専攻論集』一一号・二〇一四）を参照されたい。

5　小助川元太はその論考「教材としての『古文』と作品としての『古典文学』」（『日本文学』六四巻四号・二〇一五）の中で、「現代日本人が生み出す様々なモノ・コト」の背景に古典文学から得られる知識が重要であり、また、「日本」を発信源として世界に挑んでいくことの資産として古典文学があることを述べている。

6　加藤昌孝「教科書『古事記』「倭建命」の改編と〈読み〉の試み」『高校生とつくる楽しい『古典』の授業―古典の旅を豊かに』（清風堂書店・二〇一三）。

7　梶川信行は「国語教科書の中の『万葉集』―高等学校『国語総合』を例として―」（『語文』一四八輯・二〇一四）のなかで、『万葉集』を含む「三大集」教材が「名歌選のパッチワーク」になっていることを指摘し、さらに「古代和歌としての万葉の世界を集約したものとは言い難い」とする。これは、現在の教材が「三大歌風」の比較を学習の目標にしているためであり、梶川はこうした姿勢から改めるべきであることを主張している。

8　注5参照。

付記　最後になりましたが、アンケート調査にご協力いただきました先生方には深く感謝いたします。また、アンケートに合わせて、先生方からは励ましの言葉や問題点の指摘なども頂戴しました。そうしたご指摘の全てを生かすことはできませんでしたが、ここに記し、重ねて感謝申し上げます。

「手引き」から考える万葉集学習の特性

永吉寛行

はじめに――学習指導要領の求める目的は実現可能か

平成二十年の中央教育審議会答申（以下「答申」）において、国語科の改善の基本方針の中で古典の指導について次のように示された。

○古典の指導については、我が国の言語文化を享受し継承・発展させるため、生涯にわたって古典に親しむ態度を育成する指導を重視する。

すなわち、古典分野の指導の主たる目的は、「我が国の言語文化」（「古典文学」と読み替えてよいだろう。）を享受（＝的確な理解）、継承・発展（＝自他の成長に資する）ということになる。そこを目標として、学校では（「答申」においては小・中・高等学校の区別は示されていない。）「生涯にわたって古典に親しむ態度を育成する指導」を心がけることになったのである。「答申」では、高等学校段階については前記の文章に加えて、「感性や情緒をはぐくむことを重視する。」とある。つまり、学校現場では、授業づくりにおいて古典に親しめる学習活動を中心に据えながらも、その結果として、古典を的確に理解することができるようになり、その理解を自分や他者の日常あるいは社会生活に役立つことを実現させるということになろう。高等学校の「国語総合」は（小・中・高を通しての）国語科における最後の必履修科目であるので、この科目の履修を以って学校における国語科学習の最終段階となる生徒も存在する。

ここでは、どの教科書にも掲載されている『万葉集』を例として、学習指導要領に示された「読むこと」「伝統的な言語文化と国語の特質に関する事項」における指導事項が、実現可能かどうかを検討することを主旨としたいが、授業づくりというものは、特に高等学校段階では、学校ごとに生徒や地域の特性が強く、それらに左右される。従って、全高校を実践対象とすることはできない。そこで、あくまでも例として、各社教科書の和歌単元末に掲載されている「学習のてびき」（教科書会社によって呼称は異なる。以下「手引き」）における『万葉集』に関する項目を検討することによって、この「手引き」に示された通りの学習活動を教室で実践したと仮定すると、この「答申」および高等学校学習指導要領「国語総合」（以下「指導要領」）の求める目的の実現は可能なのかを考えるとともに、『万葉集』学習の特性のようなものが考えられるのかを明らかにしたい。

検討に使用した教科書は次の通りである。（以下「東書301」などと、出版社名の略称と教科書番号で示す）

東京書籍　『新編国語総合』（国総301　文科省の検定に合格して与えられた記号と番号）
　　　　　『精選国語総合』（国総302）
　　　　　『国語総合　古典編』（国総304）
三省堂　『高等学校　国語総合　古典編』（国総306）
　　　　『精選国語総合』（国総307）

教育出版　『明解国語総合』（国総308）
『国語総合』（国総309）
『新編国語総合　言葉の世界へ』（国総310）
大修館書店　『国語総合　古典編』（国総312）
『精選国語総合』（国総313）
数研出版　『国語総合　古典編』（国総316）
『高等学校　国語総合』（国総317）
明治書院　『高等学校　国語総合』（国総318）
『精選国語総合　古典編』（国総320）
筑摩書房　『精選国語総合　古典編』（国総322）
『国語総合』（国総323）
第一学習社　『高等学校　新訂国語総合　古典編』（国総325）
『高等学校　国語総合』（国総326）
『高等学校　標準国語総合』（国総327）
桐原書店　『探求国語総合　古典編』（国総330）
『国語総合』（国総331）

※教科書番号順。複数書目にわたって記載内容が同じ場合は一つの略号にまとめた。

1 音読について

まずは音読活動について取り上げたい。音読については、小学校及び中学校「指導要領」（国語）の「伝統的な言語文化と国語の特質に関する事項」において示され、古典の世界に親しむのに有効な活動とされたが、高等学校段階になると、そのことを踏まえながらも、「国語総合」の「内容の取扱い」(4)「C読むこと」の指導に当たって配慮すべき事項の一つとして、

イ　文章を読み深めるため、音読、朗読、暗唱などを取り入れること。

と示された。すなわち、音読の活動目的は深い読解にあると明示された。小学校及び中学校が、古典に親しませることを主目的としてきたのに対して、高等学校段階は読解にその重心が移る。そのような学習目的の変化の中に音読活動も存在するということに留意する必要がある。音読することが『万葉集』の理解につながることを生徒にも意識させることが、「指導要領」の求める学習観であろう。

各社の教科書の中で、音読活動をわざわざ取り上げて「手引き」の項目としていることは、古典分野における他の分野単元とは大きく異なる、和歌単元ならではの特徴である。東書302・304、三省307・308、大修313、数研317、明治320、筑摩323、第一327が取り上げている。

前述のように、音読活動は「文章の読みを深めるため」に行う。「国語総合」の次の段階で履修することが多い選択科目「古典A」において、「指導要領」内に示された言語活動例にも「古文や漢文の調子などを味わいながら、音読、朗読、暗唱をすること。」と示されている。「指導要領」における「言語活動」はあくまでも「思考力、判断

力、表現力」（国語科においては「話す・聞く能力」「書く能力」「読む能力」がそれに当たる。）を育むために行うものであるから、やはり古典Aでも、音読によって「読み」を深めていくよう求めている。それでは『万葉集』の学習における、音読活動によって深められる「読み」とはいったい何であろうか。

この視点から「手引き」を見直すと、筑摩323が多分に示唆的である。

これらの歌を、句切れやリズムに注意して、繰り返し声に出して読みなさい。また、好きな歌を暗唱し、心ひかれた理由を文章にまとめなさい。

筑摩323は手引きを「読解」と「表現」に明確に分けており、これは「読解」の最初に位置づけられた学習活動である。句切れやリズムに注意しながら音読をすることは、他社本も同様であり、このこと自体は珍しいことではない。しかしながら、この筑摩323は、音読や暗唱によって心がひかれるはずだと前提し、それが何によるものであるかを言葉で表現するよう求めているのである。例えば、そこには「声に出すと気持ちよいから」「リズムがいいから」などという理由は求められてはいないだろう。音読していくうちに、見えてくる情景や心情があり、それを適切な言葉で表現する、そのことを筑摩323は学習方法として設定しているのである。

「指導要領」の求める音読の効果とは少し離れるが、もう一点基本的な点を指摘しておきたい。

例えば、東書302は、

歌の句切れやリズムに注意しながら、音読しよう。

とし、このほか、先述の筑摩323、東書304、三省307、大修313、明治320、第一327も含めて、句切れが音読によって理解されることを明示している。教出309などが、音読活動を前提とせずに句切れを指摘させようとしている点とは異なっている。三省308は「歌の調子に注意しながら」、数研317が「歌のリズムを意識して」となっているが、可能性としてこの「調子」「リズム」に句切れも入っているのであろう。上三句と下二句で「取り札」としての切断をする百人一首かるたの影響からか、三句切れが和歌の句切れの基本であると、無意識に理解している人が多いという可能性がある中で、音読→意味の理解→句切れの意識と学習が進むことは、親しみながら理解できる、という、まさしく「生涯にわたって古典に親しむ態度」の育成に役立つに違いない。

２「心情を表現に即して読み味わう」こと

「指導要領」の「C読むこと」の指導事項に「ウ　文章に描かれた人物、情景、心情などを表現に即して読み味わうこと。」がある。現代文・古典問わず、文学作品を教材とするに相応しい指導事項である。特に和歌教材は、字数の制約があり、また修辞技巧も多々あり、と作者が表現に工夫をして、自らの感動を伝えようとする文芸なので、この指導事項を指導するのに有効である。一首を前にした読者（生徒）は、まずはどのような情景、心情が詠まれているかを考えることが、和歌の学習である。

そのような自明の理が存在していながら、例えば数研316・317のように、

それぞれの歌について、どのような感動・心情が歌われているか。考えてみよう。

という手引きが提示されていることは、甚だ疑問であると言わざるを得ない。桐原331も、歌は限定されているものの、

「防人に」の歌には、作者のどのような心情が詠み込まれているか、説明してみよう。

とあり、また大修312は、

次の歌の傍線部には、作者のどのような心情が込められているか、考えてみよう。

①家にあれば笥《け》に盛る飯を草枕旅にしあれば椎の葉に盛る
②石走《いは》る垂水《たるみ》の上のさわらびの萌え出づる春になりにけるかも
③君が行く道の長手を繰り畳《たた》ね焼き滅ぼさむ天《あめ》の火もがも
④韓衣裾に取りつき泣く子らを置きてぞ来《き》ぬや母なしにして

などとなっており、歌の中の一部分だけを取り上げて、心情を考えさせるという提示をしている。明治320の、

次の傍線部分に込められた心情について、考えてみよう。
(1)岩代の浜松が枝《え》を引き結びま幸《さき》くあらばまたかへり見む

も同様である。

しかし、本単元で使用するのが和歌教材であるということを考えたときに、また「指導要領」の「表現に即して」という文言を重視したときに、生徒にとって、これらが果たして適切な読解への具体的な（良い意味での）手引きになるかというと、そうとは思えないのである。ほか、教出309も同様の手引きを示している。

ただし、先ほど挙げた桐原331は「考えてみよう。」で終わっているのではなく、「説明してみよう。」として言語活動的な提示の仕方になっている点はまだ評価できる。その意味では、

それぞれの歌に描かれた情景と思いを説明しよう。（三省308）
「近江の海」「天地の」「わが園に」の歌では、風景はどのように描かれているか、説明しなさい。（筑摩323）
「あかねさす」の歌と「紫の」の歌では、それぞれどのように感情が表現されているか、説明してみよう。（桐原331）
「防人に」の歌には、作者のどのような心情が詠み込まれているか、説明してみよう。（桐原331）

なども同様で、他者への説明という言語活動によって自分が理解した内容の深化をはかるような配慮が見られる。

東書302も、

それぞれの歌について、詠まれた状況と作者の心情を話し合おう。

という手引きがあり、「話し合い」という活動が和歌学習に適しているというメッセージを感じさせる。例えば、

憶良らは今は罷《まか》らむ子なくらむそれその母も我をまつらむぞ　山上憶良

の歌の「詠まれた状況」や「作者の心情」を生徒たちが考えるとする。教員からの一方的な講義によって理解するのではなく、生徒自らの学びによって理解させたいと考えた時、宴席で、自分の帰宅を待つ妻子を想像するまではよいとしても、それを中座の言い訳と取る生徒もいるであろうし、本当の妻子への愛情の表れと取る生徒がいるかも知れない。この歌を一律的に解釈してしまうには危険があり、宴席の一座をわかせたいという心情ともとれる。このようにいろいろな解釈ができた方が、和歌の楽しみにつながってくるであろうし、その多様な「読み」に気付く方法が「話し合い」なのだと考える。

いずれにせよ、どのような情景や心情が詠まれているかを理解していくのが、和歌学習の要点だというのが、教科書会社編集部の姿勢に多く見られるということには変わりない。話し合い活動を取り入れる方が、より思考力・判断力・表現力を伸ばしていけるのではあるが、結局のところ、作者の心情や描こうとした風景を把握、理解することが目標になっているのである。

しかし、「指導要領」が「心情を表現に即して読み味わう」という言い方をしている点に注目したい。この点について「指導要領」解説では、「『表現に即して読み味わうこと』により、内容のみならず、言葉の美しさや深さを発見し、それに感動することができる。」と記されている。和歌作者が内容を表現するのに、言葉の美しさや深さを駆使して一首を完成させたことを味わわせる、ということである。作者の言葉の使い方、修辞技巧を含めて、内容を伝えるのにどのように工夫したのかを理解し、その工夫をふまえて一首を鑑賞することが求められている。そ

のように考えてくると、「どのような情景、心情か」よりも「どのように情景や心情を表現したか」に思いを致させることが重要になってこよう。工夫と真情を感じ取る、これが『万葉集』学習の大きな柱となってくるのである。

教出309にある、

額田王の歌には、故郷を離れ、遠い新都に向かう気持ちがどのように歌われているか。長歌と反歌で比較してみよう。

は、額田王歌に施されている工夫（修辞も含めて）を発見し、それによって内容がどのように深みを持ったかを理解出来ることが、学習目標到達評価の規準となるはずで、表現に即して読み味わうことができる、よい手引きだと考えられる。

3 「ものの見方、感じ方、考え方を豊かにする」こと

東書301と第一327に、注目すべき言語活動が示されている。

『万葉集』『古今和歌集』『新古今和歌集』の六首の和歌の中から印象に残った一首を選び、その和歌について感じたことを書こう。（東書301）

好きな歌を選び、四百字程度で感想文を書いてみよう。また、「春」「夏」「秋」「冬」「旅」「恋」の中から好きなテーマを選び、短歌を創作してみよう。（第一327）

どちらも、教科書掲載歌から好きな和歌（『万葉集』『古今和歌集』『新古今和歌集』の中からであるが）を選び、感想文を書く活動である。さりげない、あるいはありふれた活動に見えるかもしれないが、実は和歌学習においては、こ

の感想文を書かせる活動というものは、大変大きな意味を持ってくる。

一般的に考えて、生徒達は「この和歌の感想文を書け。」と指示されたときに、何を書くだろうか。まず、この歌に詠まれている情景や心情を生徒は想像するだろう。正しい解釈に少しでも迫ろうとするに違いない。これは「指導要領」に示す、「イ 文章の内容を叙述に即して的確に読み取ったり、必要に応じて要約や詳述をしたりすること。」でもあり、「ウ 文章に描かれた人物、情景、心情などを表現に即して読み味わうこと。」でもあり、「エ 文章の構成や展開を確かめ、内容や表現の仕方について評価したり、書き手の意図をとらえたりすること。」にもつながっている。教師の与えた最小限の情報（古語や修辞の知識）を使って、感想文という形で自分が理解した内容を表現することは、大変重要である。

しかしこれでは「感想文」というよりも、現代語訳に少し毛の生えた「解説文」の域を脱しない。和歌を読んで「感じたこと」を書こうとするとき、生徒は現代に生きる自分たちの日常生活や社会生活に当てはめて、考えようとするだろう。「あかねさす紫野《むらさきの》行き標野《しめの》行き野守は見ずや君が袖振る」であれば、恋人や家族から公衆の面前であからさまな合図を送られたことはなかったか、「近江の海夕波千鳥汝が鳴けば心もしのに古《いにしへ》思ほゆ」であれば、ふとした拍子に昔のことを思い出し心がしおれたことはなかったか、「田子の浦ゆうち出《い》でて見ればま白にそ不尽の高嶺に雪は降りける」であれば、今までで最も感動した富士山はいつ見たものか、など例を挙げればきりがなく、いくらでも現代に結びつける要素がある。それを教師が手助けの形で提示してやることで、生徒たちは現代人の、しかも高校生らしい感覚で万葉歌を享受し、それを文章に表現することになる。「指導要領」における「古典A」の指導事項のアには、「古典などに表れた思想や感情を読み取り、人間、社会、自然などについて考察すること。」とあり、この部分の「解説」にも「生徒が自らの生活などに照らして、人間、社会、自然などについて考察することを示している。」とあることから、この「感想文」作成活動は、教師によるここまでの指導意識があるという条件付きにはなるが、古典を読んだことが、ものの見方、感じ方、考え方を豊かにして現代生活を生きていく礎の一つとなり、「国語総合」から「古典A」につながる活動だと捉えることができる。

4「比較読み」について

大修313は、「比較読み」という活動を取り入れた手引きが二つもあり、特徴的である。

2 「多摩川に」（『万葉集』）・「思ひつつ」（『古今集』）・「玉の緒よ」（『新古今集』）の三首の歌は、恋をテーマにしている。それぞれの恋について考え、比較して話し合ってみよう。

3 「春の園」（『万葉集』）・「ひさかたの」（『古今集』）・「春の夜の」（『新古今集』）の三首の歌は、春の季節の歌である。それぞれに描かれている情景を考え、表現の仕方を比較しながら、それぞれの特色を考えてみよう。

「国語総合」の和歌単元は、『万葉集』『古今和歌集』『新古今和歌集』それぞれの歌集の中から代表的と捉えられている数首によって教材構成をしている教科書が大多数である。大修313は、その「三大集」の中から「恋」「春」という同一テーマの歌をピックアップして、比較している。（なぜ「恋」の方で話し合い活動を提案して、「春」の方では「考えてみよう」で済ませているのかは不明。）この活動によって、やや強引ではあるが、万葉→古今→新古今という時代の移り変わりの中で、「恋」「春」という同一テーマの捉え方にも移り変わりがある、ということを理解させたいためであろうか。そこに学問研究的な裏付けがあるかどうかはわからないので、この活動の危険性を感じないわけではないが、それでも比較することによって、万葉歌なら万葉歌の特徴をまとめる活動の設定まで配慮されるならば、決して無意味ではない。「比較する」ということは、ただ違いを確認することではなく、その違いを通して、例えば万葉歌なら、その該当万葉歌の特徴を理解されなければならないであろう。

その点から考えると、東書302の次の手引きは、生徒には不親切と言えるかもしれない。

3 「不尽山を望みし歌」の反歌は『小倉百人一首』では、「田子の浦にうち出でて見れば白妙の富士の高嶺に雪は降りつつ」という形で載せられている。二つの歌にはどのような違いがあるか。

『万葉集』巻第三に載る、

田子の浦ゆ　うち出でて見れば　ま白にそ　不尽の高嶺に　雪は降りける

と、『小倉百人一首』所収の

田子の浦に　うち出でて見れば　白妙の　富士の高嶺に　雪は降りつつ

を比較させようという手引きである。これもただ違いを見つければよいのか、という話になる。助詞「ゆ」と「に」の違い、助動詞「ける(けり)」と「つつ」の違いはすぐわかる。大切なのは「違いがあるか」ではなく、初句に起点・経由点などを表す上代の格助詞「ゆ」が使われており、『小倉百人一首』では場所を表す格助詞「に」が使われているということによって、万葉歌「田子の浦ゆ」歌がどのような特徴を持つのか、を考えさせる段階まで教師は配慮すべきであろう。もちろん生徒の状況、実状によって活動のいわゆるレベルが変わってくるので、次の段階を示す明確な表現を避けたのだとは思うが、せめて「違いをふまえて、この歌の特徴をまとめてみよう。」などの表現が求められるように感じる。

5 創作活動との関わり

三省308に次のような手引きの記載がある。

4 「伊勢物語」の「芥川」のように、3（「好きな歌を一首選び、その理由を発表しよう。」稿者注）で選んだ歌が最後に来るようにして、短い物語を書いてみよう。

これは、各歌のテキストに残る詠作事情は無視して、その歌の意味だけを利用し、その意味を持つ歌に適合する物語を創作しようという活動である。仮に詠作事情を完全に無視しなかったとしても、大部分はやはり創作にならざるを得ない。この活動の目的は何であろうか。

現「指導要領」では、国語科の目標及び「国語総合」の目標において、旧「指導要領」から1カ所だけ変更があった。それは「思考力を伸ばし」だったものが「思考力や想像力を伸ばし」というように、「想像力」という語が新たに加えられたのである。おそらくこの三省308に示された手引きも、この「想像力」を伸ばすことを意図したものであろう。

しかし、この「想像力」について「指導要領」では、「見通しを持つ力」と解説されている。また、創作は「国語総合」においては「書くこと」の指導事項である。つまり、この和歌単元において、このような歌物語を創作するということは、和歌への関心は高められても、該当歌そのものへの理解には結びつかないということに注意しておきたい。やはり、万葉歌は『万葉集』の中での鑑賞をすべきものであろう。それが伝統的な言語文化への理解にもつながるものだと思う。

6 おわりに――生徒達の万葉歌理解のために

以上、現在発行されている「国語総合」教科書の「手引き」欄に示された活動について、全部ではなかったが、その意義と「指導要領」との関わりを検討してきた。『万葉集』からの選歌がやや硬直化しており、その分現場の教員にとっては、ある意味教えやすくなっているのかも知れないが、その選歌の是非は措いておいても、その指導方法の研究が、教えやすくなったからと言って、蔑《ないがし》ろにされてはならない。基本的には「指導要領」に記載されている指導事項ありき、であるから、それを指導するための教材としての『万葉集』の洗い直し（選歌も含めて）が必要である。

その一方で、よく言われる「教科書〝を〟教えるのではなく、教科書〝で〟教える。」という〝名言〟が、果たして古典の教科書作品や近代のいわゆる「名作」にも通用するのか、という思いも稿者には強い。『万葉集』の学習には、『万葉集』の学習なりの目的や方法があってもよいのではないか。それは、その他の作品にも言えることである。従前の現代語訳や文法一辺倒の授業、講義とノート書写だけの授業からは脱却したいが、何でもかんでも巷で流行りの授業方法をむやみに取り入れて悦に入ることは避けたい。その意味で、各教科書会社が、安易に「話し合おう」「書いてみよう」を連発していることに危惧を覚え、本当にその学習活動が生徒達の万葉歌理解につながるのかの検証が待たれるところである。

◎参考　各教科書会社の「手引き」

【東京書籍】『新編国語総合』（国総301）東書301

1　それぞれの歌や句について、筆者はどの言葉に注目して、批評し鑑賞しているか。

2　『万葉集』『古今和歌集』『新古今和歌集』の六首の和歌の中から印象に残った一首を選び、その和歌について感じたことを書こう。

【東京書籍】『精選国語総合』（国総302）東書302

1　歌の句切れやリズムに注意しながら、音読しよう。

2　それぞれの歌について、詠まれた状況と作者の心情を話し合おう。

3　「不尽山を望みし歌」の反歌は『小倉百人一首』では、「田子の浦にうち出でて見れば白妙の富士の高嶺に雪は降りつつ」という形で載せられている。二つの歌にはどのような違いがあるか。

（新古今の後に）

3　『万葉集』『古今和歌集』『新古今和歌集』をとおして印象に残った歌を取り上げ、感想文を書こう。

【東京書籍】『国語総合　古典編』（国総304）東書304

1　歌の句切れやリズムに注意しながら、音読しよう。

2　それぞれの歌について、詠まれた状況と作者の心情を話し合おう。

3　「不尽山を望みし歌」の反歌は『小倉百人一首』では、「田子の浦にうち出でて見れば白妙の富士の高嶺に雪は降りつつ」という形で載せられている。二つの歌にはどのような違いがあるか。

（新古今の後に）

3　『万葉集』『古今和歌集』『新古今和歌集』の歌に見られる、それぞれの詠みぶりの違いについて、話し合おう。

【三省堂】『国語総合　古典編』（国総306）、『精選国語総合』（国総307）三省307

1　句切れに注意しながら、各歌を音読してみよう。

2　修辞の用いられている歌を選び、その効果を説明してみよう。
3　印象に残った歌を選び、暗唱してみよう。また、そこに描かれた情景や思いについて紹介する文章を書いてみよう。
4　「万葉集」「古今和歌集」「新古今和歌集」について、それぞれの歌風を調べてみよう。

【三省堂】『明解国語総合』（国総308）三省308

1　歌の調子に注意して、何度も声に出して読もう。
2　それぞれの歌に描かれた情景と思いを説明しよう。
3　好きな歌を一首選び、その理由を発表しよう。
4　「伊勢物語」の「芥川」のように、3で選んだ歌が最後に来るようにして、短い物語を書いてみよう。

【教育出版】『国語総合』（国総309）教出309

1　「三輪山を」「士やも」「うらうらに」「わが妻は」の各歌の句切れはどこか。
2　「ささなみの」「うらうらに」の各歌に詠み込まれている心情を考えよう。
3　額田王の歌には、故郷を離れ、遠い新都に向かう気持ちがどのように歌われているか。長歌と反歌で比較してみよう。
4　「わが妻は」の歌で、「いたく恋ひらし」は、何を根拠にそう推量しているのか。

（俵万智『響きを味わう』の後に）

1　『響きを味わう』を参考にして、好きな歌を選んで、響き以外の点にも注目しながら鑑賞文を書いてみよう。

【教育出版】『新編国語総合　言葉の世界へ』（国総310）教出310

1　「またや見む」「うらうらに」「心あてに」「山里は」「あかねさす」の五首の句切れを指摘し、歌の構造とどのように関係しているか確かめてみよう。
2　「瓜食めば」の長歌に句読点をつけてみよう。また、対句を指摘してみよう。
3　次の点について、話し合ってみよう。

(1)　「うらうらに」の歌で、「心悲しも」と詠んだ作者の心情はどのようなものか。
(2)　（古今集なので省略）

4 （新古今集なので省略）

5 『響きを味わう』を参考にして、好きな歌を選んで、響き以外の点にも注目しながら鑑賞文を書いてみよう。

【大修館書店】『国語総合　古典編』（国総312）大修312

1 長歌について調べてみよう。

2 次の歌の傍線部には、作者のどのような心情が込められているか、考えてみよう。

①家にあれば笥に盛る飯を草枕旅にしあれば椎の葉に盛る

②石走る垂水の上のさわらびの萌え出づる春になりにけるかも

③君が行く道の長手を繰り畳ね焼き滅ぼさむ天の火もがも

④韓衣裾に取りつき泣く子らを置きてぞ来ぬや母なしにして

3 「多摩川に」の歌で、「さらさらに」にはどのような効果があるか、考えてみよう。

【大修館書店】『精選国語総合』（国総313）大修313

1 それぞれの歌の句切れに注意しながら、音読してみよう。

2 「多摩川に」（『万葉集』）・「思ひつつ」（『古今集』）・「玉の緒よ」（『新古今集』）の三首の歌は、恋をテーマにしている。それぞれの恋について考え、比較して話し合ってみよう。

3 「春の園」（『万葉集』）・「ひさかたの」（『古今集』）・「春の夜の」（『新古今集』）の三首の歌は、春の季節の歌である。それぞれに描かれている情景を考え、表現の仕方を比較しながら、それぞれの特色を考えてみよう。

4 （文法問題のため省略）

（大岡信『「和歌」という言葉の意味』の後に）

1 「和歌」という言葉の歴史的な展開を、筆者はどのように説明しているか。わかりやすく整理してみよう。

2 現代生活の中で「和する」ということはどのような形で受け継がれているか。古文との共通点や異なる点を出し合ってみよう。

【数研出版】『国語総合　古典編』（国総316）数研316

〈学習〉

1　それぞれの歌について、どのような感動・心情が歌われているか。考えてみよう。

2　山部赤人の歌について、長歌（2）と反歌（3）はどのような関係になっているか。考えてみよう。

〈ことばと表現〉

1　1〜3に見られる、奈良時代特有の助詞「ゆ」について働きを確認してみよう。

2　1〜9から枕詞が使われている歌を見つけて、枕詞を抜き出してみよう。

3　6「憶良らは」7「春の園」の歌はそれぞれ何句切れか。考えてみよう。

【数研出版】『高等学校　国語総合』（国総317）数研317

〈確認〉

1　歌のリズムを意識して、声に出して繰り返し読んでみよう。

〈学習〉

1　それぞれの歌について、どのような感動・心情が歌われているか。考えてみよう。

2　山部赤人の歌について、長歌（2）と反歌（3）はどのような関係になっているか。考えてみよう。

〈ことばと表現〉

1　1〜3に見られる、奈良時代特有の助詞「ゆ」について働きを確認してみよう。

2　6「憶良らは」7「春の園」の歌はそれぞれ何句切れか。考えてみよう。

【明治書院】『高等学校　国語総合』（国総318）、『精選国語総合　古典編』（国総320）明治320

1　句切れに注意しながら、それぞれの和歌を音読してみよう。

2　『万葉集』の歌から枕詞と序詞、『古今和歌集』の歌から掛詞を抜き出してみよう。

3　次の傍線部分に込められた心情について、考えてみよう。

(1)岩代の浜松が枝を引き結び<u>ま幸くあらばまたかへり見む</u>

4　『万葉集』『古今和歌集』『新古今和歌集』の歌集の表現の特徴を、それぞれまとめてみよう。

【筑摩書房】『精選国語総合　古典編』(国総322)、『国語総合』(国総323) 筑摩323

(読解)

1　これらの歌を、句切れやリズムに注意して、繰り返し声に出して読みなさい。また、好きな歌を暗唱し、心ひかれた理由を文章にまとめなさい。

2　「近江の海」「天地の」「わが園に」の歌では、風景はどのように描かれているか、説明しなさい。

(表現)

1　「夏の野の」の歌と「多摩川に」の歌を比較して、序詞とはどのようなものか、考えなさい。

【第一学習社】『新訂国語総合　古典編』(国総325)、『国語総合』(国総326) 第一326

1　動植物がよみこまれている歌について、その動植物が一首の中でどのようなはたらきをしているか、考えてみよう。

2　生活感情がよく表れている、人事に関係ある歌を選び、そこにこめられた心情を味わってみよう。

【第一学習社】『標準国語総合』(国総327) 第一327

1　それぞれの歌を、句切れやリズムに注意して、朗読してみよう。

2　「春」「夏」「秋」「冬」それぞれの歌について、表現技巧にも注意しながら、歌風を比べてみよう。

3　「旅」「恋」それぞれの歌について、どのような心情をよんでいるか、考えてみよう。

4　好きな歌を選び、四百字程度で感想文を書いてみよう。また、「春」「夏」「秋」「冬」「旅」「恋」の中から好きなテーマを選び、短歌を創作してみよう。

【桐原書店】『探求国語総合　古典編』(国総330)、『国語総合』(国総331) 桐原331

1　「あかねさす」の歌と「紫の」の歌では、それぞれどのように感情が表現されているか、説明してみよう。

2　「防人に」の歌には、作者のどのような心情が詠み込まれているか、説明してみよう。

3　「石見の海」の歌から、対句になっている箇所をすべて指摘してみよう。

4　「憶良らは」の歌にある「まからむ」「泣くらむ」の「らむ」の違いを説明してみよう。

万葉歌から何を学ばせるか

梶川信行

はじめに――教科書の万葉観と現在の研究水準の乖離

すでに「古すぎる教科書の万葉観」でも述べたように、現在、高等学校のすべての課程で必修とされている「国語総合」の教科書のほとんどは、「和歌」などの単元の中で『万葉集』が教材とされているが、概してその扱い方は古いステレオタイプだと言うしかない。「素朴」「率直」「純粋」「雄大」「清新」といった言葉でその《古代性》を指摘し、それに起因する《美質》を肯定的に説く形である。幻想としか言いようのない万葉観だが、その点において、各社の教科書は概ね横並びであると言ってよい。

そこで選ばれている歌々も、和歌の伝統の中で《秀歌》とされて来たものを、パッチワーク的に集めたものにほかならない。「国語総合」の『万葉集』は、歌人たちを中心とした鑑賞が研究でもあり得た古き時代の万葉観を色濃く残していると言わざるを得ない。

しかし、比較文学的な研究の蓄積によって、『万葉集』に漢籍の知識に基づく表現などが豊富に見られるということは、つとに周知の事実となっている。彼らは決して無知蒙昧な原始人ではない。また、『万葉集』には多くの宴席歌が収録されているが、その中には、熾烈な権力闘争を繰り広げる敵同士が、天皇の前で、心ならずも同席している宴席もある。逆に、仲間うちで、和気藹々《わきあいあい》と言葉遊びに興ずる宴席なども見られる。そこには「率直」「素朴」「純粋」などとはとうてい言えない世界が広がっている。『古今集』と比べて相対的に、ということだとしても、『万葉集』には、そうした進歩史観的な枠組みでは捉え切れないものが多い。

現代の高校生たちに、教科書の中で教材化されている万葉歌から何を学ばせるべきか。具体的な作品に即して考えてみたいと思う。

1 時代に即した学習に向けて

高等学校学習指導要領（平成二十一年三月・文部科学省告示）によって、すべての高校生が学ばなければならないとされる「国語総合」の教科書は、現在、九社から二三種類刊行されている。そのほとんどで『万葉集』が教材とされているが、それらは概ね『古今和歌集』『新古今和歌集』とセットで単元構成されている。(1) 三大歌風を比較して学ぶ形である。

また、そこでは戦前の学説である四期区分説(2)に基づき、教材とされる歌が選ばれている。採用されている歌は教科書ごとに異なるものの、第一期は額田王、第二期は柿本人麻呂、第三期は大伴旅人、山上憶良、山部赤人のうちの誰か、第四期は大伴家持といった顔ぶれである。それに東歌と防人歌を加え、一〇首前後で構成するのが定番である。(3) 脚注に四期区分説に基づく説明の見られる教科書もあるが、(4) 総じて横並びで、文学史的な知識の獲得を基本とした形で教材化された『万葉集』であると言ってよい。

もちろん、多くの教科書が「学習の手引き」などで、音読することと、心情を読み取り、それについて話し合うことなども求めてはいるものの、知識の修得を基本とした教材であるということは、否定できない。しかし、三大歌風はともあれ、はたしてすべての高校生が、戦前の学説を基本とした文学史の知識を持つ必要はあるのだろうか。

昭和二十五年、発足したばかりの新制高等学校への進学率は42・5％に過ぎなかったが、同四十九年に90％を超え、平成二年には95％に達している。(5) 当然、進学率の上昇に伴って、高等学校の社会的な役割も大きく変わって来たが、そうした変化を前提として、戦後の学校は三期に分けて考えるべきだとする説がある。それは、

敗戦後から一九五〇年代までの第Ⅰ期――戦後民主主義社会の構築を担う教育
一九六〇年代から八〇年代までの第Ⅱ期――産業化社会の構築に対応する教育
一九九〇年代以降現代に至る第Ⅲ期――新たな課題への対応と学校の土台の再構築

という三期である。(6)

筆者の知る限りでも、こうした捉え方は、大筋において納得できるものだが、今、この時代区分の適否を論《あげつら》う必要はない。戦後七〇年、産業構造や生活様式など、社会全体が大きく変化した。とりわけ情報通信機器の普及は、人々の生活スタイルや価値観を大きく変えたが、その中で高校教育の社会的役割も変わって来たのだ、ということさえ確認できればそれでよい。「高等学校教育の量的拡大は、教育の質的変化への対応を要請」(7) しているとする指摘も、当然のことであろう。変化の早い時代だからこそ、古典教育もその変化に対応する努力をしなければならない。

ところが、教科書の『万葉集』は、そうした時代の変化への対応が鈍い。中には、まったく改訂せず、昭和の時代に刊行された注釈書を基にして作成した教材を、今もそのまま使用している教科書すら見られる。(8) 指導書に示さ

れた参考文献も古いものが中心で、現在の研究水準を反映した書物は少ない。教科書の『万葉集』は時代の変化に対応できていない、という批判を浴びても、現状ではまったく反論できないだろうと思われる。

「国語総合」の『万葉集』は総じて、右の第Ⅱ期における「古典乙Ⅰ」[9]の構成を、縮小しつつ踏襲しているように見える。しかし、現行の学習指導要領は、古典を学ぶことを通して人生を豊かにする態度を育てることを目標に掲げている。また、基礎的・基本的な知識の修得ばかりでなく、その知識を用いて課題を解決する能力の育成をも求めている[10]。訓詁注釈を基本とした学問の伝統に基づく、文法と現代語訳を中心とした学習法[11]をも含め、教科書の『万葉集』は根本的に考え直すべき時期に来ていると言えよう。

『万葉集』には、百済系を中心として、渡来系氏族の人々の歌がかなり多く含まれている[12]。それもあって、筆者は日韓交流の一環として、韓国の大学で日本文学を専攻している学生たちのテキスト用に『万葉集』を編集したことがある[13]。それは、日本と朝鮮半島の国々との交流は古代から活発に行われており、『万葉集』も東アジアの歴史の大きな動きの中で生まれたものなので、彼らにとっても関係の深い文化遺産である、ということを知ってもらうためのテキストである。八〇首ほど選んで解説を付したのだが、そうした目的に沿う形で、遣新羅使人《けんしらぎしじん》等の歌や半島系渡来氏族の人たちの歌を多く取り上げた。当然のことだが、伝統的な〈秀歌〉観は度外視して、その目的にふさわしい歌を選んだのだ。

現代の高校一年生にはいったい、どのような『万葉集』が必要なのか。グローバル化が進行し、国際交流が飛躍的に拡大して行く中で、学習指導要領の「我が国の文化と外国の文化との関係について気付き、伝統的な言語文化への興味・関心を広げること」（伝統的な言語文化と国語の特質に関する事項）という項目に配慮すれば、「東アジアの中の『万葉集』」というコンセプトも、その選択肢の一つとなろう[14]。

現在、九社とも二種類以上の教科書を刊行している。四種類出しているところもあるが、その中には、教材とする歌の多寡などで、難易度に差をつけた形もある。それはあたかも、偏差値による序列のように見える。また、まったく同じ内容を、現代文編と古典編という形で分冊にしただけで、二種類の教科書を刊行している出版社もある。しかし、経費の問題もあろうが、せっかく複数の教科書を出すならば、異なるコンセプトに基づくものにすべきではないかと思われる(15)。

とは言え、従来の単元構成を根本的に改め、教材とする万葉歌を全面的に入れ替えてしまったら、教育現場に混乱をもたらすことになるかも知れない。したがって、それは少し先の目標として視野に入れつつ、ここではとりあえず、従来定番教材とされて来た個々の万葉歌から何を学ばせるか、その点を考えてみたいと思う。

もちろん、生徒たちの学力水準や進路などをも含め、教育現場が多様であるということは、十分に承知している。それぞれの教育現場に応じて、そこにふさわしい教育目標や授業の方法がなければならない。したがって、『万葉集』の学習についても、一つの考え方や方法を押しつけることは、決して建設的な態度ではあるまい。高校の先生方には、現在の研究者たちの常識を前提とした万葉歌の扱い方を参考にしつつ、それぞれの教育現場にふさわしい古典教育を実践していただきたいと願っている。その手掛かりの一つとなれば幸いである。

2 万葉歌から何を学ばせるか

教材とされた歌はどのように選ばれているか

国語の教科書に載る『万葉集』は、七、八世紀の歌の世界の実態を正確に伝えるものでない。その後の歴史の中で高い評価を受けた歌々を、教材化したものである。したがって、『万葉集』そのものを知識として学ばせることよりも、教材としての万葉歌から何を学ばせるか、といった姿勢が必要である。そこで、教材とされた歌々はいったいどのように選ばれたのか。まずは、その点について簡単に触れておこう。

それを一言で言えば、紀貫之、藤原俊成、賀茂真淵、島木赤彦、久松潜一といった各時代の、その道の権威たちが〈秀歌〉と認めた歌々を、あたかもパッチワークのように、一貫性のない形で集めたものである。(16) 総じて、アララギ派の影響が大きい。

現在刊行されている一二三種類の教科書に取られている万葉歌は、全部で四七首。そこから長歌を除くと四三首だが、そのうちの三四首、すなわち約八割が斎藤茂吉の『万葉秀歌』（岩波新書・一九三八）と一致している。長い和歌の伝統の中で、〈秀歌〉と認められて来たものの総決算的な側面を持つのが教科書の『万葉集』であると言えるが、結果的にそれは、茂吉の評価とかなり一致している。換言すれば、それはあたかも文学史的な事実を提示しているかのような体裁を取りながら、実は伝統を集約した〈秀歌選〉にほかならない。

また、山部赤人の「和歌の浦に　潮満ち来れば」（巻六・九一九）という歌を採る教科書は例外なく、長歌と第一反歌（巻六・九一七、九一八）は採用せず、第二反歌だけを教材としている。周知のように、これは『古今集』の仮名序の形である。古代和歌としての『万葉集』を学習させようとしているのに、享受史の中の『万葉集』が教材とされているのだ。

したがって、現在の教科書に選ばれた歌々によって『万葉集』を学習させるならば、七、八世紀の歌の世界としてではなく、長い歴史の中で育まれた〈秀歌選〉として教えなければならない。とは言え、各時代の権威たちがどういうものを〈秀歌〉と考えたのかということを知るには、歌学の歴史などを学ばなければならないが、それは高校生の学習のレベルを超える。

したがって、現在の教科書では、詳細には触れず、以下のような解説が必要であろう。『万葉集』は各時代にわたって、多くの人に読み継がれて来た。『古今集』の撰者の紀貫之は、とりわけ人麻呂と赤人を称揚し、平安末期の歌学者であり、歌人の藤原俊成は、こういう万葉歌を〈秀歌〉とした。また、国学者の賀茂真淵はこういう学問的姿勢で『万葉集』に向かい、アララギ派の歌人島木赤彦は、このように『万葉集』に自己の短歌観を投影させた。時代により、立場によって、さまざまな形で読み継がれた結果として、『万葉集』は現代に伝わった。現代に生きる私たちは、その長い伝統を受けて、そこから何を読み取るのか。あくまでも、自分の問題として考えるべきものなのだ、と。

それは世界遺産に指定された文化財と同じである。単なる過去を知るための記念碑的な存在であってはなるまい。現代の社会の中でそうした文化をどのように受け継ぎ、望ましい未来の形成にどう繋げて行くのか、といった視点が求められる。

レトリックこそが歌をなす目的である

具体的な作品を例に挙げつつ、高校生たちに何を学ばせたらいいのかを考えてみたい。まずは、もっとも多くの教科書で教材化されている次の万葉歌である。

多摩川に　晒《さら》す手作り
さらさらに
何そこの児の　ここだかなしき
（巻十四・三三七八）

これは武蔵国の「東歌」の一首だが、現在、八社一六種類の教科書に採用されている。唯一選んでいない教育出版309・310（数字は文科省の検定に合格して与えられた番号）も、「和歌」の単元の中の「響きを味わう」という俵万智の短いエッセイの中で引用されている。したがって、現在はすべての教科書会社がこの歌を教材としていることになる。

とは言え、当該歌は平安時代以後の和歌に関する文献にしばしば取り上げられては来たものの、必ずしも享受史の中で「東歌」を代表する一首だったというわけではない。藤原俊成の『古来風躰抄』や賀茂真淵の『萬葉新採百首解』などは、当該歌を選んでいない。また、近代において『万葉集』を一般に普及させた功績は、アララギ派の歌人たちにあるが、その代表的歌人である島木赤彦の『萬葉集の鑑賞及其批評（前篇）』（岩波書店・一九二五年）や斎藤茂吉の『万葉秀歌　下巻』（岩波書店・一九三八年）も、それを選んでいない。

にも関わらず、教科書でこの歌が選ばれる理由の一つは、序詞の学習のためではないかと思われる。『万葉集』の特色一つとして、序詞が多いということを示している教科書が多い。(17) そして、それについては、たとえば次のように説明されている。

枕詞同様、ある語を導き出すために用いられる語句であるが、かかる語は一定せず、通常七音以上である。自由に創作でき、具体的に内容をもつため、和歌に豊かなイメージや複雑な効果を与える。口語訳が必要である。（三省堂307）

「多摩川に　晒す手作り」という序詞が「豊かなイメージ」であり、そこから導き出された「さらさらに」という語が心情表現に繋がる点が「複雑な効果」だということなのであろうか。

各教科書はすべて一行で提示しているが、筆者は教室のスクリーンに歌を提示する際、適宜改行したり、色分けをしたりしている。当該歌の場合は、その構造を明確にするため、上記のように、あえて三行で提示し、色分けをしている。背景は黒板のような深い緑を選ぶことが多いのだが、一行目の序詞の部分は淡い緑。緑豊かな東国のイメージである。そこから導き出される二行目は黄色。ここが一首のポイントだから、もっとも目立つ色を用いている。そして、それが淡いピンクで示した三行目の心情表現（恋心）へと繋がって行く。

言うなれば、それは謎掛けのような構造である。どうして「この児」がこんなにも愛おしいのか、と掛けて、多摩川で水に晒されている「手作り」の布、と解く。その心は、どちらも「さらさらに」という状態です、といった形である。

周知のように、こうした景から情へという展開は、必ずしも序詞ばかりでないが、『万葉集』ではごく一般的な表現方法である。作者未詳歌巻の分類で言えば、「物に寄せて思ひを陳ぶる（寄物陳思）」と呼ばれる形である。「正に心緒を述ぶる（正述心緒）」歌に対する発想様式である。謎かけが即興の芸であるように、序詞もその状況に即応した景物を選ぶことが肝心である。すなわち、「自由に創作でき」るのではなく、置かれた環境の中で、適切に選び取った景物から巧みに心情表現を導くことによって、機智の輝きを見せるものだと言った方が適当である。高校生たちにも、ぜひその点を理解させたい。

たとえば、

吾妹子《わぎもこ》が　赤裳《あかも》ひづちて　植ゑし田を　刈りて納めむ
倉無《くらなし》の浜　（巻九・一七一〇）

という歌がある。この場合は、一行目の四句がすべて序詞。そこから二行目の地名が導き出されただけの歌である。この序詞も、確かに「ある語を導き出すために用いられ」てはいるものの、三一音中の二四音が序詞だから、「導き出すため」の表現ではなく、「導き出すこと」を目的とした歌だと見た方がよい。

「倉無の浜」（大分県中津市か）を、米を納める倉もない、取るに足らぬ浜だとする歌である。愛しい「吾妹子」が、「赤裳」を濡らしてまで植えて、丹精した田んぼなのに、その稲を刈り取って納めておく倉もない、どうしようもない浜だ、と腐《くさ》している。つまり、どういう序詞によってその地名を導き出すかということが目的化した歌であって、本当に倉があるのかないのかは、どうでもよいことなのだ。その地名を面白がり、歌にするために、口から出まかせに近い序詞であえて貶め、一首を構成して見せたところが、この作者の機智なのである。

「赤裳」を着用した「娘子《をとめ》」は、しばしば行幸従駕歌《ぎょうこうじゅうがか》に見える。庶民にとっては高嶺の花だと言ってよい。また、赤は霊的なものの憑依したことを示す色であり、巫女の神性をシンボライズしたものが「赤裳」であるとする説もある。(18)したがって、そんな恰好で田に入る女なんぞいるはずがないのだが、そうまでして作った稲の貴重さと、「倉無の浜」という土地の価値のなさとのギャップの大きさを、わざわざ際立たせている。おそらく宴席歌であろうが、これはあくまでも言葉遊びの歌なのだ。言うなれば、笑いを取るための歌であったと見なければならない。

「序詞」という用語は『万葉集』には存在しない。したがって、この歌の作者が「序詞」だという意識で作っていないことは確実である。もちろん、序詞が導き出した語が本旨である、ということでもない。むしろ、いわゆる序詞というレトリックを巧みに使って見せることこそが、こうした歌を作る目的であり、醍醐味であったと考えられる。

表現のおもしろさを味わう

現代の高校生にも、序詞の学習にあたって、短歌形式による言葉遊びのおもしろさをぜひ体験させたい。その際、ネット上に溢れる謎かけの用例を、五七五七七という歌の形に直してみるのもおもしろい。たとえば、「マラソン選手とかけて、曲がった松の木と解く。その心は、はしらにゃならん」(19)という謎かけがある。これを、

羽衣の　松の枝ぶり
立派だが　はしらにゃならん
マラソン選手

といった短歌の形にしてみる。狂歌あるいは俳諧歌と呼ぶべきものだが、『万葉集』巻十六にも、戯笑歌と呼ばれる滑稽な歌や、ナンセンスな歌が収録されている。

この場合も一行目が序詞で、それは「マラソン選手」から連想した景物。そして、「多摩川に」の歌の「さらさらに」に相当するのが「立派だが　はしらにゃならん」（柱にゃならん・走らにゃならん）という「その心」である。松の木も立派（威風堂々）、完走するのも立派（すごい！）だが、四二キロも走らなければならない。川の流れの擬音語「さらさらに」を、恋心が募って行く様子の擬態語に変換しているように、同時に二つの意味を持つ音の連なりである。バカバカしい例で気が引けるのだが、一見結びつきそうにない二つの事柄が、同音異義語などによって巧みに結びつけられる構造は、「多摩川に」の歌とほとんど同じだということに気づかせたい。

現在も多くの教科書で、『万葉集』は古代の人たちの「素朴」で「純粋」な心の所産だと説明されているが、[20]『万葉集』に登場する貴族や律令官人たちは、決して無知蒙昧な原始人ではない。苛烈な政権抗争を繰り広げていたということは、日本史の教科書にも記されているが、その一方で、宴席などの場で、歌という短詩型が人間関係の潤滑油ともなっていたのだ。定型があるからこそ成り立つ言葉遊びの世界が、社会の潤いとなっていたのだと言ってもよい。

「多摩川に」の歌に戻れば、古代の多摩川一帯が調としての布の生産地であったということが、この歌の前提にある。歌の主体（作者と同じかどうかは不明）は男性であろうが、彼が川で布を晒す「この児」を実際に見ていたのかどうかは、どちらでもよい。要は、「多摩川に　晒す手作り」という序詞を用いて恋歌をなすことこそが、作者の目的だったと考えられる。その景物から「さらさらに」という言葉に連想が飛んだ時、一首が形をなしたのである。

恋歌にとって、何を伝えたいかということは自明のことである。異性に対する愛情の表明にほかならない。したがって、何を伝えているかということよりも、どう伝えるかということの方が重要である。換言すれば、異性に思いを伝えようとする時、直接告白するわけではなく、手紙や贈り物でもなく、歌という形式を選んだということこそが重要なのだ。その時、事の成否は、相手にとって魅力ある言葉を提示できるかどうかであろう。それはレトリックにほかなるまい。
このように、序詞を用いた歌の場合、心情表現を中心に現代語訳することよりも、その序詞の働きに注目し、その表現のおもしろさを味わうことの方が重要なのだ。巧みな表現は、人間関係の潤滑油となる。高校生にはぜひ、そのことに気がついてほしいと思う。

生徒たちの自由な読み取りに任せたい

さて、「多摩川に」の歌が採用されたもう一つの理由は、東歌民謡説であろう。現行の教科書では、「民謡」と断定している教科書はさすがに少なくなったが、脚注に「古代東国の歌謡・民謡」（教育出版309）と明記している教科書もある。しかも、「響きを味わう」という俵万智のエッセイ（教育出版309・310）には、

万葉時代の多摩川は、手作りの布をさらす労働の場であった。だからこの歌は、みんなで仕事をしながら口ずさまれたものとも考えられている。

と説明されている。一説に過ぎないという口ぶりだが、東歌は民衆の労働の中から自然に生まれて来た歌々である、といった理解のように見える。それは民衆の「素朴」な心情を反映した歌である、という意味なのであろう。これを、労働＝民謡といった捉え方だと見てもよい。

しかし、東歌が民謡か否かと盛んに議論されたのは、昭和のことである。民謡説はすでに過去のものになったと言ってよい(21)。現在では、『万葉集』という平城京で生まれた歌集の中に位置づけられた東国の歌であり、実際の東国の歌の世界を反映したものと見るよりも、都の人々のイメージの中の東国である、とする見方の方が説得力を持つ。この点でも、古い学説に基づいて文学史的な知識の修得を求める学習は、決して意味のあるものとは言えない。
東歌には訛音《かおん》や俚言《りげん》も見られるのに、当該歌にはまったくそれがない。しかも、きちんとした短歌定型である。

労働する風景をうたってはいるものの、民謡と言うよりは、個人的な抒情詩のように見える。恋歌だから、その心情は高校生にとっても共感できるものに違いない。古代の生活をうたってはいるものの、万葉の時代の人たちも現代の私たちと変わらぬ恋愛感情を持っていたのだと強調した方が、万葉歌に親しむ近道なのではないか。

ところが、歌の主体は若い男なのか、それとも、こうしたレトリックを駆使して歌を詠むことのできる大人の男性なのか。また、「殿の若子」（巻十四・三四五九）のような身分ある男なのか、しがない庶民の男なのか。具体的に考え出すと、この歌にはわからないことが多い。さらには、「この児」とは男が密かに思いを寄せている娘なのか、すでに自分の妻となった女性なのか。[22]序詞の「多摩川に　晒す手作り」は、男が今眺めている風景なのか、はたまた、日常的に見られる風景を思い描きつつ序詞としたのか。わからないことだらけなのだ。したがって、意味だけに注目した場合、この歌は多様な読み取り方が可能となる。[23]

しかし、多くの注釈書には、語注や現代語訳はあっても、右のような細かい条件について、一つ一つ具体的に説明してくれているものはない。もちろん、教師用の指導書も同じである。

ゼミの学生たちに意見を聞いてみたところ、片想いか、すでに自分の妻となっている女への思いかという点では、まったく二つに意見が分かれた。また、若い男ではなく、大人の男性ではないかという意見の方が多数を占めたことは、むしろ意外だった。レトリックの巧みさが、その根拠の一つである。しかし、作歌事情は一切不明だから、これに関する唯一絶対の正解はない。こうした歌を高校生たちに教える際には、彼らの自由な読み取りに任せたい。[24]

学習指導要領でも「読むこと」の中で求められているが、この歌の場合、一首を簡単な物語に書き換えさせることも、効果的な学習になるのではないか。古代の武蔵国を舞台とし、調としての布を生産する娘と、その娘に恋する男の物語である。もちろん、現代の東京を舞台としてもよい。さまざまな物語が生まれることだろうが、それらを発表し合うことを通しても、読みを深めることができるのではないかと思われる。

ともあれ、『万葉集』に限らず、国語の授業では、唯一の正解を与えられる事柄と正解の与えられない事柄がある。この歌に関して言えば、レトリックなどを問題とするならば、正解もあるが、どのような人物がどんな状況で詠んだ歌なのかといった点では、唯一の正解を導くことができない。これはやはり、話し合いをしたり、文章に書いたりしながら、理解を深めて行くべき教材であろう。

音読により定型の心地よさを味わう

当該歌のもう一つの学習ポイントは、音読・暗唱であろうと思われる。諸注釈は、その声調の心地よさ、すばらしさを異口同音に指摘している。たとえば、「非常に調子のよい歌である」[25]、「語つづきは、滑らか過ぎる程のものである」[26]、「この一首の声調はすばらしい」[27]、「この歌の魅力は歌に流れる音のさわやかさである」[28]といった評は、それこそ枚挙にいとまがない。教科書の中でも、俵万智の「響きを味わう」というエッセイ（教育出版309・310）が、「まことに響きがいい」ということを、この歌が人口に膾炙した理由だと述べている。

音読・朗読・暗唱については、現行の学習指導要領でも「文章を読み深めるため」に、取り入れることを求めている。その際、多くの人に声調のすばらしさが評価されているこの歌は、恰好の教材となろう。それを音読することを通して、高校生たちが定型の心地よさに気づき、和歌に親しみを持つ契機となればと願っている。

「苑」か「園」かで句切れも変わる

次に、大伴家持の歌を取り上げたい。

春の苑《その》　紅にほふ
桃の花　下照る道に　出で立つをとめ
（巻十九・四一三九）

という一首である。この歌は「国語総合」の教科書では、五社九冊で教材とされている。俊成の『古来風躰抄』や茂吉の『万葉秀歌』にも取られており、古来〈秀歌〉の誉れが高い。

この歌は東歌とは違って、作者が明らかである。しかも、

天平勝宝二年三月一日の暮に、春苑《しゅんえん》を眺矚《てうしょく》して作る歌二首

という題詞も付されている。天平勝宝二年（七五〇）の家持は、現在の富山県高岡市伏木古国府《ふしきふるこくふ》の勝興寺《しょうこうじ》境内に比定される越中国庁に国守として在任していた。すなわち、いつ、どこで、誰が、何を、どうしたが、すべて明確にわかっているのだ。しかし、だからと言って、この歌の理解について、唯一の正解があるかと言えば、必ずしもそうとは言えない。

ここでは、二句切れという捉え方を前提として提示したが、この歌でもっとも議論が分かれているのは、二句切れか三句切れか、という問題である。戦後の主な注釈書は、ほぼ半々に分かれているが[29]、学生たちに意見を聞いてみると、三句切れという意見の方が多数を占める。短歌を上の句と下の句に分ける習慣が染みついているからではないかと思われる。二句目の「にほふ」という四段動詞を終止形と見れば二句切れ、連体形と見れば三句切れとなるが、その点は初句の問題を考えてから、説明することにしよう。

「国語総合」の教科書では、初句の表記も二つに分かれている。「春の苑」か「春の園」かといった違いである。それは典拠とした注釈書の表記の反映であろう。原文は題詞と同じく「春苑」だが、小学館の新編日本古典文学全集の『萬葉集』の書き下しは「苑」とし、岩波の新日本古典文学大系の『萬葉集』は「園」と表記している。中には、大修館312・313のように、新編に準拠したと記されているのに、「園」としている教科書も見られる。おそらく、「苑」が常用漢字表にない漢字だからであろう。それは教育的配慮だと見られるが、これはやはり原文を尊重し、「苑」でなければなるまい。

「苑」は「まきば。垣を設けて禽獣を養ふ林野」(30)の意。「『懐風藻』の語例にみる如く、広い禁苑の意」(31)とする指摘もある。たとえば石川朝臣石足《いわたり》の「五言。春苑詔に応ず」(四〇)だが、これは「宮中の林園」(32)のこと。平城京の北側に存在した松林苑も、『続日本紀』(天平七年五月条)によれば、「騎射」もできる広大なものだった。近年は、東西一、八キロにも及ぶ広さだったこともわかって来たと言う。(33)それに対して、「園」は「果樹のはたけ。(中略)垣根のあるはたけ」(34)の意とされる。要するに、大きいか小さいかの違いと見てもよいが、「苑」を「園」としたのでは、そのイメージが違ってしまう。

言葉の世界の豊かさに気づかせたい

当該歌は、正倉院に所蔵されている鳥毛立女屏風《とりげりゅうじょのびょうぶ》を典型とした樹下美人図を意識した構図であるとされる。すなわち、エキゾチックな図柄だが、これは必ずしも現実の風景ではあるまい。「をとめ」は幻想の美女である、とする注も多い。家持は越中で、都の雅の世界を夢想していたのであろう。たとえ、現実にモモの花の咲く庭が存在したのだとしても、歌の表現としては、現実以上に広大な美的世界としての「春の苑」をイメージしていたのだと考えた方がよい。北斎の描く富士山が、実物以上に急峻で、近くに見えるのと同じである。詩歌も絵画と同様に、ウソがあるからこそ、真実を描くことができるのだ。

「にほふ」を連体形として、「桃の花」を修飾していると考えた場合は、確かに現実的な風景となる。広大な「春の苑」の中にある、一本の満開のモモの木の下に佇む「をとめ」をうたっていることになるからである。一方、終止形とした場合は、広大な「春の苑」全体が「紅」に「にほふ」ことになる。はたして、天平勝宝二年の越中国庁に、本当にそんな光景が広がっていたのであろうか。

しかし、詩は現実を超えるものだ。当該歌の場合も、単なる事実の報告ではなく、現実を超える景を言葉によって紡ぎ出せているからこそ優れた歌と評価されて来たのだ、と見るべきであろう。たとえば、「不尽の高嶺に　雪は降りける」（巻三・三一七）とうたった赤人に、富士山頂に降る雪が見えたわけではあるまい。赤人は決して驚異的な視力の持ち主ではなかったが、白い雪を戴く富士山を見た時、その脳裏には確かに雪の降る様子が浮かんでいたのであろう。赤人も、言葉によって現実の世界を超えたのだ。

これについては、「雪が降り積もっていることよ」などと現代語訳している指導書が多い。[35]「不尽の高嶺」に降る雪なんぞ、田子の浦近辺から見えるはずはないという判断であろうが、日常語と詩の言語は根本的に異なっている。それは、詩というものの本質を理解しない間違った合理主義的解釈にほかなるまい。

そうした説明に対しては、「春の苑」の歌を優れた詩であるという前提で捉えているに過ぎず、顛倒《てんとう》した論理だという批判が出よう。確かに、その通りである。しかし、何のために歌を学ばせるのか。文法に即し、科学的な合理性に基づいて現代語訳をするために詩歌を学ばせるのではあるまい。高校生にはむしろ、優れた詩の言語はこの世に存在しないものさえ創り出す力があるのだ、ということを学ばせるべきではないか。そうした言葉の世界の豊かさに気づかせることこそが、詩歌の学習の目的ではないかと思われる。

記憶力よりも考える力をつける教材に

さて、この歌は、

吾《わ》が園の　李《すもも》の花か
庭に散る　はだれの未だ　遺《のこ》りたるかも　（巻十九・四一四〇）

という一首とともに、「二首」（題詞）で構成されている。これは庭の白いものを、「李の花」か、「はだれ」の「遺りたる」ものかと、迷って見せた一首である。三月一日は、太陽暦の四月十一日。[36]春の遅い越中でも、モモの花がちょうど見頃となる時期であった(37)。一方、富山県では、例外的ではあるものの、四月の中旬になっても遅い雪の降ることがあると言う(38)。したがって、どちらの可能性もあろう。

しかし、いずれであったとしても、「吾が園の」(原文は「吾園乃」)の歌は明らかに二句切れである。したがって、「春の苑」の歌を二句切れと見れば、広大な禁苑の「紅にほふ　桃の花」と、小さな「吾が園」の真っ白な「李の花」を、形式の上でも、色彩の上でも、対照的な形にすることによって、一つの美的世界を構築していることになろう。主観的な問題に過ぎないが、私にはそう捉えた方が美しいと感じられる。

四期に分けられる各時期の歌々をバランスよく学ばせようとする教科書では仕方のないことだが、「二首」で一つの世界を構成している作品から、一首のみを切り取って教材としている。すなわち、万葉歌そのものではなくなっているのだ。しかし、「二首」とされた歌を一首のみで理解しようとすれば、当然、本来の万葉歌とは違った読み方をしなければならない。その結果、二句切れか三句切れかという問題は、一段と解決のつかない問題となってしまう。

当該歌は、俊成の『古来風躰抄』や茂吉の『万葉秀歌』にも取られていると述べたが、実は、その扱い方には違いが見られる。『古来風躰抄』は「吾が園の」の歌とともに選んでいるが、『万葉秀歌』は「春の苑」だけを選んでいる。したがって、教科書は結果的に、茂吉と同じ形での享受を求めていることになる。

また、題詞を載せていないので、「二首」で構成されたものの一首であるということが、わからない教科書もある。それによって、『万葉集』の「春の苑」の歌との乖離はより大きいものとなる。

このように、万葉歌ならざる万葉歌を教材としなければならない時、どのような学習が成り立ち得るのか。それは決して、文学史的な知識の修得を目的とした学習ではあるまい。そもそも、そこに提示された教材は、八世紀の事実そのままではないのだから。したがって、これもやはり、長い和歌の伝統の中でさまざまに読み継がれたものとして、彼らの自由な読み取りに任せるしかあるまい。

「をとめ」とは、「成年に達した若い女子。未婚の娘。若い盛りの女(39)」の意。その「をと」は「生命力に満ち溢れている様子をあらわす」「をつ」という語を原義とする。(40)すなわち、結婚年齢に達してはいるが、未婚のぴちぴちした女性のことである。

それはいったいどういう身分の女性なのか。また、どのような衣裳を着ていたのか。「出で立つ」についても、注釈書によってニュアンスの違いが見られるが、ふと立ち現れたのか、もともとそこに佇《たたず》んでいたのか。仮に佇んでいたのだとすれば、なぜそこに佇んでいたのか。構図とその景の美しさは理解できるものの、わからないことばかりである。現代語訳にとどまらず、深く理解しようとすればするほど、わからなくなる歌であると言えよう。

この歌も、一つの正解を求める学習よりも、短い物語を書いてみたり、話し合いをしたりして、理解を深める学習に適した教材であろう。記憶力よりも考える力を引き出す教材として利用したい。

3 古典教育の未来に向けて

そもそも、千年を超える歴史の中で生まれた「古典」のさまざまな教材を、文語文法という一つのルールに当て嵌《は》めて説明しようというのは、乱暴なことではないか。言葉は常に変化し続けている。明治元年に、突然動詞の活用が九種類から五種類に変わったわけではない。現代でも、方言の違いが見られるのに、なぜ平安貴族の和歌と江戸庶民の散文を、同じ文法で捉えることができるのか。そうした文法の学習で高校生を苦しめ、「古典」嫌いを量産していることほど、非生産的な教育はあるまい。

しかも、歌は必ずしも、意味だけを伝えるツールではない。たとえば、

淑き人の　良しと吉《よ》く見て　好しと言ひし　芳野吉《よ》く見よ　良き人よく見（巻一・二七）

来《こ》むと云ふも　来《こ》ぬ時あるを　来《こ》じと言ふを　来《こ》むとは待たじ　来《こ》じと云ふものを（巻四・五二七）

という歌がある。同じ語を重ねた歌だが、我が国最初の歌論書である『歌経標式』（七七二年成立）は、こうしたものを「聚蝶《しゅうちょう》」と呼んで、「雅体」の一つとしている。(41)意味よりもレトリックや声調が優先された歌だと言ってもよい。本稿で取り上げた「多摩川に」の歌も、レトリックや声調を通じて心に沁み込んで来るような歌だが、こうした歌の学習を通して、定型だからこそ実現できる表現の豊かさを味わってほしいと思う。

一方、「春の苑」の方は、描かれた構図の美しさを味わうべきものである。したがって、それが事実であるか否かは、必ずしも問題ではない。また、その時の家持の心情がどのようなものであったのかということも、それほど重要ではあるまい。画家がカンバスの中に一つの世界を創るように、家持も五七五七七という定型の中に、自分が美しいと思う世界を創ったのだ。その時の家持は、幻想の世界の中にいた。越中の国守としての日常とは違う世界に遊んでいたのである。辞書的な意味ばかりを追っていると、そうした歌の醍醐味を見逃してしまうことになろう。高校一年生の学習では、文法の学習はひとまず措き、歌の表現の豊かさをさまざまな角度から味わってほしいと思う。

人間は言葉でものを考える。しかし、豊かな表現の世界を知らなければ、豊かな思考を育むことは難しい。『万葉集』は豊かな表現の宝庫である。その宝庫がまさに宝庫として利用されることを、心から願っている。

【注】

1　その概要については、本書「Ⅲ高校「国語総合」の教科書、全二十三種を徹底解剖」を参照のこと。

2 澤瀉久孝・森本治吉編『作者類別年代順 萬葉集』（藝林社・一九三二）。これは壬申の乱や平城遷都を時代の区切りとしており、『万葉集』自体が体現する歴史認識とは異なっている。

3 本書「Ⅲ高校「国語総合」の教科書、全二十三種を徹底解剖」の採択状況一覧（佐藤愛作成、二〇六頁〜二〇九頁）を参照のこと。

4 三省堂306・307、教育出版310、数研出版316・317、筑摩書房322・323。「国語総合」の教科書の書名は各社とも似通っていて、紛らわしい。まったく同じ書名もある。そこで以下、このように出版社名と教科書番号で提示することにする。

5 「学制百二十年史一 高等学校教育の改革」（文部科学省HP）。

6 木村元『学校の戦後史』（岩波書店・二〇一五）。

7 注5に同じ。

8 梶川信行「万葉歌は抒情詩か—高等学校「国語総合」の『万葉集』—」（『国語と国文学』九二巻一一号・二〇一五）。

9 五単位を標準とし、全日制では第一学年、第二学年で履修するものとされていた（高等学校学習指導要領・昭和三十五年十月施行）。

10 「第一章 総則」の「第一款 教育課程編成の一般方針」の1。

11 各教科書の指導書は相変わらず、本文の品詞分解と文法事項に関するウエートが大きい。そもそも、文法を中心とした訓詁注釈型の授業からの脱却は、文部科学省『学習指導要領解説 国語編』（平成二十二年六月）が求めていることである。

12 梶川信行『万葉集と新羅』（翰林書房・二〇〇九）。

13 梶川信行・崔光準編『マンヨウ ハセヨ！ 韓国語対照万葉集』（日本大学文理学部・二〇〇九）。

14 本書「Ⅴこう教えたい『万葉集』—新たな教材の提案」。

15 現行の教科書の中では、たとえば東京書籍の『新編国語総合』（301）と『精選国語総合』（302）が、まったく異なる編集方針で作られているが、〈秀歌選〉であることには違いがない。

16 梶川信行「国語教科書の中の『万葉集』—高等学校「国語総合」を例として—」（『語文』一四八輯・二〇一四）。

17 注16に同じ。

18 多田一臣「あか【赤】」（多田一臣編『万葉語誌』筑摩書房・二〇一四）。
19 http://matome.naver.jp/odai/2127407478977470401 「「謎掛け」で遊ぼう！（例題集）」。
20 たとえば、「上代人の素朴で純粋な生活感情が歌いあげられている」（大修館312・313）という説明である。
21 品田悦一「東歌・防人歌論」（神野志隆光ほか編『セミナー万葉集の歌人と作品 第十一巻』和泉書院・二〇〇五）。
22 窪田空穂『萬葉集評釋 第九巻［新訂版］』（東京堂出版・一九八四）、水島義治『萬葉集全注 巻第十四』（有斐閣・一九八四）など。
23 梶川信行「教科書の中の万葉歌—東歌を読む—」（『語文』一五三輯・二〇一五）。
24 西辻正副「高等学校国語における古典の指導の新しい展開」（『日本語学』三〇巻四号・二〇一一）。
25 武田祐吉『増訂 萬葉集全註釋 十』（角川書店・一九五七）。
26 窪田空穂『萬葉集評釋 第九巻［新訂版］』。
27 水島義治『萬葉集全注 巻第十四』。
28 近藤信義『東歌・防人歌〈コレクション日本歌人選〉』（笠間書院・二〇一二）。
29 各注釈書がどちらの立場を取るかということについては、梶川信行「教科書の中の万葉歌—大伴家持の〈名歌〉を読む—」（『語文』一五〇輯・二〇一四）を参照のこと。
30 諸橋轍次『大漢和辞典 第九』（大修館書店・一九五八）。
31 小島憲之「むつかしき哉万葉集—春苑桃李女人歌をめぐって—」（『文学史研究』三五号・一九九四）。
32 辰巳正明『懐風藻全注釈』（笠間書院・二〇一二）。
33 「奈良新聞」（二〇一二年四月一七日）による。
34 諸橋轍次『大漢和辞典 第三』（大修館書店・一九五六）。
35 東京書籍302・304、数研出版316・317、明治書院318・320、筑摩書房323。
36 岡田芳朗ほか編『日本暦日総覧 具注暦篇 古代前期』（本の友社・一九九四）。
37 大後美保『季節の事典』（東京堂・一九六一）。この本は、温暖化が進行する高度成長期以前のデータに基づいている点で、とても参考になる。

38　富山県県民生活課・水雪土地対策班HP「とやま　雪の文化」の「終雪データ」。また、高岡市万葉歴史館の新谷秀夫学芸課長によると、伏木一帯では、五月十五日に行われる「けんか山」まで暖房は仕舞わないというのが常識だと言う。

39　上代語辞典編修委員会編『時代別国語大辞典　上代編』（三省堂・一九六七）。

40　兼岡理恵「をつ【変若つ・復つ】」（多田一臣編『万葉語誌』筑摩書房・二〇一四）。

41　『歌経標式』は「雅体に十有り」として、専ら形式を問題にしている。

Ⅲ

高校「国語総合」の教科書、全二十三種を徹底解剖

はじめに

1　この章は、平成二十一年三月文部科学省告示の「高等学校学習指導要領」に基づく教科書（平成二十五年度から使用）の中から、すべての高校生が学ぶことになっている「国語総合」の教科書九社二十三種類の『万葉集』を教材とした単元の内容について、概観するものである。

2　この章は、上代文学を専門とする研究者や大学院生ばかりでなく、中学校・高等学校の教員、教職を目指す学生たちにも、「国語総合」で教材化された『万葉集』が、現在の研究水準に照らして、どのようなものなのかを知っていただくためのものである。

3　この章の中には、やや辛口の批評も含まれる。しかし、それはより適切な教材として使用するためのヒントとなることを目指している。また、改訂の際には、より正確で適切な教科書とする一助となれば幸いである。

4　教科書名は似たものが多く、たいへん紛らわしい。同じ書名もある。そこで、適宜左記（5）のような記号と番号を用いる。（検定に合格して文科省から与えられるものに基づく）

5　それぞれの教科書については、左記のように分担執筆した。文責は各執筆者にあるが、その内容は執筆者全員による議論を反映したものである。

東京書籍	国総301・302・304	梶川信行
三省堂	国総306・307・308	野口恵子
教育出版	国総309・310	野口恵子
大修館書店	国総312・313・314	佐藤織衣
数研出版	国総316・317	鈴木雅裕
明治書院	国総318・320	鈴木雅裕
筑摩書房	国総322・323	佐藤織衣
第一学習社	国総325・326・327・328	佐藤　愛
桐原書店	国総330・331	佐藤　愛

6　右の教科書は、それぞれ総頁数が異なっている。そこで、全体の中における『万葉集』の頁の割合を明らかにするために、「一二／四〇〇頁」などと表示した。なお、総頁数は表紙と背表紙を含む。また、巻末に綴じ込みの文学史年表がある場合は、「一二／四〇〇頁＋(文)」と表示した。

7　「単元構成」欄の各教材のタイトル下の括弧内は、頁数を表わす。

8　配当時間は、指導書に示された授業案に基づく。

9　教材化された歌々の本文については、レイアウトを除き、原則として、それぞれの教科書が採用した形（題詞・左注の有無、歌数・ルビなど）・表記のままとした。

10　趣意書は、「平成26年度使用高等学校／（第一部）／教科書編集趣意書／国語（国語総合）編」によった。

11　指導書は、各教科書会社がそれぞれの教科書用に発行しているものを参照した。

12　各教科書における万葉歌の採択状況の全体像を把握しやすいように、最後に採択状況一覧（佐藤愛作成）を付した。

以上

東京書籍（国総301）

『新編国語総合』

【単元構成】

古文編

3 詩歌　うたの心（一二／三七四頁）

「折々のうた　大岡信」（万葉集二首・古今和歌集二首・新古今和歌集二首・梁塵秘抄一首・閑吟集一首・近世俳句二句）

著者紹介・学習の手引き・各歌集の解題

言語活動❶古典と現代の歌を読み比べる―夜空への思い（二頁）

古文学習のしるべ❺―和歌（二頁）

【配当時間】

六時間。そのうち『万葉集』には、二時間をあてる。

【教材化された万葉歌】

淡海《あふみ》の海《うみ》夕波千鳥汝《な》が鳴けば情《こころ》もしのに古《いにしへ》思ほゆ　（巻三）

春の苑紅《そのくれなゐ》にほふ桃の花下照《したで》る道に出《い》で立つ少女《をとめ》　（巻十九）

一頁に一首ずつ掲載し、一八〇～二〇〇字ほどの大岡の解説（「折々のうた」を基にしたもの）を添える。

【教材の典拠となったテキスト】

大岡信『折々のうた』（岩波新書・一九八〇）

【典拠と教材との異同】

テキストとの異同はない。しかし、万葉集そのものとの違いが見られる。一つには、いずれも題詞が省略されていること。また、「春の苑」の歌は「桃李花」を詠む二首で構成されているが、そのうちの「桃」の歌のみが教材化されていることである。

表記の違いも見られる。「淡海の海」の歌は、二句目の「夕浪」を「夕波」に改めており、結句の「所念」も「思ほゆ」としている。また「春の苑」の歌では、結句の「𡢳嬬」を「少女」としている。いずれも常用漢字への変更である。生徒たちにとって親しみやすい表記を、という教育的配慮であろう。

とは言え、「淡海」と「春の苑」は現代の一般的表記ではない。必ずしも望ましい改変ではないが、解説文との整合性を図り、一貫性のある形にするならば、「近江」「春の園」とするのも一案であろう。

【脚注の傾向と問題点】

「柿本人麻呂」「大伴家持」といった作者に関する簡略な解説のほか、「近江の大津」「天智帝」「壬申の乱」「越中」という歴史的・地理的事項に関する解説が付されている。いずれも、大岡の解説文に対するものである。簡略だが、すべての高校生が共有すべき知識としては、適切なレベルであろう。

しかし、「天智帝」の解説に「第三十八代」という記紀に基づく代数が示されている。これは神武天皇を初代とするもので、今日の常識では歴史的事実と認められない。不適切である。また「舒明天皇の子」という解説も、舒明がどういう人なのか不明なので、説明になっていない。

万葉集によれば、額田王は、近江の大津に都が置かれた天智朝にもっとも活躍している。懐風藻の序文にも、天智天皇の時代に文雅の花が開いたことが伝えられる。その点に触れた方が、当該歌で「淡海」の「古」に対するノスタルジアをうたっていることの説明になろう。

「しのに」という語句に関する注も見られる。しかし、「とする説もある」という形では、生徒たちに対して不親切ではないか。「悲哀で心がしっとり濡れての意」といった大岡の作品鑑賞的な説明とは別に、脚注では辞書的な意味として説明すべきであろう。

現代語と意味の異なる語として、「にほふ」にも注意が向けられている。また、千鳥と桃の花のカラー写真と、安田靫彦《ゆきひこ》筆の日本画「大伴家持」も載せ、歌の理解を助けるとともに、紙面に彩を添えている。しかし、千鳥については、なぜその声を聞くと「情もしのに」になるのかを考えさせる上でも、鳴き声の説明が必要ではないか。

【学習の手引き等の傾向と問題点】

四つの課題が示されているが、万葉集については、

1 それぞれの歌や句について、筆者はどの言葉に注目して、批評し鑑賞しているか。

2 『万葉集』『古今和歌集』『新古今和歌集』の六首の和歌の中から印象に残った一首を選び、その和歌について感じたことを書こう。

という二つが、学習の課題となろう。

いずれも知識の習得を目的としたものではない。1は文章を的確に読み取ること。2は1を前提として、作品から感じ取ったことを適切な文章で他者に伝えることを求めている。そうした形で、「伝え合う力」の育成を意図しているのであろう。

【趣意書の特色】

特に、この単元に限定した説明は見られない。古典の教材全体についてだが、興味を喚起するコラムを設け、巻末にカラーで、授業に役立つビジュアル資料（古典参

考図録）を掲載したことを述べる。

【指導書の構成と問題点】

まず「単元設定・教材選定の理由」として、「詩歌を鑑賞する力を養い、そこに表れた日本人の伝統的な見方、感じ方を理解させたい」（同様の趣旨は、教科書の単元扉にも書かれている）とした上で、「表現力を高める」ことを求めている。

続いて「学習指導案例」「小中学校教科書での扱い（一覧表）」「学習の流れ（板書例を含む）」を置き、その後、個々の歌の解説がなされる。「品詞分解」と文法事項の説明、「現代語訳」が中心だが、「語句・表現の解説」「作者」「鑑賞」も見られる。脚注には「発問例」（読解・文法に分けられる）も示される。さらに、「手引きの解説」の後、「作品の解説」として、万葉集の「書名」「成立」「撰者」「内容」「文学史的意義」の説明がなされている。

しかし、人麻呂の解説が北山茂夫の著作に基づいているなど、古い万葉観・学説に基づく説明も目につく。「参考文献」には、近年の研究書・解説書なども加えられているが、昭和のものが中心である。また、注釈書は戦後のものがほぼ網羅されているが、現在では入手が困難なものも含まれる。教材研究の参考書としては、九〇年代以降の比較的新しい注釈書を数種提示しておけばいいのではないか。網羅することが必ずしも、親切であるとは言えないだろう。

【総合所見】

多くの教科書は戦前の学説である四期区分説に基づき、各時期の代表とされる歌人たちの歌々と、東歌・防人歌によって構成されている。すなわち文学史的な構成だが、この教科書は著名な詩人の作品鑑賞を道案内として、生徒たちを古典詩歌の世界に導き入れようとする形である。知識の習得を目指すことよりも、作品鑑賞を基に、話し合うこと、感想文を書くことを通して、「伝え合う力を高めるとともに、総合的な国語力の向上を図る」（趣意書）という基本方針に沿うものと見ることができる。

言語活動❶は、古典の世界にも現代人の心に通じるものがあることを平易に説く教材で、工夫が見られる。

万葉集の特色を理解するためには、長歌の学習も必要である。そこで、「古文学習のしるべ―❺」（単元の最後の二頁）に、「和歌の形式」として短歌、長歌、旋頭歌という形式に関する解説を載せている。また「和歌の基礎知識」として、字余り、句切れなどを、「和歌の修辞」として枕詞、序詞、掛詞などの解説を載せる。

すべての高校生が学ぶ「国語総合」においては、些末な知識を与えることよりも、まずは短歌という形式に親しむことを優先すべきであろう。（国総301）の万葉集はその点を優先し、補助教材として必要最小限の知識を与える形である。平均的な高校生向けの導入教材としては、概ね適切なものであろう。

しかし、教材化するにあたって、万葉集本来の姿に変更を加えている点には注意が必要である。「淡海の海」の歌はもともと一首で独立した作品なので、特に問題はないが、「春の苑」の方はそうではない。桃色の花と李の白い花、大きな「苑」と小さな「園」の対照によって、立体的に構成されていた二首が、一首のみを採録したことによって、「少女」に焦点のあてられた平面的な歌となってしまっている。

また、この歌は二句切れか三句切れかが確定できない。指導書に「参考文献」として提示された注釈書でも、意見が分かれている。ところが、指導書の品詞分解では、「にほふ」を連体形としている。すなわち、三句切れと見ているのだが、どちらの説を取るかによって、一首の捉え方は根本的に変わってしまう。

この歌の場合はむしろ、両説あるということを提示した方が適切ではないか。そうでないと、教師がたまたま手にした注釈書が二句切れか三句切れかで、生徒たちに与えられる正解が違ってしまうことになる。この歌は、一つの正解を与える形の学習ではなく、どちらを支持するかということで、ディベートの対象とする教材とした方がいいのではないか。その方が、生徒たちが能動的に読みを深めていけるのではないかと思われる。

またこの歌は、ペルシャなど西アジアから広く分布する樹下美人図を前提とした構図とする見方が通説だが、大岡の短い解説には、その点が触れられていない。多くの生徒が知っている桃の花の写真を入れるよりも、奈良の正倉院に所蔵されている鳥毛立女屏風《とりげりゅうじょのびょうぶ》の写真を入れた方が、理解が広がるのではないか。その方が、「少女は家持が呼び出した夢の少女ではないのか」という解説文とも、響き合う形になろう。

東京書籍（国総302）

『精選国語総合』

【単元構成】

古文編

4和歌（一八／四三二頁）

万葉集（一〇首）・学習の手引き・万葉集（解題）

古今和歌集（七首）・学習の手引き・古今和歌集（解題）

新古今和歌集（七首）・学習の手引き・新古今和歌集（解題）

●古文学習のしるべ5　和歌の修辞（二頁）

●言語活動2　桜の歌を読み比べる（三頁）

【配当時間】

三〜四時間。『万葉集』については一時間。

【教材化された万葉歌】

天皇の蒲生野《かまふの》に遊猟《いうれふ》し給《たま》ひし時に、額田王《ぬかたのおほきみ》の作りし歌

20あかねさす紫野《むらさきの》行き標野《しめの》行き野守《のもり》は見ずや君が袖振る（巻一　雑歌《ざふか》）

皇太子の答へし御歌《みうた》

21紫のにほへる妹《いも》を憎くあらば人妻ゆゑに我《あれ》恋ひめやも（巻一　雑歌）

柿本朝臣人麻呂《かきのもとのあそみひとまろ》の歌

266近江《あふみ》の海夕波千鳥汝《な》が鳴けば心もしのに古《いにしへ》思ほゆ（巻三　雑歌）

山部宿禰赤人《やまべのすくねあかひと》の、不尽山《ふじさん》を望みし歌一首

317天地《あめつち》の　分かれし時ゆ　神《かむ》さびて　高く貴《たふと》き　駿河《するが》なる　不尽の高嶺《たかね》を　天《あま》の原　振りさけ見れば　渡る日の　影も隠《かく》らひ　照る月の　光も見えず　白雲《しらくも》も　い行きはばかり　時じくそ　雪は落りける　語り継ぎ　言ひ継ぎ行かむ　不尽の高嶺は（巻三　雑歌）

反歌

318田子《たご》の浦ゆうち出《い》でて見ればま白にそ不尽の高嶺に雪は降りける（巻三　雑歌）

山上憶良臣《やまのうへのおくらおみ》の、宴《えん》を罷《や》めし歌

317憶良らは今はまからむ子泣くらむそれその母も我《わ》を待つらむそ（巻三　雑歌）

大伴旅人《おほとものたびと》

故郷の家に還《かへ》り入りて、すなはち作りし歌

452妹《いも》として二人作りしわが山斎《しま》は木高《こだか》く繁くなりにけるかも（巻三　挽歌《ばんか》）

東歌《あづまうた》

3373 多摩川《たまがは》にさらす手作りさらさらに何そこの児《こ》のここだかなしき

右は、武蔵国《むざしの》の歌。（巻十四）

二十五日に作りし歌　大伴家持《やかもち》

4292 うらうらに照れる春日《はるひ》にひばり上がり心悲《がな》しもひとりし思へば

春日遅々として鶬鶊《うぐひす》まさに啼《な》く。悽惆《せいちう》の意《こころ》、歌にあらざれば撥《はら》ひ難きのみ。すなはちこの歌を作り、もちて締緒《ていしょ》を展《の》べき。（巻十九）

防人歌《さきもりうた》

4346 父母《ちちはは》が頭《かしら》かき撫《な》で幸《さ》くあれて言ひし言葉《けとば》ぜ忘れかねつる

右の一首は、丈部稲麻呂《はせつかべのいなまろ》。（巻二十）

【教材の典拠となったテキスト】

佐竹昭広ほか『萬葉集〔新日本古典文学大系〕』（岩波書店・一九九九～二〇〇三）

【典拠と教材との異同】

すべての歌を題詞のある形に揃えるため、「東歌」「防人歌」と万葉集には存在しない題詞を付す。題詞・左注に作者名のない旅人と家持の歌については、下に作者名を補う。また、歌数を記す題詞もあったが、それを削除する形で統一し、題詞下の割注も省いている。漢文体の左注は一部漢字を平仮名にして、平易な形にしている。以上の改変は、高校生に対して必要な教育的配慮と見られる。

赤人の歌では「富士山」を「不尽山」と表記している。万葉集の原文を尊重した形であって、むしろ正しい姿である。しかし、人麻呂の歌の「淡海」（原文）は、準拠したテキストのまま「近江」としており、統一性がない。「不尽山」の長歌の反歌「田児之浦」も、「田子の浦」という現代の地名表記を採用している。

【脚注の傾向と問題点】

「額田王」「皇太子」（大海人皇子）など、作者に関する注が八項目。「蒲生野」「近江の海」などの地名や、「紫野」「標野」などといった語句に関する注が二五項目見られ、紫草の写真も入れられている。また注意すべき語として、「にほふ」「ゆゑ」「影」「まかる」が欄外に示されている。

その多くは、個々の歌の理解を助けるために、最低限必要な情報を提供したものである。しかし、「額田王」の「大海人皇子との間に皇女を産み、後に天智天皇に召されたという」とする注は時代遅れであろう。脚注は、二人の貴公子の間で愛の葛藤に翻弄されたラブ・ロマンスのヒロインといった、かつての額田王像に基づくもの。しかし、蒲生野の二首はつとに、宴席歌とする説が定着している。

また、「不尽山」の説明が「富士山」では、説明にならない。これでは、あえてテキストの表記を変えてまで万葉集の原文に準拠した意図が不明である。奈良時代の富士山は、活発な火山活動を続けていた。「不尽」という表記はそれを反映したものであろう。せっかく原文を尊重したのだから、行政的な地名表記とは異なる歌の表現の一部としての漢字表記にも、目を向けさせるべきではないか。

【学習の手引き等の傾向と問題点】

次のように、三つの課題が示されている。

❶歌の句切れやリズムに注意しながら、音読しよう。

❷それぞれの歌について、詠まれた状況と作者の心情を話し合おう。

❸「不尽山を望みし歌」の反歌は、『小倉百人一首』では、「田子の浦にうち出でて見れば白妙の富士の高嶺に雪は降りつつ」という形で載せられている。二つの歌にはどのような違いがあるか。

❸は、どのような学習を求めているのか明記していないが、話し合うことばかりでなく、書くことも求めているのであろう。あるいは、配当時間が少ない場合は、教員の発問と生徒の解答だけで済ませることも考えているのかも知れない。いずれにせよ、他の歌々と違って、「不尽山」の歌のみが特に取り上げている点は、注意してよい。

「不尽山」とされた歌が、鎌倉時代の小倉百人一首で「富士山」となっているのは、同じ富士でも時代によって見方が変わることを示している。平安朝の和歌の世界では、富士は〈燃える山〉だったが、鎌倉時代は噴火も鎮静化し、幕府の置かれた鎌倉から美しい富士の姿が見えた。現代人の富士山に対するイメージとも比較することで、「伝統的な言語文化への興味・関心を広げる」（学習指導要領）ことに繋げる教材として利用することもできる。

【趣意書の特色】

特に、この単元に限定した説明は見られない。古典全体についてだが、興味を喚起するコラムを設け、巻末にカラーで、授業に役立つビジュアル資料（古典参考図録）を掲載したことを述べる。

【指導書の構成と問題点】

まず「単元設定・教材選定の理由」として、「古代の人々のものの見方、感じ方の伝統を捉える」とする。続いて「小中学校教科書での扱い（一覧表）」「学習指導案例」

「学習の流れ」（板書例を含む）を置き、その後、個々の歌の解説がなされる。「品詞分解」と文法事項の説明、「現代語訳」が中心だが、「語句・表現の解説」「作者」「鑑賞」も見られる。脚注には「発問例」（読解・文法に分けられる）も示される。「手引きの解説」の後、「作品の解説」として、万葉集の「書名」「成立」「編者」「内容」「文学史的意義」「研究」「教科書本文」に関する説明が置かれる。なお、「参考文献」とその問題点については、（国総301）の同項目を参照のこと。

【総合所見】

戦前から長らく通説とされて来た四期区分説に基づき、第一期は額田王と大海人皇子、第二期は人麻呂、第三期は赤人・憶良・旅人、第四期は家持の歌が採られている。長歌を一首含めて、それに東歌と防人歌を一首ずつ添えた形は、「国語総合」の万葉集の定番的な構成である。時系列的な配列になっているが、東歌を第三期と第四期の間に置いた意図は不明。しかし、和歌史的な構成になっていることを理解させることが必要であろう。

第一期に、額田と大海人の蒲生野の歌を選択した意図も不明である。脚注の説明を見ると、生徒たちは、「人妻」とのただならぬ恋の歌が初期の万葉の代表と理解してしまうかも知れない。指導書には、宴席歌とする説明も見られるが、教科書の脚注にそうした説明はない。むしろ、憶良の罷宴歌《ひえんか》とともに、宴席という場が古代和歌を育む豊かな土壌であったことを学習させたい。

東歌の脚注には、相変わらず「庶民生活を反映した民謡風の作品が多い」とされているが、民謡説もすでに過去のものとなっている。しかも、この説明は全体的傾向を示すのみで、当面の歌が「民謡風」なのか否か、判断を保留した形である。「和歌の修辞」の頁の序詞の説明にこの歌が採り上げられているが、「ある音や語句を導きだす」という説明にとどまる。布を晒す作業に従事する可憐な「この児」の姿（景）と、それを遠くから眺める男の恋心（情）が、「さらさらに」という擬態語で巧みに結びつけられている。序詞は単に、後に続く語を導き出すためだけのものではない。そのレトリックの巧さを読み取らせたい。

「桜の歌を読み比べる」は、とても充実した教材である。むしろ、こちらをメインにできないか。

東京書籍（国総304）『国語総合 古典編』

同社の『精選国語総合』（国総302）を、現代文編・古典編という形で分冊にしたもの。「4和歌」という単元（一八／二〇四頁）の中で、万葉集が四頁で教材化されている。レイアウトに若干の違いは見られるものの、一〇首で構成される内容は（国総302）とまったく同じである。脚注・挿図・学習の手引きも同じ。「古文学習のしるべ5　和歌の修辞」「言語活動2　桜の歌を読み比べる」も、一字一句違わない。指導書もまったく同じ。よって、この教科書・指導書については、そちらを参照のこと。

ただし、古今和歌集と新古今和歌集については、それぞれ（国総302）より二首ずつ多い九首が教材化されている。新古今和歌集については、学習の手引きの項目も多い。その趣意書を見ると、「必須教材を質・量ともに精選」（国総302）したとするのに対して、「質・量ともに充実した教材を精選した」（国総304）という違いが見られる。（国総304）は、やや学力の高い生徒を想定して編集しているのであろう。

三省堂（国総306）『高等学校 国語総合 古典編』

【単元構成】

六和歌（一〇／一九二頁）

万葉集・古今和歌集・新古今和歌集

（万葉集一〇首・古今集八首・新古今集八首）

学習の手引き・各歌集の解題

◆古典の扉　和歌―つながろうとする言葉（一頁）

【配当時間】

三時間。そのうち万葉集には一時間をあてる。古典の扉の配当時間は明記されていない。

【教材化された万葉歌】

天皇、蒲生野《かまふの》にみ狩りする時に、額田王《ぬかたのおほきみ》の作る歌　額田王

あかねさす紫《むらさき》野《の》行き標野《しめの》行き野守《のもり》は見ずや君が袖振る（巻一・二〇）

皇太子の答ふる御歌《みうた》　天武《てんむ》天皇

紫草《むらさき》のにほへる妹《いも》をにくくあらば人妻ゆゑに我《あれ》恋ひめやも（巻一・二一）

柿本朝臣人麻呂《かきのもとのあそみひとまろ》が歌

近江《あふみ》の海夕波千鳥汝《な》が鳴けば心もしのに古《いにしへ》思ほゆ　柿本人麻呂（巻三・二六六）

大宰帥大伴卿《だざいのそちおほとものきやう》、酒を讃《ほ》むる歌

験《しるし》なきものを思はずは一坏《ひとつき》の濁れる酒を飲むべくあるらし　大伴旅人《たびと》（巻三・三三八）

子らを思ふ歌

瓜《うり》食《は》めば子ども思ほゆ栗《くり》食めばまして偲《しぬ》はゆいづくより来《きた》りしものそ目交《まなかひ》にもとなかかりて安眠《やすい》しなさぬ　山上憶良《やまのうへのおくら》（巻五・八〇二）

反歌

銀《しろかね》も金《くがね》も玉も何せむに勝れる宝子に及《し》かめやも　（巻五・八〇三）

山部宿禰赤人《やまべのすくねあかひと》が作る歌

ぬばたまの夜のふけゆけば久木《ひさぎ》生ふる清き川原に千鳥しば鳴く　山部赤人（巻六・九二五）

天平勝宝《てんぴやうしようぼう》二年三月一日の暮《ゆふへ》に、春苑《しゆんゑん》の桃李《たうり》の花を眺矚《てうしよく》して作る

春の苑《その》紅にほふ桃の花下照る道に出《い》で立つ娘子《をとめ》　大伴家持《やかもち》（巻一九・四一三九）

多摩川にさらす手作りさらさらになにそこの児《こ》のここだかなしき　（巻一四・三三七三）（東歌《あづまうた》）

右は、武蔵《むさしの》国の歌

韓衣《からころむ》裾に取り付き泣く子らを置きてそ来ぬや母《おも》なしにして　（防人歌《さきもりうた》）（巻二〇・四四〇一）

【教材の典拠となったテキスト】

小島憲之ほか『萬葉集〔新編日本古典文学全集〕』（小学館・一九九四〜一九九六）

【典拠と教材との異同】

「遊猟」を「み狩り」とするなど、教育的配慮として常用漢字に改めた部分もある。しかし、テキストでは「紫草」という表記に統一されているのに、蒲生野の歌々では、額田の歌は「紫」とし、大海人（天武天皇）の歌は「紫草」とされている。また、旅人歌の「物を思はずは」を「もの」と仮名書きにしている。

額田の歌は左注が省かれ、憶良歌に付された漢文の序も省略されている。赤人の歌は長歌と二首の反歌で構成されているが、二首目の反歌のみが教材化されている。家持歌の題詞でも「二首」という歌数を省略し、一首目のみを教材とする。防人歌の左注には「右の一首、国造《こくざう》小県郡《ちひさがたのこほり》の他田舎人大島《をさたのとねりおほしま》」と作者名が記されているが、省略されている。

ルビも、テキストと同じでないところがある。「大宰帥」はテキストでは「ださい」とされているが、「だざい」という一般的呼称を用いる。「おおとものきょう」は、「おほともきやう」か「おほとものまへつきみ」とする方が適切である。

また、テキストは句ごとに空白を入れているが、あえてそれをなくしている点が不親切である。特に長歌では、かえって意味の切れ目がわかりにくくなってしまう。

【脚注の傾向と問題点】

作者に関しては、額田王を「万葉第一期の女流歌人」とするように、柿本人麻呂、大伴旅人、山上憶良、山部赤人の場合も、時代で分けた四期区分説に従った説明をしている。また額田王に関しては「大海人皇子の寵愛を受け」とされ、通俗的な額田王のイメージに導くような説明である。日本書紀は「初め鏡王の女《むすめ》額田姫王を娶《めあは》して、十市《とをち》皇女を生《な》しませり」とし、天武天皇（大海人皇子）の最初の妃であるということだけを記録している。後世のイメージと、史料的に裏づけられる事実とを、きちんと区別した方がよい。

「大海人皇子」には「おうじ」とルビをつけているが、「十市皇女」は「ひめみこ」としており、一貫性がない。人麻呂や赤人を「宮廷歌人」としているが、それは古代の官僚制度の中に存在しない呼称である。

「蒲生野」を「現在の滋賀県中部、東近江市を中心とした一帯」とするのは、特定の説によるもので、断定できる事柄ではない。あくまでも一説として示すべきである。また「み狩り」の「薬草狩り」という説明も不十分。それは「薬猟」であり、華やかな衣裳を身に纏いつつ、女は薬草を採集し、男は狩りをする宮廷行事であった。

「近江の海」は「滋賀県にある琵琶湖」とされるが、歌の理解を助けるにはそれが大津宮に面した湖であることを示した方がよい。「古」を「近江大津京の盛時を指す」とするが、京と呼べるほどの遺跡は現在のところ発見されていない。万葉集の本文通り「大津宮」とすべきであろう。

「大宰帥」の項目には「外交や海防に当たった筑前の国の役所」とされているが、九州を統括し幅広い権限を持っていたと説明した方がいいのではないか。「苑」には「果樹や野菜を植える場所」という説明があるが、平城京の松林苑など、「苑」は広大な庭園である。この解説は誤解を与える恐れがある。

【学習の手引き等の傾向と問題点】

「学習の手引き」は、万葉集だけでなく、古今集・新古今集を含めた課題が四つ出されている。一つ目は句切れに注意しながら音読を促すもの。区切れの捉え方の違いによって、作品全体の捉え方が大きく変わること、また生徒自身がその違いをどう捉えるかを考えさせる問である。四つ目の課題では、三大歌集のそれぞれの詠みぶりや作歌態度、技巧面などの違いを考えさせている。

「古典の扉」には『万葉集』には天皇から庶民まで、素朴な心情を核とした」という説明が見られる。これは万葉から新古今へという時代の流れを、素朴から洗練へという進歩の過程として捉えた説明。「和歌が日常口頭でやりとりされた最も身近なコミュニケーションの道具であった」という記述は言い過ぎであろう。作者階層を限定した上で説明しないと、普遍的であったように誤解してしまう。

【趣意書の特色】

「現代につながる古典という観点から、興味関心を深めながら古典を読み解く力を高める教材を豊富に取り揃え」とあるように、確かに四期区分説に従いながら各期から一首ずつと、東歌・防人歌から一首ずつを教材としている。また「古典の扉」を配置していたことについては、「さまざまな切り口から古典の世界を紹介し」、「古典に関する興味や理解を一層深められるようにしました」という説明がある。古典への興味を深めようという趣旨である。

【指導書の構成と問題点】

まず「教材のねらい」として学習目標と学習指導のポイントがあり、「学習指導の展開と評価」が続く。そこには学習指導案例と評価基準例が詳細に紹介されている。「教材の研究」として万葉集の書名や成立、文学史的位置などの解説と、原典との異同・省略を記している。「教材の解説」では、一首ごとに作者・語句の解説・脚問と発問例・板書例がある。さらには「研究・発展」があり、参考資料として鈴木日出男『万葉集入門』の一部を掲載する。そして参考文献一覧と各文献の簡単な紹介文が続き、「生徒のためのブックガイド」も付す。

目を引くのは、一首ごとにコラムを付している点。これは他の教科書には見られない特色である。二一番歌のコラムは「紫草の系譜」と題し、万葉から古今・拾遺集へと、「紫(草)」の歌語としての変遷を紹介している。また人麻呂の歌では、リービ英雄『英語でよむ万葉集』の英訳を取り上げ、日本語でしか表現できない人間の心の動きについて解説する。なかなかおもしろい試みだが、その扱いはやや難しい。

【総合所見】

他社にはない大きな特色として、教師用の教科書を用

意している こと（国総307・308も同様）が挙げられる。表紙も内容も生徒の教科書と全く同じだが、教員にとって必要事項を青色の文字で記している。額田王の歌で言えば、四句切れの歌であること、「紫野行き標野行き」の主語が「君」であることなどを記している。しかも、各歌の口語訳も付している。一見便利そうに見えるが、これに縛られた授業展開も想像される。教材化された歌は、必ずしもその口語訳を理解させればいいというものではない。心情や風景等がどのように表現されているのかを学ばせることに重点を置きたい。

「古典の扉」を設けるなどして、高校生に古典に対する興味を深めさせようとはしている。しかし、現代に引き寄せて考えさせようとする記述と、文学史的知識を与えようとする記述が混在しているように思われる。

三省堂（国総307）

『精選国語総合』

【単元構成】

古文編

四和歌（一二／三九四頁）

万葉集・古今和歌集・新古今和歌集（九頁）

（万葉集九首・古今集八首・新古今集七首）

学習の手引き・各歌集の解題

◎古文を読むために⑥　和歌の修辞（二頁）

◆古典の扉　和歌―つながろうとする言葉（一頁）

【配当時間】

三時間。万葉集には一時間をあてる。「古文を読むために」「古典の扉」の配当時間は明記されていない。

【教材化された万葉歌】

本文は（国総306）とほぼ同じだが、大伴旅人の一首（巻三・三三八）が省略された形である。

【教材の典拠となったテキスト】

小島憲之ほか『萬葉集〔新編日本古典文学全集〕』（小学館・一九九四～一九九六）

【典拠と教材との異同】

（国総306）と同じ。そちらを参照のこと。

【脚注の傾向と問題点】

（国総306）との違いは、万葉集、古今集、新古今集がどの時代に成立した歌集なのかがわかるように、脚注の欄に、大まかな年代のスケールが提示されていること。しかし、奈良時代を七〇〇年とし、平安時代を一〇〇〇年、室町時代を一五〇〇年、江戸時代を一七〇〇年とするのは、やや大雑把に過ぎないか。周知のように、万葉集は成立年が不詳なので、奈良時代の終わりあたりに位置づけておくしかない。しかし、古今集は奏上された九〇五年、新古今集は後鳥羽院の御所で竟宴《きょうえん》の行なわれた一二〇五年としておくのが無難であろう。なお、歌人・語句などの項目と、その説明内容は（国総306）と同じである。

【学習の手引き等の傾向と問題点】

「学習の手引き」と「古典の扉」は（国総306）とまったく同じである。ただし「和歌の修辞」が新たに加わっている。枕詞の説明も加わっているが、そこには「韻律を整えるために使用されたと考えられる」とされている。これは賀茂真淵の『冠辞考《かんじこう》』の説明に従ったものである。しかし、戦後の万葉集研究の中で、真淵の説はすっかり影が薄くなっている。しかも、教材とされた万葉歌に見られる枕詞は「あかねさす」と「ぬばたまの」だが、どちらも導き出す語のイメージを膨らませる表現であって、韻律を整えるためのものとは言えない。その表現に即した説明が必要であろう。

【趣意書の特色】

（国総306）と同じ。

【指導書の構成と問題点】

（国総306）と同じ。

【総合所見】

（国総306）と教材も指導書もほぼ同じ内容なので、大きく違う点だけを述べる。それは紙面の色使いである。（国総307）全体に言えることだが、（国総306）と比べて多くの色を使用し、総じて明るい紙面となっている。和歌の単元の場合は、紙面の下の方を淡いクリーム色にしているが、教科書を手に取った時、単元の位置がすぐにわかり、便利である。また、気持ちを明るくする効果もあろう。一方、（国総306）の万葉集は黒い活字のみで、紙面に特に色を使うことはない。この違いの理由は不明だが、近年の教科書はいずれもきれいなカラー印刷で、色使いにも工夫が見られる。積極的に色を使うことで、カテゴリーの整理などにも工夫を凝らしている。その点では、こちらの方が親切なのではないか。

三省堂（国総308）

『明解国語総合』

【単元構成】

古典編

4和歌　うたう心（六／三五二頁）

万葉集・古今和歌集・新古今和歌集（六頁）

（万葉集四首・古今集三首・新古今集三首）

学びの道しるべ・三大歌集（解題）

古文のとびら3　和歌の修辞（一頁）

【配当時間】

三時間。万葉集には一時間をあてる。「古典の扉」の配当時間は明記されていない。

【教材化された万葉歌】

あかねさす紫草《むらさき》野《の》行き標野《しめの》行き野守《のもり》は見ずや君が袖振《そでふ》る　額田王《ぬかたのおほきみ》

（あかねさす）紫草野の中をあなたは行き、標野の中を行っておられますが、野守が見ないでしょうか、いや、きっと見るでしょう、あなたが私に袖を振るのを。

柿本人《かきのもとのひと》麻《ま》呂《ろ》

近江《あふみ》の海夕波千鳥汝《な》が鳴けば心もしのに古《いにしへ》思ほゆ

近江の海の夕波千鳥よ。おまえが鳴くと心もしおれるばかりにしんみりと昔の近江の都のことが思い出されるのだ。

大伴家持《おほとものやかもち》

春《はる》の苑紅《そのくれなゐ》にほふ桃《もも》の花下照《したで》る道に出《い》で立つ娘子《をとめ》

春の苑の、紅色に美しく色づいた桃の花が明るく下を照らす道に（その花に魅入《みい》られて思わず）出てしまった娘子が立ち止っていることだ。

防人歌《さきもりうた》

韓衣裾《からころむすそ》に取り付き泣く子らを置きてそ来《き》ぬや母《おも》なしにして

服の裾に取り付き泣く子らを置いて来てしまったなあ。その子たちの母もいないのに。

【教材の典拠となったテキスト】

小島憲之ほか『萬葉集〔新編日本古典文学全集〕』（小学館・一九九四～一九九六）

【典拠と教材との異同】

題詞・左注・歌番号をすべて省略している。（国総306）の巻一・二〇番歌は「紫」であったが、ここではテキストに従って「紫草」としている。しかし、この歌の原文は「武良前」である。それをあえて「紫草」とするならば、テキストの理解に従った方がよい。

ところが、その口語訳はいずれもテキストのものではない。中でも額田王歌の口語訳にはやや問題がある。「紫草野の中をあなたは行き、標野の中を行っておられますが」と「行き」の動作主を「あなた」としている点である。しかし、それには諸説がある。額田王自身であるとする説が有力だが、テキストの注は主語に関して、特に触れていない。説の分かれている問題については、あえて説明を避けた可能性もあろう。

人麻呂の歌の口語訳においても、諸説ある中の一つの説に従っていることを留意しなければならない。諸説は大きく三つに分かれる。二句目と三句目で切れるとする説。初句と三句目で切れるとする説。初句、二句、三句とも句切れであるとする説である。家持の歌も、二句切れか三句切れかという議論があるが、その口語訳は句切れを意識していないように見える。しかし、テキストを明示している以上、やはりそれに従うべきではないかと思われる。

【脚注の傾向と問題点】

（国総307）同様、脚注の欄に、三大集の成立年代がわかるスケールを提示している。取り上げた作品の作者、額田王・柿本人麻呂・大伴家持に関するごく簡単な説明もなされている。東歌・防人歌の説明、題詞や本文に見られる「あかねさす」「紫草」などの語句についても、簡単な解説が付されている。全体的に見て、（国総306）や（国総307）よりも、多くの語注が付されている。

【学習の手引き等の傾向と問題点】

「学びの道しるべ」には、「意味の切れ目に注意して音読し、作品世界をイメージ豊かに味わう。」という課題の下に、万葉集だけでなく、古今集・新古今集を含めた問が四つ示されている。しかし、人麻呂歌と家持歌の区切れに関しては、諸説が分かれている。

とは言え、高校生に諸説の違いまで説明することは、混乱を招くことになりかねない。学習の時間も足りないだろう。ここはやはり、提示されたテキストに従うべきではないか。『新編』は高校の図書室にも架蔵されている可能性が高い。そのテキストと大きく違っていたら、図書室で自主的に勉強した生徒がかえって混乱してしまう恐れもある。

【趣意書の特色】

歌の内容や時代背景を理解するだけでなく、声を出して読むことで歌のリズム感を養いながら、古典学習を円滑に進めることを目指している。

【指導書の構成と問題点】

万葉・古今・新古今を含めた構成となっている。まず「教材採録の意図」として採録のねらいと学習のねらい、学習指導のポイントが記されている。「教材文の概要」が続き、そこでは万葉集の成立・内容・文学史上の位置・後世への影響・小中学校教科書での取り扱い・学習目標と評価等が説明されている。次に「学習指導の展開」として、学習指導案例・学習展開例が続く。学習展開例では、一時間ごとに区切りながら、本時の目標・学習活動と指導内容・板書例が掲載されている。「教材の研究」では、一首ごとに作者と語句の解説、表現、鑑賞、発問等が解説されている。最後に参考文献が掲載されている。

三大歌集を並べることで、和歌の歴史やそれぞれの詠みぶりや作歌態度の違いを学ばせようとしている。しかし、教材化した歌数がそれぞれ少ないので、そうした違いを理解するのはなかなか難しいだろう。

【総合所見】

口語訳を付すことで、生徒の理解を助けようとしているが、必ずしも適切とは思えない口語訳もある。また、本文と口語訳のみの掲載では、歌が詠まれた場や事情などに関する情報がないので、古代の歌として歴史の中に置いて理解することは困難である。だとすれば、むしろ生徒たちの自由な鑑賞に任せた方がいいのではないか。

防人歌を除き、あとの三首の理解については説の分かれる部分がある。額田王の歌で言えば、「紫野行き標野行き」と野を散策しているのは誰か、ということを考えさせる。また、人麻呂の歌の場合は、呼び掛けている対象は「近江の海」なのか、「近江の海」の「夕波千鳥」なのか。さらに家持の歌の場合は、二句切れなのか三句切れなのか。いずれもさまざまな意見が出て来るだろう。

教材とする歌の数をあえて減らしたのは、知識を詰め込むことよりも、味読させることの方を選択したからではないか。昨今は、課題解決型の学習に舵を切ることが求められている。そうした中ではむしろ、生徒たちの自由な鑑賞に任せ、話し合いをさせたり、文章を書かせたりした方が、この教材がより生きるのではないかと思われる。

教育出版（国総309）『国語総合』

【単元構成】

古文編

四和歌（一二／三六八頁）

万葉集（九首）学習の手引き

古今和歌集（六首）学習の手引き

新古今和歌集（七首）学習の手引き　文法の学習

響きを味わう　俵万智

学習の手引き（二頁）

解釈のために6　和歌の修辞（二頁）

【配当時間】

三時間。そのうち万葉集に一時間、古今に一時間、新古今と「響きを味わう」で一時間をあてる。

【教材化された万葉歌】

額田王《ぬかたのおほきみ》の、近江《あふみ》の国に下りし時作る歌　額田王

味酒《うまさけ》　三輪《みわ》の山　あをによし　奈良《なら》の山の　山の際《ま》に　い隠るまで　道の隈《くま》　い積もるまでに　つばらにも　見つつ行かむを　しばしばも　見放《みさ》けむ山を　心なく　雲の　隠さふべしや　（巻一・一七）

反歌

三輪山をしかも隠すか雲だにも心あらなも隠さふべしや　（巻一・一八）

柿本人麻呂《かきのもとのひとまろ》

ささなみの志賀の唐崎《からさき》幸《さき》くあれど大宮人《おほみやひと》の舟待ちかねつ　（巻一・三〇）

有間皇子《ありまのみこ》、自ら傷《いた》みて松が枝《え》を結ぶ歌　有間皇子

家にあれば笥《け》に盛る飯《いひ》を草枕旅にしあれば椎《しひ》の葉に盛る　（巻二・一四二）

山上臣憶良《やまのうへのおみおくら》、沈痾《ちんあ》の時の歌　山上憶良

士《をのこ》やもむなしくあるべき万代《よろづよ》に語り継ぐべき名は立てずして　（巻六・九七八）

山部赤人《やまべのあかひと》

若の浦に潮満ち来れば潟をなみ葦辺《あしへ》をさして鶴《たづ》鳴き渡る　（巻六・九一九）

二十五日に作る歌　大伴家持《おほとものやかもち》

うらうらに照れる春日にひばり上がり心悲しも独りし思へば　（巻十九・四二九二）

東歌《あづまうた》　作者未詳

稲つけばかかる我《あ》が手を今夜《こよひ》もか殿の若子《わくご》が取りて嘆かむ　（巻十四・三四五九）

防人歌《さきもりうた》

若倭部身麻呂《わかやまとべのみまろ》

わが妻はいたく恋ひらし飲む水に影《かご》さへ見えてよに忘られず

（巻二十・四三二二）

【教材の典拠となったテキスト】

小島憲之ほか『萬葉集〔新編日本古典文学全集〕』（小学館・一九九四～一九九六）

【典拠と教材との異同】

題詞に記されていた歌数は全て省略されている。額田王の題詞の「井戸王《いのへのおほきみ》の即ち和《こた》ふる歌」という部分と、反歌の後の左注が省略されている。また人麻呂の歌は反歌であるのに、その断りがない。有間の題詞は、直前にある歌と当該歌に付されたものであるが、その断りもない。さらに、憶良、赤人、家持、防人歌の左注も省略されている。東歌と防人歌に、「東歌」「防人歌」という題詞を付している。

表記の違いも見られる。額田の反歌は、「然も」を「しかも」に、人麻呂の「船」を「舟」に、憶良の「空しく」を「むなしく」に、家持の「こころがなしも」を「心悲しも」、「ひとり」を「独り」に、東歌の「稲搗けば」を「稲つけば」に改めている。常用漢字以外を読みやすくするための平仮名への変換であれば、教育的配慮と考えられる。だが、常用漢字を平仮名に、平仮名を常用漢字としている例もある。方針に一貫性がないように思われる。なお、人麻呂の「舟」と「船」は、小さいか大きいかの違いと考えられるが、典拠は「船」としている。現在に伝わる写本の『万葉集』にもないので、ここにも一貫性がない。

【脚注の傾向と問題点】

脚注には、「近江の国」などの地理的事項と、「味酒」「心あらなも」などの語句に関する解説が付されている。いずれも簡略だが、すべての高校生が共有すべき知識としては、適切なレベルであろう。作者に関する簡略な解説は、巻末にある「付録」の「古典文学要覧」に見える。

「志賀」の解説に「滋賀県滋賀郡」とあるが、「滋賀郡」は消滅し、現在は大津市に編入されている。また同項目に「弘文天皇」という記述があるが、これは『大日本史』（水戸光圀編纂開始）の「天皇大友」という記述に基づき、明治三年に贈られた諡号《しごう》である。日本書紀には見えず、即位したか否かも議論が分かれている。「若の浦」については、「和歌山市若野浦付近」としているが、「和歌浦」の間違いである。また「赤人」の解説の「情景歌人」は、「叙景歌人」の誤り。

【学習の手引き等の傾向と問題点】

「三輪山を」「士やも」「うらうらに」「わが妻は」の各歌の区切れを考えるものが、冒頭に置かれている。指導書によると、1は、「五七調の調べを理解させる」と見え、古今・新古今とのリズムの違いを体感させる意図であろう。続けて「ささなみの」「うらうらに」の各歌に詠み込まれている心情を考えさせる問いがある。「ささなみの」は、「変わらぬものと変わったものの対比に気づかせる」という指示があり、時間の推移による心情の変化を考えさせるのだろう。「うらうらに」の歌では、心情から「ますらをぶりとは異なる繊細な詠みぶりであることを気づかせる」とある。この指示は、万葉の詠みぶりは賀茂真淵以来常識とされてきた「ますらをぶり」であり、当該歌はそれとは異なる詠みぶりであるという前提である。周知のように、真淵の説は、近世国学のイデオロギーによるところが大きい。従って、万葉全体における歌風とは言い難い。額田王の歌では、遠い新都に向かう心情がどのように表現されているのかを、長歌と反歌で比較させ考えさせるもの。「わが妻は」の歌に関しては、「いたく恋ひらし」は何を根拠にそう推量しているのか考えさせるもの。いずれも歌の内容・心情を読み取らせる課題として適切であろう。

「響きを味わう」（俵万智『短歌をよむ』岩波新書・一九九三年）にも学習の手引きが付いている。この本文を参考にして、好きな歌を選び、響き以外の点にも注目しながら鑑賞文を書かせるものである。ただ、指導書では解答例を省略している。古今集の紀貫之の歌「むすぶ手の」歌における序詞の技法を説明しているのみである。次ページに「解釈のために6　和歌の修辞」が紹介されていることから、これは響き以外の和歌の修辞を学ばせるための応用問題と考えられる。

【趣意書の特色】

特に、この単元に限定した説明は見られない。ただし、「教科書の構成」の欄において、それぞれの単元が学習指導要領のどの部分に対応しているのかを詳細に示している。この形式は、当社のみである。

【指導書の構成と問題点】

「和歌」という単元における「学習目標」として、三代集の「●各歌について和歌の修辞に留意しながら心情・情景を読み味わう。●それぞれの特色について考察する。●和歌の修辞を理解する」とした上で、「学習の流れ」を提示。そこには、「①和歌の表現の特色を学び、日本語に対する理解を深める。②それぞれの和歌に詠み込まれた情景や心情を味わう。③日本人の美意識や感受性の伝統について考える」とある。これは指導要領の

「我が国の言語文化を享受し継承・発展させる態度の育成を通して、感性や情緒をはぐくむことを重視する」に基づいている。さらに「授業展開例」と「作品」「作者」の解説が続き、「授業展開と発問例」として「『万葉集』の導入」と「板書例」。その後は、個々の歌の「品詞分解と現代語訳」等が続く。古今・新古今の後に、「響きを味わう」と「和歌の修辞」があるが、それらについてはほぼ同じ項目を付す。ただし、憶良の歌について「小中学校で学習した」時との違いを感じ取らせるとあるが、これは学習指導要領に基づいた課題。

【総合所見】

文学史的な知識の習得を目的とするだけでなく、「学習の手引き」等において、作品から窺える心情を理解させ、生徒の古典への興味を引き出そうともしている。さらに俵万智の「響きを味わう」で引用されている「多摩川」の歌を教材にして、歌のS音の響きが下の句にまで響き合って、爽やかな雰囲気を醸し出している点も学ばせようとしている。指導書によると、「歌は口ずさまれてこそ幸せな文芸で、それは『響き』がカギを握っている」とある。これは学習指導要領に示した「音読や朗読などを取り入れること」に従うものであろう。また、「響きを味わう」を読む前に、「多摩川に」の歌を読んだ感想を話し合うことも求めている。これも学習指導要領にある「伝え合う力を高める」に繋がるものと見てよいだろう。多岐にわたり工夫がされていることは確かである。

しかし、この単元の授業冒頭で扱うようにと指導書に指示のある「『万葉集』の導入」については、やや問題であろう。そこでは「時代区分と歌風の変遷」を「板書例」で示しているのだが、それぞれの歌風を、第一期は「集団的歌謡から個性的歌へ」、第二期は「表現形式の整備」、第三期は「個性的歌人の輩出」、第四期は「歌の類型化」としているからだ。時代によって分けた四期区分説も気になるが、このような歌風の変遷を通時的に整理することは、万葉集という一つの歌集から見える世界を、古代の歌の世界そのものと見做すことと同じである。万葉集はあくまでも古代の歌の一部に過ぎないので留意が必要である。

多くの教科書は戦前の学説である四期区分説に基づき、各時期の代表とされる歌人たちの歌々と東歌・防人歌によって構成されている。文学史的な視野で捉えようとするためであろうが、この教科書も例外ではない。

教育出版（国総310）『新編国語総合　言葉の世界へ』

【単元構成】

古文編

四和歌と俳諧（一八／三六〇頁）

四季の歌（四頁）

心の歌（四頁）

響きを味わう　俵万智（二頁）

学習の手引き　万葉集・古今和歌集・新古今和歌集の解説（二頁・解説）

解釈のために⑤　和歌の修辞（二頁）

俳諧（七句）　学習の手引き（二頁）

参考　古池や　長谷川櫂（一頁）

【配当時間】

四時間。そのうち「四季の歌」と「心の歌」には、それぞれ一～二時間、「響きを味わう」には一時間をあてる。

【教材化された万葉歌】

四季の歌

二十五日に作る歌　大伴家持《おほとものやかもち》

うらうらに照れる春日《はるひ》にひばり上がり心悲しも独りし思へば

（『万葉集』巻十九・四二九二）

心の歌

天皇《すめらみこと》、蒲生野《かまふの》に遊猟《みかり》する時に、額田王《ぬかたのおほきみ》の作る歌　額田王

あかねさす紫野行き標野《しめの》行き野守《のもり》は見ずや君が袖振る

（『万葉集』巻一・二〇）

皇太子の答ふる御歌《みうた》　大海人皇子《おほあまのみこ》

紫草《むらさき》の匂へる妹《いも》を憎くあらば人妻ゆゑに我《あれ》恋ひめやも

（『万葉集』巻一・二一）

柿本朝臣人麻呂《かきのもとのあそみひとまろ》が歌　柿本人麻呂

近江《あふみ》の海夕波千鳥汝《な》が鳴けば心もしのにいにしへ思ほゆ

（『万葉集』巻三・二六六）

防人《さきもり》の歌　丈部稲麻呂《はせつかべのいなまろ》

父母が頭《かしら》かき撫《な》で幸《さ》くあれて言ひし言葉《けとば》ぜ忘れかねつる

（『万葉集』巻二十・四三四六）

子らを思ふ歌　山上憶良《やまのうへのおくら》

瓜《うり》食《は》めば　子ども思ほゆ　栗《くり》食めば　まして偲《しぬ》はゆ　いづくより　来たりしものそ　まなかひに　もとなかかりて　安眠《やすい》し寝《な》さぬ

（『万葉集』巻五・八〇二）

反歌

銀《しろがね》も金《くがね》も玉も何せむにまされる宝子にしかめやも
（『万葉集』巻五・八〇三）

【教材の典拠となったテキスト】

小島憲之ほか『萬葉集〔新編日本古典文学全集〕』（小学館・一九九四〜一九九六）

【典拠と教材との異同】

家持と人麻呂の題詞にある歌数が省略されている。また家持・皇太子・防人の歌にある左注と、憶良の歌にある序文が省略されている。一方、防人歌には「防人の歌」という題詞を付している。

表記の違いも見られる。皇太子の二句目「にほへる」を「匂へる」に、四句目「人妻故」を「人妻ゆゑ」に、人麻呂の「古思ほゆ」を「いにしへ思ほゆ」に、防人歌の「頭掻き撫で」を「頭かき撫で」に、憶良の反歌「優れる宝」を「まされる宝」に改めている。読みにくい漢字を平仮名に変換しており、教育的配慮であろう。しかし「匂へる」と表記すると、かえって嗅覚だと誤解させてしまう可能性がある。ここは平仮名のままの方が適切であろう。

【脚注の傾向と問題点】

「大伴家持」等の作者に関する簡略な解説と、「近江の海」等の地理的事項、「うらうらに」等の語句に関する解説が付されている。いずれも簡略だが、すべての高校生が共有すべき知識としては、適切なレベルであろう。

しかし、「額田王」の解説に「後、皇子の兄天智天皇に仕えた」とあり、文献的に確認できないことが書かれている。しかも「皇太子」の項目では、「額田王は、天智天皇に仕える前、大海人皇子の妻であった」ともある。これでは、伴信友《ばんのぶとも》『長等《ながら》の山風《やまかぜ》』以来の古い理解に導くことになってしまう。また、「蒲生野」について「現在の滋賀県東近江市付近」と説明されているが、これは特定の説に基づくものである。「野」は丘陵地を指す語だが、東近江市付近とは断定できない。旧蒲生郡の中の野とするしかあるまい。

【学習の手引き等の傾向と問題点】

五つの課題が提示されているが、万葉集に関するものは「うらうらに」「あかねさす」の歌の句切れを指摘し、歌の構造とどのように関係しているかを確かめさせるもの。「瓜食めば」の長歌に句読点をつけ、対句を指摘させるもの。「うらうらに」の歌で、「心悲しも」と詠んだ作者の心情はどのようなものかを考えさせるもの。好きな歌を選んで、響き以外の点にも注目しながら鑑賞文を書かせるもの。

いずれも、歌の内容と表現技巧を理解するための工夫がされていると考えられる。「瓜食めば」では句読点を付けさせて、五七調を味わうことを目的としている。「うらうらに」は四句切れだが、その四句目までと、結句「独りし思へば」が倒置の関係にあり、これによりさらに孤独感を強調していることを学ばせようとしている。しかし、指導書の指示では、万葉の伝統的な詠みぶりが賀茂真淵の評した「ますらをぶり」であるという前提があり、この歌は伝統的なそれとは異なり、内省的な歌であることを理解させようとしている。真淵の評価を、あたかも古代の事実であるかのように扱うことになり、誤解を与えてしまうだろう。

【趣意書の特色】

特に、この単元に限定した説明は見られない。ただし、「教科書の構成」の欄において、それぞれの単元が学習指導要領のどの部分に対応しているのかを詳細に示しているのは当社のみである。

【指導書の構成と問題点】

まず「学習の目標」として、「●『万葉集』『古今和歌集』『新古今和歌集』からの各和歌について、歌に描かれた情景・心情を読み味わう。●和歌の修辞を理解する。●描かれた情景や心情を読み味わう。」とした上で、「学習の流れ」が続く。「①『万葉集』『古今和歌集』『新古今和歌集』の流れ、それぞれの特色や違いについて理解する。②和歌の表現の特色を学び、日本語に対する理解を深める。③それぞれの和歌に詠み込まれた情景や心情を味わう。④日本人の美意識や感受性の伝統について考える。」である。これは指導要領にある「伝統的な言語文化への興味・関心を広げること」に沿うものである。「授業展開例」では、三大集の解説がある。そこでは万葉の歌風を「感情を率直に歌い上げる、古代文学の特徴が豊か」だとしている。戦前の常識に基づく説明で、古めかしい。以後、「四季の歌」「心の歌」それぞれの歌についての「品詞分解と現代語訳」「授業展開と発問例」「解釈と解説」「作者」「鑑賞」が続く。最後に単元全体の「参考」として文献一覧が見られる。その後は、「響きを味わう」「和歌の修辞」が続くが、それについてはほぼ同じ項目を付す。

【総合所見】

この〈国総310〉だけ、「言葉の世界へ」という副題が付いている。他社との差別化がなされ、テーマが明確になっていると言えるだろう。加えて、「四季の歌」「心の歌」というテーマに沿って、万葉・古今・新古今の歌々をそれぞれ提示している点も特色として挙げられる。多くの教科書は四期区分説に基づき、各時期の代表とされる歌人たちの歌々と、東歌・防人歌によって構成されている。このように同じテーマで三大集の歌を並べる構成だと、三大歌風の比較ができるため、それぞれの特色が把握しやすくなる。

しかし、選択された万葉歌は、多くの教科書に見られる各時代を代表する歌々を、テーマ別に並べ直したに過ぎない。すなわち、選ばれた万葉歌は「四季の歌」「心の歌」としては必ずしも適切ではあるまい。その要因は指導書の流用であろう。旧版の国総032の解説を、この（国総310）で再利用しているからである。具体的に言えば、「四季の歌」としてふさわしい歌が他にも多くあるのにかかわらず、家持の「うらうらに」を採用しているのは、そうした事情によるものではないか。

「心の歌」という項目は、必ずしも適切ではあるまい。そもそも、心を反映しない歌など存在するのだろうか。しかも、この項目に額田と大海人の歌を採用している。この二首は万葉集では「雑歌《ぞうか》」に分類されており、一般的に宴席歌と考えられている。教科書にその説明はないが、指導書にも宴席歌と書かれている。その上、万葉の歌は「感動を率直に表現した」ものとしているが、宴席歌の心情表現をそう捉えることはできないだろう。

憶良の歌について、教科書の脚注にある「反歌」の説明では「長歌の内容を要約したり、補足したりする」とあるが、むしろ長歌での心情を増幅させている一首というべきであろう。また指導書の「指導のポイント」では、この「長歌と反歌の関係を理解させたうえで、長歌の趣旨と反歌の趣旨の相違点」を指摘させるとある。教科書に序文を掲載せずにこれを考えさせるのは難解ではないか。序文には子どもを思うのは煩悩だという記述があり、単なる家族愛の歌ではないことが示されている。確かに古今・新古今との比較において、万葉集では長歌を採る必要性があるだろう。生徒にとってこの序文の読解が難しいと考えるなら、他の長歌を教材としてもいいのではないか。「旅の歌」「恋の歌」といったテーマの方がいいのではないか。

なお、「響きを味わう」では、東歌「多摩川にさらす手作りさらさらに」が引用され、「さらす」「さらさら」というSの音が、さわやかに響き、川の流れの音を想像させるという説明文が付されている。指導要領にある「生涯にわたって古典に親しむ態度を育成する指導を重視する」ことを目的にした音読指導に適した教材といえるだろう。

大修館書店（国総312）
『国語総合　古典編』

【単元構成】
古文編
五和歌・俳諧（七五／二〇八頁）
万葉集（一二首）・学習
古今和歌集（八首）・学習
新古今和歌集（八首）・学習
歌謡（今様と小歌）（一頁）
●古文のとびら●「和歌」という言葉の意味―大岡信（万葉集二首）・学習
古文を読むために6　和歌の修辞（二頁）
奥の細道　旅立ち・平泉・立石寺（七頁）・学習
古典の窓⑤　古典作品にみる旅―古代から近代へ（二頁）

【配当時間】
万葉、古今、新古今で七時間。うち万葉集には三時間。
「「和歌」という言葉の意味」で一時間。

【教材化された万葉歌】
額田王《ぬかたのおほきみ》
熟田津《にきたつ》に船乗りせむと月待てば潮もかなひぬ今は漕《こ》ぎ出《い》でな
（巻一、八）
柿本人麻呂《かきのもとのひとまろ》
東《ひむがし》の野にかぎろひの立つ見えてかへり見すれば月かたぶきぬ
（巻一、四八）
有間皇子《ありまのみこ》
家にあれば笥《け》に盛る飯《いひ》を草枕旅にしあれば椎《しひ》の葉に盛る
（巻二、一四二）
山部赤人《やまべのあかひと》
天地《あめつち》の　分かれし時ゆ　神《かむ》さびて　高く貴き　駿河《するが》なる　富士の高嶺《たかね》を　天の原　振り放《さ》け見れば　渡る日の　影も隠らひ　照る月の　光も見えず　白雲《しらくも》も　い行きはばかり　時じくぞ　雪は降りける　語り継ぎ　言ひ継ぎ行かむ　富士の高嶺は
（巻三、三一七）
反歌
田子《たご》の浦ゆうち出でて見ればま白《しろ》にぞ富士の高嶺に雪は降りける
（巻三、三一八）
山上憶良《やまのうへのおくら》
憶良らは今は罷《まか》らむ子泣くらむそれその母も我《あ》を待つらむぞ
（巻三、三三七）
大伴旅人《おほとものたびと》
この世にし楽しくあらば来《こ》む世には虫に鳥にも我《われ》はなり

なむ（巻三、三四八）

志貴皇子《しきのみこ》

石走《いはばし》る垂水《たるみ》の上のさわらびの萌《も》え出づる春になりにけるかも（巻八、一四一八）

狭野弟上娘子《さののおとがみをとめ》

君が行く道の長手《ながて》を繰《く》り畳《たた》ね焼き滅ぼさむ天《あめ》の火もがも（巻一五、三七二四）

大伴家持《やかもち》

春の園紅《くれなゐ》にほふ桃の花下照《したで》る道に出で立つ娘子《をとめ》（巻一九、四一三九）

〔東歌《あづまうた》〕

多摩川にさらす手作《てづく》りさらさらになにぞこの児《こ》のここだかなしき（巻一四、三三七三）

〔防人歌《さきもりうた》〕

韓衣《からころむ》裾に取りつき泣く子らを起きてぞ来《き》ぬや母《おも》なしにして（巻二〇、四四〇一）

●古文のとびら●「和歌」という言葉の意味

額田王

茜《あかね》さす紫野行き標野《しめの》行き野守《のもり》は見ずや君が袖振る

大海人皇子

紫のにほへる妹《いも》を憎くあらば人妻ゆゑに我《あれ》恋ひめやも

【教材の典拠となったテキスト】

小島憲之ほか『萬葉集〔新編日本古典文学全集〕』（小学館・一九九四～一九九六）

大岡信『おもひ草』（世界文化社・二〇〇〇）

【典拠と教材との異同】

すべての歌を題詞のない形で載せ、歌の前に作者名（または東歌、防人歌）を付す。漢字と平仮名の違いはあまり見られないが、人麻呂の歌で「傾きぬ」が平仮名で表記される。テキストのとおり漢字で表記したほうが意味をとりやすいだろう。

その他の表記の違いとしては、テキストで「そ」と清音で表記される係助詞が全て「ぞ」とされている。この変更は、高校古典文法で学習する係助詞を「ぞ」で統一するためであると考えられる。

また、家持の歌の「春の苑」を「春の園」と表記している。「園」という漢字では、テキストの表記の「苑」よりも小さい場所となってしまうため、歌の解釈に誤解が生じる恐れがある。

【脚注の傾向と問題点】

それぞれの歌の作者に関する注が九項目、「熟田津」「田子の浦」などの地名や、「かぎろひ」「笥」など語句に関する注が二二項目あり、それぞれに①～㉒まで番号が付されている。注意すべき語として、「かなふ」「罷る」

「にほふ」が示されており、脚注で「万葉集」の解説もされている。また、「「和歌」という言葉の意味」では、額田王と大海人皇子の贈答歌が例に挙げられて、和歌の歴史や万葉集における和歌がどのようなものであったかを解説している。人物に関する注が二項目、語句に関する注が一〇項目付されている。

どの注も、歌の理解を助けるために最低限の情報が記されている。しかし、とくに人物の注の人麻呂・赤人などで仕えていた天皇の名前が挙げられているにも関わらず、それぞれの天皇や皇子の関係性はわからないままである。どの時代の人物であるかなど、授業において補足が必要である。

額田王の注で「大海人皇子との間に皇女を生み、後に天智天皇に仕えた」という記述があるが、「熟田津に」の歌を理解するための助けとならない情報である。この歌を理解する助けとなる情報を記したほうがよいだろう。

【学習の手引き等の傾向と問題点】

長歌について調べる問が一つ、四首の歌に傍線を付してその部分の心情を考える問が一つ、「多摩川に」の歌での「さらさらに」の部分の効果を考える問が一つ設定されている。

心情を考える問では傍線部と限定するのではなく、歌全体をとおして考えるものにしたほうがよいだろう。三つめの問でも、「さらさらに」という言葉だけに注目させるのではなく、二句までが序詞で情景を詠み、四句と五句で詠まれる男の心情と情景とをつなぐ役割を果たしていることにも気づかせたいところである。

【趣意書の特色】

この単元に限定した説明は見られない。古典編全体では「高校生として必ず学んでおくべき教材を精選」したこと、「古文を読むために」という文法や修辞技法を学ぶことのできる欄を設けたことを述べる。

【指導書の構成と問題点】

まず「単元設定の理由」で「韻文の文学伝統に対する理解を深めようとするものである」こと、「単元の目標」で「古典詩歌に親しみを持つ」「自然や人間のとらえ方を通して古人のものの考え方や感覚を知る」「歌風の特色をつかむ」などを述べる。

続いて「単元の構成」「学習指導のねらい」「学習指導の展開例」「観点別評価基準例」「教材の研究」「〔学習〕の解説」「研究資料」が置かれる。「教材の研究」では、まず万葉集の解説がされ、その後、個々の歌とその作者の解説となる。歌の解説では「品詞分解」「歌意」「語句の解説」「指導のポイント」「鑑賞」「参考」の説明がなされ、最後に「研究資料」として参考文献が挙げられる。

各歌の解説は細かく丁寧であり、家持の歌で初句切れや三句切れの説もあることを述べながら二句切れの立場をとるなど、一つの説に偏らない配慮がされている。

挙げられている参考文献は四〇冊と数こそ多いものの、五〇年近く前のものも含まれている。そのうえ、新しいものが少ないことが問題であるといえる。

【総合所見】

万葉前期の額田王から後期の家持までの現代でも最も知られている歌人の歌を載せ、そこに東歌と防人歌を加えるという多くの教科書に見られる構成である。

指導書の「学習指導の展開例」では、韻律や句切れに注意しながら繰り返し音読することや暗唱することがもとめられている。しかし、それが教科書や学習で設定された問にいかされていない。この教科書を使用する生徒には、初めて万葉集を学習するという者もいるだろう。歌の理解、鑑賞ももちろん大切だが、指導書で示されているように音読して歌を味わうことがもっとも重要である。音読や暗唱させることを意識した問なども必要であろう。

この教科書では和歌を学習するにあたって、大岡信の「「和歌」という言葉の意味」を一緒に学習することが求められている。この文章では、三角関係の歌として読まれていた贈答歌が、実は宴席の場の歌であったことが高校生にもわかりやすく、丁寧に説明されている。一首一首の歌について学習することは一般的に授業で行われていることだろう。しかし、和歌が具体的な場のなかでどのように機能したか、ということはなかなか扱われないものである。このような文章があることによって、生徒がそのことを考える機会になるだろう。

赤人の「富士」の歌がどこで詠まれたのかは確定できない。したがって、「駿河湾から望む富士」の写真は、歌の解釈において誤解を招く恐れがある。また、「「和歌」という言葉の意味」の「蒲生野」の写真も、歌に詠まれた場所が特定できないため、載せないほうが無難であろう。

大修館書店（国総313）『精選国語総合』

【単元構成】

古文編

五和歌・俳諧（一二三／三九〇頁）

万葉集（七首）

古今和歌集（四首）

新古今和歌集（四首）（五頁）

学習・万葉集

古今集・新古今集の解題

歌謡（今様と小歌）（一頁）

●古文のとびら●「和歌」という言葉の意味―大岡信（万葉集二首）（六頁）・学習

古文を読むために6　和歌の修辞（二頁）

奥の細道　旅立ち・平泉・立石寺（七頁）・学習

古典の窓⑤　古典作品にみる旅―古代から近代へ（二頁）

【配当時間】

万葉、古今、新古今で四時間。うち万葉集には二時間。「「和歌」という言葉の意味」で一時間。

【教材化された万葉歌】

8 熟田津《にきたつ》に船乗りせむと月待てば潮もかなひぬ今は漕《こ》ぎ出《い》でな　額田王《ぬかたのおほきみ》（巻一）

48 東《ひむがし》の野にかぎろひの立つ見えてかへり見すれば月かたぶきぬ　柿本人麻呂《かきのもとのひとまろ》（巻一）

317 天地《あめつち》の　分かれし時ゆ　神《かむ》さびて　高く貴き　駿河《するが》なる　富士の高嶺《たかね》を　天《あま》の原　振り放《さ》け見れば　渡る日の　影も隠らひ　照る月の　光も見えず　白雲《しらくも》も　い行きはばかり　時じくぞ　雪は降りける　語り継ぎ　言ひ継ぎ行かむ　富士の高嶺は　山部赤人《やまべのあかひと》

反歌

田子《たご》の浦ゆうち出でて見ればま白《しろ》にぞ富士の高嶺に雪は降りける（巻三）

4139 春の園紅《くれなゐ》にほふ桃の花下照《したで》る道に出で立つ娘子《をとめ》　大伴家持《おほとものやかもち》（巻一九）

3373 多摩川にさらす手作《てづく》りさらさらになにぞこの児《こ》のここだかなしき　〔東歌《あづまうた》〕（巻一四）

4401韓衣《からころむ》裾に取りつき泣く子らを置きてぞ来《き》ぬや母《おも》なしにして　〔防人歌《さきもりうた》〕（巻二〇）

●古文のとびら●「和歌」という言葉の意味

茜《あかね》さす紫野行き標野《しめの》行き野守《のもり》は見ずや君が袖振る　額田王

紫のにほへる妹《いも》を憎くあらば人妻ゆゑに我《あれ》恋ひめやも　大海人皇子

【教材の典拠となったテキスト】

小島憲之ほか『萬葉集〈新編日本古典文学全集〉』（小学館・一九九四～一九九六）

【典拠と教材との異同】

〈国総312〉と違い、テキスト通りに歌番号を歌の上に表記する。すべての歌を題詞のない形で載せ、歌の前に作者名（または東歌、防人歌）を付す。漢字と平仮名の違いはあまり見られないが、人麻呂の歌で「傾きぬ」が平仮名で表記される。テキストの通り漢字で表記したほうが意味をとりやすいだろう。

その他の表記の違いとしては、テキストで「そ」と清音で表記される係助詞が全て「ぞ」とされている。この変更は、高校古典文法で学習する係助詞を「ぞ」で統一するためであると考えられる。

また、家持の歌の「春の苑」を「春の園」と表記している。「園」という漢字では、テキストの表記である「苑」よりも小さい場所となってしまう。歌の解釈に誤解が生じる恐れがある。

【脚注の傾向と問題点】

地名や語句に関する注が一五項目おかれ、①～⑮の番号を付してある。また、作者の注が四項目おかれるが、〈国総312〉と比べて額田王の注が簡略化されている。注意する語として「かなふ」「にほふ」が挙げられる。その他の注は〈国総312〉と同じである。

【学習の手引き等の傾向と問題点】

句切れに注意して音読をさせる課題が一つ、歌風の違いを比較させる課題が二つ、文法事項に関する問が一つ置かれている。

〈国総312〉にはなかった音読させる課題があり、歌を味わうこともできるものとなっている。歌風の違いを比較する問は、恋や季節の情景の表現の仕方などテーマが絞られており、生徒が考えたり話し合ったりしやすい課題である。

【趣意書の特色】

この単元に限定した記述は見られない。教材の配列は内容や難易度について学習進度に配慮したこと、「古典の窓」を設けることで「古典と現代とのつながりを意識させ、古典に親しみながら理解を深められるようにした」ことを述べる。

【指導書の構成と問題点】

（国総312）を参照のこと。

【総合所見】

（国総312）より五首少ない七首による構成である。（国総312）が万葉集を単独で学習させるものであったのに対して、この教科書では古今集、新古今集との比較に重点が置かれている。学習課題で具体的なテーマに基づいて比較させることで、単に歌風の違いを知識として獲得することで終わらず、生徒自身が自主的に歌風の違いを考えるきっかけとなる。歌数を減らすことで配当時間も少なくなっているが、歌を味わうため、また歌風の違いを学習させるためには、この程度の歌数がちょうどよいように思われる。

しかし、（国総312）と比べて憶良の歌が削られていることは、編集の意図と齟齬があるのではないだろうか。音読することを大切にしているこの教科書こそ、憶良の歌の「らむ」という音の繰り返しを味わわせることが必要なのではないかと思われる。

大修館書店（国総314）『新編国語総合』

●この教科書には、「和歌と俳諧」という単元が設定されているが、それは百人一首と奥の細道で構成されており、万葉集は採録されていない。しかし百人一首では、持統天皇の「春過ぎて」の歌と山部赤人の「田子の浦」の歌には、万葉集の原文が参考として付されている。学習などの課題でそのことについて触れられてはいないが、万葉集と百人一首とではその詠みぶりに違いのあることを感じとらせるためであろう。それぞれの形でどのように歌のとらえ方に変化があるか、考えを深めることのできる教材である。

数研出版（国総316）

『国語総合　古典編』

【単元構成】

古文編

和歌（一〇／一七六頁＋文）

万葉集（九首）・学習・ことばと表現

古今和歌集（六首）・学習・ことばと表現　三大歌集の比較

新古今和歌集（六首）・学習・ことばと表現

古文チェックポイント〔6〕1和歌の修辞

【教材化された万葉歌】

（国総317）と同じ。したがって、そちらを参照のこと。

【教材の典拠となったテキスト】

小島憲之ほか『萬葉集〔日本古典文学全集〕』（小学館・一九七一～一九七五）

【典拠と教材との異同】

（国総317）と同じ。したがって、そちらを参照のこと。

【脚注の傾向と問題点】

（国総317）との違いとして、枕詞に関する説明が脚注にないことを挙げられる。単元末の課題で枕詞を抜き出すという問が設定されているためだろう。よって、「あかねさす」の解説は植物についての説明となっている。また、現代語訳が載せられていないことも相違点として挙げられる。

【学習の手引き等の傾向】

（国総317）では置かれていた「確認」の項目がなく、「学習」「ことばと表現」の二つで構成される。「ことばと表現」では先に触れた通り、枕詞を抜き出す問が加えられている。

【指導書の構成と問題点】

（国総317）と同じ。したがって、そちらを参照のこと。

【趣意書の特色】

（国総317）とほぼ同じだが、こちらは理解を促すために図版資料を多めに収録したと述べられている。ただし、万葉集に関しては特に違いは見られない。

【総合所見】

（国総317）と同じ。したがって、そちらを参照のこと。

数研出版（国総317）

『高等学校　国語総合』

【単元構成】

古文編

和歌（一〇／三七六頁＋㊜）

万葉集（九首）・確認・学習・ことばと表現

古今和歌集（六首）・確認・学習・ことばと表現　三大歌集の比較

新古今和歌集（六首）・確認・学習・発展・ことばと表現

古文チェックポイント7　和歌の修辞

【配当時間】

万葉集・古今和歌集・新古今和歌集で三〜六時間（うち万葉集は一〜二時間）

【教材化された万葉歌】

柿本朝臣人麻呂《かきのもとのあそみひとまろ》の羈旅《たび》の歌　柿本人麻呂

1天離《あまざか》る鄙《ひな》の長道《ながち》ゆ恋ひ来れば明石《あかし》の門《と》より大和島《やまとしま》見ゆ（巻第三）

山部宿禰赤人《やまべのすくねあかひと》、富士の山を望む歌　山部赤人

2天地《あめつち》の　分れし時ゆ　神《かむ》さびて　高く貴き　駿河《するが》なる
富士の高嶺《たかね》を　天《あま》の原　振り放《さ》け見れば　渡る日の
影も隠らひ　照る月の　光も見えず　白雲も　い行き
はばかり　時じくそ　雪は降りける　語り継ぎ　言ひ
継ぎ行かむ　富士の高嶺は

反歌

3田子《たご》の浦ゆうち出でて見れば真白にそ富士の高嶺に雪は降りける（巻第三）

天皇《すめらみこと》、蒲生野《かまふの》に遊猟《みかり》するときに、額田王《ぬかたのおほきみ》の作る歌　額田王

4あかねさす紫野行き標野《しめの》行き野守《のもり》は見ずや君が袖振る（巻第一）

皇太子《ひつぎのみこ》の答ふる御歌《みうた》　天武《てんむ》天皇

5紫のにほへる妹《いも》をにくくあらば人妻ゆゑに我《あれ》恋ひめやも（巻第一）

山上憶良臣《やまのうへのおくらおみ》、宴《うたげ》を罷《まか》る歌　山上憶良

6憶良らは今は罷らむ子泣くらむそれその母も我《わ》を待つらむそ（巻第三）

天平勝宝《てんぴやうしようほう》二年三月一日の暮《ゆふへ》に、春苑《しゆんゑん》の桃李《たうり》の花を眺矚《てうしよく》して作る　大伴家持《おほとものやかもち》

7春の園紅《くれなゐ》にほふ桃の花下照《したで》る道に出で立つ娘子《をとめ》（巻第十九）

東歌《あづま》

8多摩《たま》川にさらす手作りさらさらになにそこの児《こ》のここだかなしき　（巻第十四）

防人《さきもり》の歌

9防人に行くはたが背と問ふ人を見るがともしさ物思《ものも》ひもせず　（巻第二十）

【教材の典拠となったテキスト】

小島憲之ほか『萬葉集〔日本古典文学全集〕』（小学館・一九七一〜一九七五）

【典拠と教材との異同】

本文はテキストの表記に準じているが、一首目の結句に付されていた「一本云　家のあたり見ゆ」という別伝は省略される。また、題詞に若干の違いが見られる。たとえば、一首目の人麻呂歌の場合、題詞には「八首」のように歌数が示されているが、それらはすべて省略されている。五首目の題詞には、作者を明かにする本文が付されていたのが、これも教材化に伴って略されている。

なお、「東歌」「防人の歌」は万葉集中の題詞ではなく、教材化される際に付されたもの。額田王と天武天皇の歌に付されていた左注も省略されている。

【脚注の傾向と問題点】

「柿本人麻呂」を初めとする作者に関わる六項目に、「天離る」「明石の門」といった歌語や地名などの二一項目に簡単な解説が付されている。

スペースの問題もあり、説明が不足してしまうのは仕方のないことだが、歌を読む際に有益な情報は、やはり載せるべきであろう。たとえば、「紫野」に対して「紫草を栽培した野」とあるが、そもそも「紫草」が何かを知らなければ意味をなさない。また、「田子の浦」を「今の静岡県富士市田子の浦海岸より西、静岡市清水区東部の海岸付近」と行政的な地名で説明されたところで、その情景を想起できる生徒は少ないだろう。

作者に関しては、人麻呂を「万葉第二期」、赤人を「万葉第三期」と説明するが、その区分自体の説明がないので、歌の理解の助けになり得ない。また、それは戦前に提唱された四期区分説を前提としているが、その一期と二期は壬申の乱で区切られている。万葉集自体の歴史認識とは、必ずしも一致しない。また、その区分に基づいた場合、天武天皇を「第一期」とすることには問題が残る。当該歌は皇太子の時の作なので「第一期」と言ってもよいが、天武は壬申の乱の後に即位しているので、天皇としては「第一期」と言い難い。

額田王に関して、天智・天武の両天皇から愛されたとするのは、歌を実態として捉えるかつての万葉観に基づく見方である。この注を受けて額田王と天武天皇の歌を読むならば、秘めた恋の歌としか理解できないように思われる。

【学習の手引き等の傾向】

「確認」の項目に一つ、「学習」の項目に二つ、「ことばと表現」には二つの課題が設定される。

「確認」の課題は、歌の音読を通して、そのリズムを感得するものである。もともと声によって披露されたと見られる歌も含まれているので、そうした歌に対する理解を深める上でも、この課題は必要不可欠なものであろう。

「学習」の1は、それぞれの歌で詠まれた感動や心情を読み取るもので、鑑賞の常套手段である。ただし、脚注の項目で確認したことだが、額田王と天武天皇のやり取りについては注意を払う必要がある。指導書では「遊戯的な贈答」としているものの、脚注では二人の恋愛関係という理解に方向づけており、両者の間に齟齬が見られる。

2は、赤人の長歌と反歌がどのような関係になっているのかを問うもの。反歌については脚注で触れているものの、限られたスペースで説明するには無理がある。そのような制約に対して、課題として問うことで、実際にどのようなものかを理解することが可能となる。反歌のあり方を知る上で有益な問いと言える。

「ことばと表現」では、1が奈良時代に特有の助動詞「ゆ」について考えるもの、2は憶良・家持の歌が何句切れなのかを考えるもの。家持歌については、説が分かれており、どう処理するかが問題となる。指導書では、その句切れについて留保しつつも「二句切れ」としているが、正解がないということを前提として授業を進めるべきか。

作品は読まれることによって初めて意味を持つ。ならば鑑賞者がそれをどのように読んだのか、それを論理的に説明するという方法も有効だろう。指導要領の改訂で新たに加えられた「根拠を明確にするなど論理の構成や展開を工夫して意見を述べる」ことにも適うのではないか。

【趣意書の特色】

古文編として、体系的な文法学習のため、単元ごとに「古文チェックポイント」を設けたとし、和歌の単元では「和歌の修辞」が置かれる。また「ことばと表現」の項目には、奈良時代の助動詞「ゆ」を問うものがあり、趣意書との繋がりを見ることが出来る。

【指導書の構成と問題点】

「ねらい」として、単元目標が「日本文学の伝統的なものの見方、感じ方」を体験することにあると述べ、「授業の展開例」「出典」「参考文献」「授業研究」（作者解説・歌解説・語注・発問）「手引きの解説」といった順に構成されている。

「出典」では、万葉集に関する基礎的な知識を簡潔に解説している。その内容は「歌数・巻」「歌体・部立」「用字」などに分けられる。また、「文学史的位置」として、四期区分による説明や、平安から近代までの享受史をまとめている。また、伝本の説明も載せているが、本文を教科書に適当な形に加工したことはここで触れている。「参考文献」は教師・生徒用に分けられ、教師用はさらに研究書・注釈書に分けてある。研究書で最も古いものは一九七六年刊行。逆に最も新しいのは、二〇〇一年刊行のもの。とは言え、この二〇〇一のものを除けば、殆どが昭和に刊行されたものである。

注釈書は『校本萬葉集　新増補版』を挙げるが、高校の教材の参考書としては不適切であろう。必ずしも網羅する必要はなく、できるだけ新しいものを挙げておきたい。

【総合所見】

教材の構成は、多くの教科書と同じく四期区分説に基づき、その時期ごとの著名歌人の歌を配列したと指導書では述べる。そのねらいは、年代ごとに歌風が異なることを理解させることにある。ただし、配列順序は一期からというわけではなく、その意図は不明である。また、歌風がいかに異なるかは必ずしも明確ではない。そもそも四期区分説は戦前の学説であり、方法自体にも問題を抱えている。高校生の教材として適当であるか見直される必要があろう。

本教科書は「やまと言葉による日本固有の詩歌」として和歌の単元を位置づけている。当然、万葉集もその枠組みの中で読まれていくことになる。しかしながら、集中、漢籍の受容があって生まれた歌や渡来系の人物たちが少なからず歌を残しているのも事実である。それを「日本固有の詩歌」と括ってしまうのは、古い万葉観に基づくもの。指導要領では、「古典を読んで、我が国の文化の特質や、我が国の文化と中国の文化との関係について理解を深める」ことが指導項目の一つとして挙げられている。「日本固有」ということではなく、東アジアの中の万葉集として見る必要もあるのではないか。

明治書院（国総318）

『高等学校　国語総合』

【単元構成】

古文編

5和歌（一五／四一二＋文）

万葉集（九首）

古今和歌集（八首）

新古今和歌集（九首）・研究・言葉の学習

「自分のために詠まれた歌」が、必ずある（小川洋子）・研究

古文を読むために6　1枕詞　2序詞　3掛詞　4縁語　5見立て　6本歌取り

【配当時間】

万葉集・古今和歌集・新古今和歌集で三時間（うち万葉集は一時間）

【教材化された万葉歌】

天皇、蒲生野《かまふの》に遊猟《みかり》するときに、額田王《ぬかたのおほきみ》の作る歌　額田王

あかねさす紫野《むらさきの》行き標野《しめの》行き野守《のもり》は見ずや君が袖振る

（巻一・雑歌）

軽皇子《かるのみこ》、安騎《あき》の野に宿らせるときに、柿本朝臣人《かきのもとのあそみひと》麻呂《まろ》が作る歌　柿本人麻呂

東《ひむがし》の野にかぎろひの立つ見えてかへり見すれば月傾《かたぶ》きぬ

（巻一・雑歌）

有間《ありまの》皇子、自ら傷みて松が枝《え》を結ぶ歌　有間皇子

岩代《いはしろ》の浜松が枝を引き結びま幸《さき》くあらばまたかへり見む

（巻二・挽歌《ばんか》）

山部宿禰赤人《やまべのすくねあかひと》、富士《ふじ》の山を望む歌　山部赤人

天地《あめつち》の　分れし時ゆ　神《かむ》さびて　高く貴き　駿河《するが》なる　富士の高嶺《たかね》を　天《あま》の原　振りさけ見れば　渡る日の　影も隠らひ　照る月の　光も見えず　白雲も　い行きはばかり　時じくぞ　雪は降りける　語り継ぎ　言ひ継ぎ行かむ　富士の高嶺は

（巻三・雑歌）

反歌

田子《たご》の浦ゆうち出《い》でて見ればま白にぞ富士の高嶺に雪は降りける

（巻三・雑歌）

山上憶良臣《やまのうへのおくらおみ》、宴をまかる歌　山上憶良

憶良らは今はまからむ子泣くらむそれその母も我《あ》を待つらむぞ

（巻三・雑歌）

志貴《しきの》皇子のよろこびの御歌《み》　志貴皇子

石走《いはばし》る垂水《たるみ》の上のさわらびの萌《も》え出づる春になりにける

かも
（巻八・春雑歌《はるのぞうか》）

東歌《あづまうた》
作者未詳

多摩川にさらす手作りさらさらになにぞこの児《こ》のここだかなしき
（巻十四・相聞）

二十五日に作る歌一首
大伴家持《おほとものやかもち》

うらうらに照れる春日にひばり上がり心悲《こころがな》しもひとりし思へば
（巻十九）

【教材の典拠となったテキスト】

小島憲之ほか『萬葉集〈新編日本古典文学全集〉』（小学館・一九九四～一九九六）

【典拠と教材との異同】

テキストの漢字表記を平仮名に改めた箇所がいくつか見られる。山部赤人歌はテキストでは「振り放け見れば」とされるが、教材化に伴って「振りさけ見れば」と改められる。同様な例として、山上憶良歌の「今は罷らむ」が「今はまからむ」に、志貴皇子歌の題詞「懽び」が「よろこび」に変更される。それらの例に共通するのは、学習者にとって読みにくい漢字ということである。平仮名への変更は読みやすさへの配慮と考えられる。

教科書の本文では係助詞を「ぞ」と濁音にするが、テキストではすべて清音である。万葉集では清濁のどちらも用いられるが、本来は清音であったとされる。また、教科書で取り上げられる歌では、すべて清音仮名「曾」の表記となっている。敢えて変更しているのは、高校古典文法で習う係助詞を「ぞ」で統一するための配慮とも見られる。

その他の異同としては、赤人歌の題詞に「一首幷せて短歌」や左注の省略、同じく赤人歌の「山部宿禰赤人が富士の」を「山部宿禰赤人、富士の」に変更したことが挙げられる。

【脚注の傾向と問題点】

作者に関わる七項目、地名や語句などの二三項目に注が付される。また、憶良歌の句切れを問うものが置かれている。

全体の傾向として、最低限の情報を簡潔にまとめている。たとえば、人麻呂歌の「かぎろひ」については、教科書が典拠としたテキストでは不明としている。また、陽炎とする説も出されている中で、脚注では明け方の陽光という意味のみを記す。それは、学習者の不要な混乱を避けるための配慮と見ることもできよう。

作者については、生没年や活躍した時代の説明が中心となるが、有間皇子に関しては、その背景も簡単に述べられている。どのような状況で詠まれたのかということは、歌を理解する際に有益な情報となる。それが、有間皇子だけに載せられているのは、単元末の研究の問に関連してのことだろう。

【学習の手引き等の傾向】

「研究」と「言葉の学習」の二つの項目で構成されるが、その課題は万葉集だけでなく、古今集・新古今集を含めた単元全体に関わるものとなっている。

「研究」は和歌の音読、枕詞・序詞といった修辞、詠まれた心情の読解、三大歌集の表現の特徴、といった四つの問いで構成される。音読については句切れを意識するよう促しており、五七調を理解させるには基礎的な問いである。心情把握の問いは有間皇子歌が取り上げられるが、脚注で作者について説明されており、読み取りやすいものとなっている。

「言葉の学習」では三つの問いが用意される。その内、万葉集に関わるものは、助動詞の意味として、憶良歌の「む」「らむ」を、語句の文法的説明として志貴皇子歌の「かも」を対象とする。

【趣意書の特色】

本単元への直接的な言及はない。ただし古典全般に対して、親しみを持てるように読みやすい表記を工夫したとあり、本文の表記を一部平仮名に改めているのはその一環だと考えられる。

【指導書の構成と問題点】

「単元のねらい」「構成」を説明した上で、「教材のねらい」「指導計画案」「作者」「出典」「学習活動のポイント」「評価」、そしてそれぞれの歌に関する「指導上の注意点」と「語句の研究」「鑑賞」「参考文献」の項目が置かれる。「語句の研究」、最後に「参考文献」は、比較的最近の研究まで視野に入れている。「参考文献」は、教師用として注釈書・入門書・研究案内・辞典を、生徒用には入門書を五冊紹介する。挙げられた注釈書はいずれも入手しやすく、図書館でも手に取れるものである。また、生徒用に挙げられた入門書は、全て平成に入ってから刊行されたものとなっている。

「作者」の項目では、教科書と異なり四期区分説を前提とした説明となっている。ただし、その区分説自体には特に言及していない。また、四期それぞれの歌風の違いなどにも触れられていないため、必要がなければ教科書と揃えて時代を記すに留めた方がよいのではないか。

「学習活動のポイント」には、本文を筆写することを課題の一つとして挙げている。指導書では「印刷技術のなかった時代背景や古の書承という営み」ということを抑えるための課題とするが、歌が声に出して詠まれただけではなく、書かれたものであったことも理解させたいところである。また、筆写の際に原文を利用するならば、万葉集の表記を学ぶきっかけにもなるだろう。ただし、それらの活動を含めた授業を指導書では想定しているが、一時間という配当時間ですべてをこなすことは難しいのではないか。時間内に完結できる課題を提示すべきだろう。

【総合所見】

単元末におかれた万葉集の解説は、成立時代・部立・歌体の説明のみとなっており、歌風については触れられていない。掲載される歌々はおおむね名歌と評価されてきたものであるが、学習者はそれらを先入観なしに読むことができる。

また、同単元には小川洋子のエッセイが載せられている。「ふっと共感し合える瞬間が訪れるはず」、「もしかしたら自分のために詠まれた歌ではないだろうか」とされるように、歌を古代的なものと見るのではなく、現代の読者に共感できるものとしての価値を述べる。指導書では、「日本独自の詩の形式が、現在も生き続けていることを心に留めて」おくことを学習活動の工夫とする。また、交通標語や学習者の若者言葉などをその具体例として挙げている。現代に通じるという点で、指導書の記述と小川洋子のエッセイは互いに関わりあっている。

教科書の構成やエッセイ、指導書の内容は、歌の鑑賞ということに主眼をおいていると言える。たとえば赤人歌について、指導書では当時の富士山が活火山であったことを述べており、またその表記も富士ではなく不尽であったことに触れている。つまり、学習者にとっての富士と赤人歌のそれとが必ずしも一致しないことを断っている。富士の表記も含め、教科書で特に述べられないのは、鑑賞の側に重きをおいた結果とも思われる。

古典の導入にあたる「国語総合」で、古典を身近に感じさせるのは重要なことだろう。学習者にとっての富士に基づいて赤人歌を理解することは、古代の歌として読む際には問題だろうが、そのような学問的な正しさは、上級学年の「古典」で学べばよい。その橋渡しとして位置づけるのならば、鑑賞というスタイルは有効だろう。

明治書院（国総320）
『精選国語総合　古典編』

【単元構成】
古文編
和歌（一五／一八六頁＋文）
万葉集（九首）
古今和歌集（八首）
新古今和歌集（九首）・研究・言葉の学習
「自分のために詠まれた歌」が、必ずある（小川洋子）・研究
古文を読むために6　1枕詞　2序詞　3掛詞　4縁語　5見立て　6本歌取り

【配当時間】
（国総318）と同じ。したがって、そちらを参照のこと。

【教材化された万葉歌】
（国総318）と同じ。したがって、そちらを参照のこと。

【教材の典拠となったテキスト】
（国総318）と同じ。したがって、そちらを参照のこと。

【典拠と教材との異同】
（国総318）と同じ。したがって、そちらを参照のこと。

【学習の手引き等の傾向】
（国総318）と同じ。したがって、そちらを参照のこと。

【趣意書の特色】
（国総318）と同じ。したがって、そちらを参照のこと。

【指導書の構成と問題点】
項目並びに内容については（国総318）と同じである。したがって、そちらを参照のこと。

ここでは、指導書内で文法事項に偏らないことを強調している点に触れておきたい。その一つの傾向として、係助詞「ぞ」が挙げられる。教材化された万葉歌では、テキストで「そ」と表記されているものを「ぞ」に改めた箇所が散見される（国総318参照）。万葉集において「そ」は清濁のどちらも使用されるが、本来は清音であったと考えられている。また掲載された歌々の原文では、清音仮名の「曽」で表記される。そうしたことからすれば、テキストのまま「そ」としておく方が本来の形としては正しいと言える。

しかし、高校古典文法で係助詞を学ぶ時、「ぞ」のみを扱うのが一般的である。文法事項の解説は各教科書で載せられているが、係助詞「そ」を載せるものは皆無である。「そ」から「ぞ」へあえて改変しているのは、係

助詞を統一的に指導するための措置とも言える。また、文法事項に偏らないとする意図からすれば、文法の細かな知識に偏重しないための工夫とすることもできよう。

【総合所見】

本教科書は、（国総318）に比べて教材数が多いのが特徴である。加えられた教材については、「やや長めの（ママ）ながら内容が面白い説話「正直の徳」を取りあげ、古典を読む楽しみを体験できるように」（明治書院ホームページ）とされるように、古典を身近に楽しむための工夫が施されている。

教材を増やした反動として、和歌の単元では古今和歌集・新古今和歌集の掲載歌数がそれぞれ減少しているが、万葉集だけは変更されていない。それは、三つの歌集の中で、最も多くの歌を載せることや長歌などのヴァリエーションに富んだ歌体を持つこととも関わっているのだろう。

単元末に載せられた小川洋子のエッセイ「自分のために詠まれた歌が必ずある」は、古代の歌が現代の読者にも共感できるものであることを述べたものである。当エッセイについては、ホームページ上で、次のように説明されている。

和歌の魅力、鑑賞の楽しさを体験でき、古典を学ぶ意味が実感できる文章です。この教科書でぜひお勧めしたい教材のひとつです。

明治書院の教科書の体裁は、おおむね鑑賞を軸にしたものだと言える（国総318参照）。小川洋子のエッセイを載せることは、その編集意図の一環と見られる。

そのエッセイの中では、三首の歌を例として取り上げているが、すべて万葉集から引かれたものである。したがって、和歌の単元では万葉集の歌を一二首載せていることになる。（国総320）の場合で言えば、古今集・新古今集の二倍となる分量だが、それは万葉集が和歌文学の始まりにあったことや、歌数・歌体の豊富さにのみ基づくものではあるまい。「和歌の魅力、鑑賞の楽しさを体験」できる教材として、万葉集の占める比重が多いことを表しているのではないか。教材として万葉集をより適切に扱う必要性は大きいと言えよう。

筑摩書房（国総322）『精選国語総合　古典編』

【単元構成】

古文編

和歌と俳諧（二〇／二〇四頁）

和歌

万葉集（一二首）・読解・表現

古今和歌集（一〇首）・読解・表現

新古今和歌集（八首）・読解・表現

奥の細道　松尾芭蕉

序・読解・表現

白河の関・読解・表現

平泉・読解・表現

立石寺・読解・表現

古典文法の窓8　和歌・俳諧の修辞

【配当時間】

万葉、古今、新古今で四時間。うち万葉集には二時間。

【教材化された万葉歌】

天皇《すめらみこと》、蒲生野《かまふの》に遊猟《みかり》する時に、額田王《ぬかたのおほきみ》の作る歌　額田王

20 あかねさす紫野行き標野《しめの》行き野守《のもり》は見ずや君が袖《そで》振る

柿本朝臣人麻呂《かきのもとのあそみひとまろ》の歌一首　柿本人麻呂

266 近江《あふみ》の海夕波千鳥汝《な》が鳴けば心もしのにいにしへ思ほゆ

山部宿禰赤人《やまべのすくねあかひと》、富士《ふじ》の山を望む歌一首　并せて短歌　山部赤人

317 天地《あめつち》の　分かれし時ゆ　神《かむ》さびて　高く貴《たふと》き　駿河《するが》なる　富士の高嶺《たかね》を　天《あま》の原《はら》　振《ふ》りさけ見れば　渡る日の　影も隠《かく》らひ　照る月の　光も見えず　白雲《しらくも》も　い行きはばかり　時じくそ　雪は降りける　語り継《つ》ぎ　言ひ継ぎ行かむ　富士の高嶺は

反歌

318 田子《たご》の浦ゆうち出《い》でて見ればま白《しろ》にそ富士の高嶺に雪は降りける

梅花の歌三十二首并せて序（一首のみ）　大伴旅人《おほとものたびと》

822 わが園に梅の花散るひさかたの天《あめ》より雲の流れくるかも

貧窮《びんぐう》問答の歌一首并せて短歌（反歌のみ）　山上憶良《やまのうへのおくら》

893 世の中を憂《う》しとやさしと思へども飛び立ちかねつ鳥にしあらねば

志貴皇子《しきのみこ》の懽《よろこ》びの御歌《みうた》一首　志貴皇子

1418 石走《いはばし》る垂水《たるみ》の上《うへ》のさわらびの萌《も》え出《い》づる春になりにけるかも

大伴坂上郎女《おほとものさかのうへのいらつめ》の歌一首　大伴坂上郎女

1500 夏の野の繁《しげ》みに咲ける姫百合《ひめゆり》の知らえぬ恋は苦しきものそ

中臣朝臣宅守《なかとみのあそみやかもり》と狭野弟上娘子《さののおとがみのをとめ》との贈答歌（一首のみ）　狭野弟上娘子

3724 君が行く道の長手を繰り畳《たた》ね焼きほろぼさむ天《あめ》の火もがも

東歌《あづまうた》

3373 多摩川《たまがは》にさらす手作りさらさらになにそこの児《こ》のここだかなしき

防人歌《さきもりうた》

4346 父母が頭《かしら》かきなで幸《さ》くあれて言ひし言葉《けとば》ぜ忘れかねつる

二十五日に作る歌一首　大伴家持《おほとものやかもち》

4292 うらうらに照れる春日《はるひ》にひばりあがり心悲しもひとりし思へば

【教材の典拠となったテキスト】

小島憲之ほか『萬葉集（日本古典文学全集）』（小学館・一九七一～一九七五）

【典拠と教材との異同】

東歌以外、題詞とともに載せ、全て載せられない場合は、「（一首のみ）」などとしている。また、左注は全て省略されており、歌の前に作者名（または東歌、防人歌）を付す。防人歌では作者名があるにもかかわらず、省略されている。他の歌と同様、作者名を載せたほうがよいだろう。

表記の違いとしては、いくつかの漢字が平仮名に改められている。赤人の歌で「振り放け」が「振りさけ」になっている点は、「放」を「さ」と読むことが高校生にとって馴染みがないための、教育的配慮といえる。しかし、旅人の歌で「我が」を「わが」に、「流れ来る」を「流れくる」に改めている点などは、その意図がわからず、テキストのままの漢字表記でも問題ないものと思われる。

また、同じく旅人の歌で「（主人）」が省略されている。歌の理解を深めるためにも、梅花の宴の主人が詠んだ歌であることを示すこの記述は省略しないほうがよい。

【脚注の傾向と問題点】

作者に関する注が九項目、地名に関する注が四項目、その他「遊猟」など語句に関する注が一八項目あり、どの注も簡潔にまとめられている。重要語句として「憂し」「やさし」「かなし」が挙げられており、「ヒメユリ」の写真が載せられる。

作者の注で、「万葉第○期」のような、四期区分説に基づく説明がなされているものもあるが、四期区分説の説明がないため、必ずしも十分な理解に導かない。一方、旅人の注での「家持の父」のような記述は、それぞれの歌が採録されているため、作者間の関係性を知るうえで有効である。しかし、志貴皇子の注での「光仁《こうにん》天皇の父」という記述は、教科書に採録されている歌とは関連性がなく、その情報が歌の理解を助けるものでもない。不要であろう。狭野弟上娘子の注の「神事に奉仕する女官」という記述は特定の説に基づくものである。また「禁を破って中臣宅守と恋に陥り、宅守は流罪になった」という記述も、万葉集に書かれていることではなく、特定の説によっている。

「言葉ぜ」の項目がたてられているが、「けとば」は「ことば」の東国方言である、という説明がなされていない。項目をたてるのであれば、それを説明したほうがよいのではないか。

【学習の手引き等の傾向と問題点】

「読解」として二つ、「表現」として一つ課題が示されている。読解1では、句切れやリズムに注意して音読し、好きな歌を暗唱することと、その歌に心ひかれた理由を文章にまとめるという、一つの課題のなかで実際には三つの課題が示されている。それぞれ、文章にまとめること、説明すること、考えることが課題とされており、学習指導要領で示される思考力や表現力を高めるための課題であるといえる。一方、その他の教科書で見られるような知識に関する課題はない。

表現1としての序詞に関する課題も、調べることが課題となるのではなく、歌から考えるものとなっている点が特徴的であるといえる。しかし、「どのようなものか」を問う問題は、どこに着眼すればよいのか迷う生徒もでてくると思われ、授業内で方向性の確認が必要になる可能性がある。

【趣意書の特色】

現代文編、古文編と共通するものとして「思考力を深める教材を精選」したことを述べる。また、古文編に関しては「古文入門」の単元充実を図ったこと、「古典に関連する近代以降の文章」を、古文理解を深める教材として選定したことを述べる。

【指導書の傾向と問題点】

「指導目標」として万葉、古今、新古今それぞれの歌を読んだうえで「歌風の特徴や相違・変遷について理解する」こと、万葉集については枕詞や序詞に注意して指導することが述べられている。また、「授業の要所」として「作者の心情を読み取ることを主眼とする」としている。

続いて「学習指導の展開例」「作者解説」「品詞分解」を置き、「叙述と注解」で表現技法や語釈などの解説がされ、鑑賞文が記される。また、下段には「指導のポイント」として授業内での発問例とその解答例が置かれている。それぞれの歌の解説の後には学習の手引きの解説、「参考資料」として鈴木日出男の『『万葉集』とその歴史』において四期区分説の解説がなされている。

学習の手引きにはない知識的なことを問うような発問例をおくなど、親切な作りになっており、どこをポイントとして指導するべきかがしっかりと示されている。

しかし、「参考資料」として挙げられているものの古いことが問題である。刊行から五十年以上たっているものが多く、現在では手に入りにくいものも挙げられている。新しいもの、万葉集を専門としない教員や生徒にも読みやすいものを紹介することが重要である。

【総合所見】

本文について、本教材は『日本古典文学全集』によっているが、なぜ『新編』を使わなかったか疑問である。この教科書自体、ほとんどの古典教材で旧『全集』が本文として使われているため、当該教材でもそれにならったと考えられる。旧全集は刊行されてから四十年たっているので、『新編』を使った本文に切り替えたほうがよい。

採録された歌では、額田王の歌が贈答の形ではなく単独で載せられている。この歌を理解するには「君」を説明する必要がある。大海人皇子の歌も載せたほうが、宴席の場で詠まれたという作歌状況とあわせて、この歌を深く理解できるのではないだろうか。

全体に、教科書の定番となっている万葉歌を載せている。しかし、その指導の方向性は知識を詰め込むようなものではなく、この教科書の目指す「思考力を深める」教材になるよう、学習の手引きによって示されており、ただ歌を味わうだけでない教材となっている。一二首という歌数は、配当時間からすると少々多い。授業内で全ての歌について触れることは難しい。そのため、生徒の自発的な学習を促す教材にもなりえるだろう。

筑摩書房（国総323）

『国語総合』

【単元構成】

古文編

和歌と俳諧（二一／四六〇頁）

和歌

万葉集（一二首）・理解・表現

古今和歌集（一〇首）・理解・表現

新古今和歌集（八首）・理解・表現

古典文法の窓8　和歌・俳諧の修辞

奥の細道

序・理解

白河の関・理解

平泉・理解

立石寺・理解

古典文法の窓9　まぎらわしい語の区別

●万葉集に関しては、古典編と現代文編を分冊にした同社の『精選国語総合　古典編』（国総322）とまったく同じ内容である。その他の項目については、そちらを参照のこと。

第一学習社（国総325）

『高等学校　新訂国語総合　古典編』

【単元構成】

古文編

和歌と俳諧（二二／一六八頁）

万葉集（九首）・学習

古今和歌集（八首）・学習

新古今和歌集（九首）・学習

古典のしるべ　和歌の伝統と継承・『万葉集』『古今和歌集』『新古今和歌集』の比較

言語活動　古典の和歌を現代の言葉で書き換える　俵万智

課題

奥の細道　松尾芭蕉

旅立ち・学習

平泉・学習

立石寺・学習

古典のしるべ　『奥の細道』と和漢の文学

【配当時間】

万葉集・古今和歌集・新古今和歌集、各三時間。

【教材化された万葉歌】

岡本天皇《をかもとのすめらみこと》の御製歌《おほみうた》一首　舒明《じょめい》天皇

夕されば小倉《をぐら》の山に鳴く鹿は今夜《こよひ》は鳴かず寝《い》ねにけらしも　（巻八）

額田王《ぬかたのおほきみ》の歌　額田王

熟田津《にきたつ》に船乗りせむと月待てば潮もかなひぬ今は漕《こ》ぎ出《い》でな　（巻一）

軽皇子《かるのみこ》、安騎《あき》の野に宿らせる時に、柿本朝臣《かきのもとのあそみ》人麻呂《ひとまろ》が作る歌　柿本人麻呂

東《ひむかし》の野に炎《かぎろひ》の立つ見えてかへり見すれば月傾《かたぶ》きぬ　（巻一）

子等《ら》を思ふ歌一首　山上憶良《やまのうへのおくら》

瓜《うり》食《は》めば　子ども思ほゆ　栗《くり》食めば　まして偲《しぬ》はゆ　いづくより　来たりしものそ　目交《まなかひ》に　もとな懸《か》かりて　安眠《やすい》し寝《な》さぬ　（巻五）

反歌

銀《しろかね》も金《くがね》も玉も何せむに勝《まさ》れる宝子に及《し》かめやも　（巻五）

神亀元年甲子の冬十月五日、紀伊国《きのくに》に幸《いでま》せる時に、山部宿禰赤人《やまべのすくねあかひと》が作る歌　山部赤人

若の浦に潮満ち来れば潟を無み葦辺《あしへ》をさして鶴《たづ》鳴き渡る　（巻六）

二十五日に作る歌一首　大伴家持《やかもち》

うらうらに照れる春日《はるひ》に雲雀《ひばり》上がり情《こころ》悲しも一人し思へば　（巻十九）

多摩川に曝《さら》す手作りさらさらに何そこの児《こ》のここだかなしき　（東歌《あづまうた》）（巻十四）

韓衣《からころむ》裾に取りつき泣く子らを置きてそ来ぬや母《おも》なしにして　防人歌《さきもりうた》（巻二十）

【教材の典拠となったテキスト】

小島憲之ほか『萬葉集〔新編日本古典文学全集〕』（小学館・一九九四～一九九六）

【典拠と教材との異同】

紙面の都合であろうか、額田王と赤人、防人歌の左注、及び憶良の長歌の漢文序が省略されている。また、赤人の歌の題詞「歌一首并せて短歌」も省略されている。

本文は『新編』に拠ったとしているが、『新編』において仮名表記になっている語句が、漢字に改められた箇所がある。憶良の長歌の「懸かりて」「寝さぬ」、反歌の「何せむに」、赤人の歌の「無み」、東歌の「何そ」「曝す」が該当する。これは生徒の学習のための配慮であるのかもしれない。だが、「曝す」のようにあえて常用漢字外

の漢字を用いている点など説明が付かない箇所もある。なお、「曝す」は「日にさらす」の意味であり、歌の内容にも合っていない。

第一学習社の場合、平成元年に告示された学習指導要領によって作られた教科書までは、旧『大系』をテキストとして使用しているのだが、今回異同の見つかった箇所は全て旧『大系』の表記と合致している。こうしたことから本教科書は、テキストを『新編』に拠ったとしながら、本文はかつて旧『大系』によって作成したものを流用し続けている可能性がある。どのようなテキストによるにせよ、使用テキストを変更した場合には、教科書本文も見直す必要があるのではないか。

ただし、憶良の長歌の「かかりて」や「なさぬ」に動詞の意味に沿って漢字が当てられていることによって、言葉の意味が視覚的に理解しやすくなっている部分もある。また、赤人の歌の「なみ」は現代では使われない語法であるとともに、歌の内容から同音の「波」とも混同されやすいものである。これについても、あらかじめ漢字の「無」が当てられていることによって、意味の混同が防がれているように思われる。

【脚注の傾向と問題点】

「岡本天皇」や「額田王」など作者に関する注が七項目。「小倉の山」や「安騎の野」といった地名に関する注が一六項目。その他「炎」「日交」など語句に関する注が一〇項目ある。一例のみだが現代語訳も載せられている。

額田王については、天智・天武両天皇との関係が説明されているが、当該歌の理解には直接関係がない。むしろ公的場面において詠んだ歌が多いことや、天皇の代わりに歌を詠む代作歌人であることを説明した方が良いのではないか。

大伴家持の注では万葉集の「撰者」として説明しているのも不適切である。撰集ではない万葉集の説明においては編纂者という言葉を用いるべきであろう。

また、「手作り」の注では「ここまでが「さらさらに」を導く序詞」であると説明されている。しかし、序詞は単に後に続く語を導き出すためのものではない。むしろ、景物が一首の中でどのような働きをしているのかということの解説が必要ではないか。

【学習の手引き等の傾向と問題点】

次のように、二つの課題が示されている。

㈠ 動植物がよみこまれている歌について、その動植物がどのような働きをしているか、考えてみよう。

㈡ 生活感情がよく表れている、人事に関係のある歌を選び、そこにこめられた心情を味わってみよう。

□一には、どのような点に着目し考えれば良いのかが具体的に示されており、生徒にとって取り組み易い問になっているように見える。しかし、採択歌を見てみると、その中に植物が詠み込まれている歌は一首も無い。以上のことから、□一は問として成立していないと言わざるを得ない。また、□二における「人事」という語は漠然としており、どのようなことが問われているのか分かりづらい設問となっている。

【趣意書の特色】

特にこの単元に限定した説明は見られない。教科書の「編集の基本方針と編集上の留意点および特色」と「教科書の構成」が提示されているが、全体的に簡略である。

「古文編」の教材は、オーソドックスな作品を中心に選定したとしている。その上で、入門時の基本事項を「古文を読むために」でおさえたり、「歌論」という単元を立て、学習内容の充実を図っている旨が述べられている。

【指導書の構成と問題点】

はじめに「単元の解説」が設けられ、歌集ごとに「教材のねらい」「教材の研究」が設けられている。

「単元の解説」では、「単元のねらい」「単元の主な学習目標」「単元の構成」が示されている。また、「教材のねらい」では「教材の主な指導目標」や「学習指導の要点」が示されている。「教材研究」では、「学習指導の展開例」「出典」「作者解説」「作品解説」「全文の品詞分解」「口語訳」が示されている。それ以外にも「指導のポイント」「語句の解説」「作品解説」「学習」がきめ細かに示されている。

一方、「参考文献」を見ると、ほとんどが昭和の文献であり、新しいものは紹介されていない。

【総合所見】

文学史的な視点で万葉集をとらえるためであろうか、戦前の学説である四期区分説に基づき、各時期の代表とされる歌人たちの歌々と、東歌・防人歌によって構成されている。それらは様々な時代における秀歌観によって選ばれた「秀歌選のパッチワーク」の状態になっている。

三大歌風を比較させるためか、万葉集からは憶良の長歌が採られている。しかし、人麻呂と赤人の歌のように、長歌にそえられた反歌のみが独立して採られている形もある。紙面の都合により長歌・反歌を全文教科書に載せるのは難しい。そのため、ここでは反歌のみを独立させて採ったのかもしれない。だが、それに際して題詞にも、あたかも独立した短歌であるかに見える改変がなされている。このような長歌と反歌を完全に切り離した提示の仕方では、万葉集における長歌を正しく理解させることはできないのではないか。

また本教科書では、画像資料が載せられている。しかし、掲載された絵は必ずしも歌の理解に繋がるものではないように思われる。例えば、安田靫彦筆「飛鳥の春の額田王」「憶良の家」についてだが、額田王の絵は熟田津の歌に関連するものではない。また、憶良の歌は漢文序が省略されていることに加えて、この絵があることによって、歌本来の意味とはかけ離れた解釈を導く可能性がある。家持の絵も鎌倉時代に描かれたもので、衣装や畳の描写は上代の実態とは異なる。視覚に訴える教材を使用することは、生徒に具体的なイメージを抱かせることができる。だが、使い方次第では誤った理解を刷り込むことにも繋がる。そのため、画像資料については再度検討を要すると思われる。

言語活動として採録されたコラム「古典の和歌を現代の言葉で書き換える」は、古典を現代の感覚でとらえる内容となっており、生徒の興味を引くものとなっている。しかし、その「課題」において和歌の書き換えをさせることは、高校生には難易度が高いように思われる。

第一学習社（国総326）『高等学校　国語総合』

●同社の『高等学校　新訂国語総合　現代文編』（国総324）と『高等学校　新訂国語総合　古典編』（国総325）を一冊にまとめた形の教科書である。（国総325）と比較すると全体に採られている作品数が少なく、こちらはやや低い学力の生徒に合わせて編集されたものであると考えられる。

ただし、万葉集を扱った単元「和歌と俳諧」は（国総325）と同一内容となっている。また、指導書も当該単元に関しては全く同じである。したがって、（国総325）の項目を参照のこと。

第一学習社（国総327）『高等学校　標準国語総合』

【単元構成】

古文編

和歌と俳諧（一八／三八六頁＋(文)）

万葉・古今・新古今（各六首）・学習・万葉集古今集新古今集の解題

古典のしるべ　和歌の伝統と継承・『万葉集』『古今和歌集』『新古今和歌集』の比較

言語活動　古典の和歌を現代の言葉で書き換える　俵万智

課題

奥の細道　松尾芭蕉

旅立ち・学習

平泉・学習

古典のしるべ　『奥の細道』と和漢の文学

【配当時間】

「万葉・古今・新古今」で6時間。

【教材化された万葉歌】

春

天平《てんぴやう》勝宝二年三月一日の暮《ゆふへ》に春苑《しゆんゑん》の桃李《たうり》の花を眺矚《てうしよく》して作る歌　大伴家持《おほとものやかもち》

春の苑紅《そのくれなゐ》にほふ桃の花下《したで》照る道に出で立つをとめ

（万葉集　巻十九）

夏

天皇の御製歌《おほみうた》　持統天皇

春過ぎて夏来たるらし白妙《しろたへ》の衣乾《ほ》したり天《あめ》の香具山《かぐやま》

（万葉集　巻一）

秋

湯原王《ゆはらのおほきみ》の蟋蟀《こほろぎ》の歌　湯原王

夕月夜《ゆふづくよ》心もしのに白露の置くこの庭に蟋蟀鳴くも

（万葉集　巻八）

冬

大宰帥《だざいのそち》大伴《おほとも》卿、冬の日に雪を見て京《みやこ》を憶《おも》ふ歌　大伴旅人《おおとものたびと》

沫雪《あわゆき》のほどろほどろに降り敷けば平城《なら》の京し思ほゆるかも

（万葉集　巻八）

旅

有間皇子《ありまのみこ》、自ら傷《いた》みて松が枝《え》を結ぶ歌　有間皇子

家にあれば笥《け》に盛る飯《いひ》を草枕旅にしあれば椎《しひ》の葉に盛る

（万葉集　巻二）

恋

柿本朝臣人麻呂《かきのもとのあそみひとまろ》が歌

み熊野の浦の浜木綿《はまゆふ》百重《ももへ》なす心は思へど直《ただ》にあはぬかも　柿本人麻呂

（万葉集　巻四）

【教材の典拠となったテキスト】

小島憲之ほか『萬葉集〔新編日本古典文学全集〕』（小学館・一九九四～一九九六）

【典拠と教材との異同】

家持・有間皇子・人麻呂の歌は題詞の歌数が省略されている。

本文は『新編』に拠ったとしているが、採択歌全てに異同がある。生徒の学習を配慮した変更かとも思われるが、常用漢字外の表記を用いている箇所もあり、一貫した法則性は見受けられない。

持統の歌の「白妙」「乾し」、湯原王の歌の「蟋蟀」、旅人の歌の「平城の京」などは、原文に準じた表記が採られている。一方、家持の歌の「をとめ」のように平仮名表記に改められたものもある。

また、持統天皇の歌は『新編』では、「来る」だが、教科書では「来たる」と送り仮名を付している。「来る（キタル）」はカ行変格活用の動詞「来る（クル）」と送り仮名が同一であるため、生徒の学習に配慮して「来たる」と表記したものではないかと考えられる。

【脚注の傾向と問題点】

脚注は、「大伴家持」や「持統天皇」など作者に関するものが六項目。「天の香具山」「み熊野」など地名に関する注が二項目。その他語句に関する注が一〇項目。合計一八項目ある。

家持は万葉集の「撰者」であると説明されているが、万葉集は撰集ではないため編纂者としたほうが良い。

また、湯原王の注に「志貴皇子の子」といった説明があるが、志貴皇子がどのような人物かが不明なので解説になっていない。こうした注が作者や歌を理解する上で必要であるのかは再度検討を要する。

また、万葉集を教材化する際には、歌群の中の一首を独立した短歌として鑑賞させる場合がある。その点について有間皇子の歌は、「一連の歌の中の一首」であることが示されている。だが、これは本来二首のうちの一首であるため不適切な注である。後に続く山上憶良らが追和した歌は、右とは別に後日詠まれたものである。

一方、家持や人麻呂の歌も歌群の中の一首であるにも関わらず、そのような解説はない。このような脚注の不統一も問題である。

【学習の手引き等の傾向と問題点】

次のように、四つの課題が示されている。

一 それぞれの歌を、句切れやリズムに注意して、朗読してみよう。

二 「春」「夏」「秋」「冬」それぞれの歌について、表現技巧にも注意しながら、歌風を比べてみよう。

三 「旅」「恋」それぞれの歌について、どのような心情をよんでいるか考えてみよう。

四 好きな歌を選び、四百字程度で感想文を書いてみよう。また、「春」「夏」「秋」「冬」「旅」「恋」の中から好きなテーマを選び、短歌を創作してみよう。

「学習」の「一」「二」は、歌の区切れやリズムに注意させることや、三大歌風を比べることを重視しており、本文の構成と対応しているように思われる。

しかし、「一」の問については、採択された家持の歌が二句切れか三句切れかで説が分かれており、生徒の学習に混乱をきたす恐れがある。このように句切れについて説が分かれている歌に関しては、「二句切れにするか、三句切れにするか」など生徒に議論をさせる教材にしても良いのではないか。

一方、問の「四」のように、感想文を書かせたり、短歌を作らせたりする問は、（国総327）の教材の構成と「学習の手引き一・二」と比較すると異質なものに見える。

「一」「二」「三」と「四」の問は、それぞれ性質の違うものであるので、後者を発展問題とするなどして分けて提示するべきではないか。

【趣意書の特色】

「編集の基本方針と編集上の留意点および特色」と「教科書の構成」が提示されているが、全体的に簡略である。「編集の基本方針と編集上の留意点」においては、「古文編」「漢文編」の教材は、高校生の発達段階に応じた、オーソドックスな作品を中心に採録したとされている。

また、高校生としての基礎学力（特に漢字の読み・書き・表現）の養成ができるように、中学校の国語教育との関連にも配慮しつつ、基礎的・基本的なもので構成したと説明されている。（国総325）（国総326）より基礎的なレベルを重視しているのだろう。

【指導書の構成と問題点】

大きく分けて「教材のねらい」「教材研究」の二つで構成されている。

「教材のねらい」では「教材の主な指導目標」や「学習指導の要点」がまとめられている。

「教材研究」では、「作品解説」「品詞分解」「展開例」「発問例」「板書例」「学習」「参考文献」等がきめ細かに示されている。

なお、「参考文献」を見ると、ほとんどが昭和の文献であり、新しいものは紹介されていない。

【総合所見】

教材は、万葉・古今・新古今の歌を「春」「夏」「秋」「冬」「旅」「恋」にテーマ分けして、各歌集から一首ずつ採り並べた構成になっている。このような構成をとるものは九社二三種の教科書の中でもめずらしい。

テーマの「春夏秋冬・旅・恋」は、歌集の部立を前提とした分類なのか否かについて曖昧である。だが、こうした構成をとることによって、同じテーマの歌であっても時代の違い、歌集の違いによって詠まれ方が異なるということを対照的に示すことができる。また、三大歌集を並行して教えることができるため「各時代・各歌集の表現上の特色」を効率的に学ばせることもできる。さらに、四期区分説に基づいた教科書と比較すると、四季の歌を取り上げることによって、歌の季節感についても学べるようになっているということができよう。

さらに「春」の歌では、それぞれの歌集の編纂に関わった歌人の歌が取り上げられており、三大歌集の成立について効率的に学ぶことができる構成にもなっている。

一方、万葉集は古今集・新古今集とは異なり、短歌形式の他に長歌や旋頭歌といった形式の歌も収めている。そのため、多くの教科書では万葉集から長歌と反歌を取り上げている。だが、（国総327）では短歌形式の歌しか取り上げていない。万葉集に短歌形式以外の歌体があることについては、三大歌集を比較した表にて説明されている。だが、一首くらいは短歌形式以外の歌も取り上げ、作品を通して歌体の違いがあることを学ばせても良いのではないか。

言語活動として採録されたコラム「古典の和歌を現代の言葉で書き換える」は、古典を現在に引き寄せる内容であり、生徒の興味を引くものとなっている。一方で、その「課題」において和歌の書き換えをさせることは、高校生には難易度が高いように思われる。

第一学習社（国総328）
『高等学校　新編国語総合』

●現行の国語総合の教科書の中では唯一、B5判の大きなサイズの教科書となっている。（国総328）では、万葉集を含む三大歌集は採択されていない。ただし、「古典の詩歌」という単元において、（国総325）～（国総327）と同一内容のコラム「古典の和歌を現代の言葉で書き換える」が採録されている。

しかし、当該単元について指導書の「学習指導の要点」を見ると「生徒はすでに、本単元の「万葉・古今・新古今」で古典和歌の基礎的な知識を学び名歌を観賞してきた」「本教材はこれまでに学習した和歌・短歌の知識を定着させると同時に実作を通して歌の世界の奥深さを実感させることが目標となる」とある。この点については、教科書の採録内容と指導書の内容に齟齬がある。

桐原書店（国総330）
『探求国語総合　古典編』

【単元構成】

古文編

④和歌と俳諧（二七／一八六頁）

万葉集（一二首）

古今和歌集（八首）

新古今和歌集（八首）・学習の手引き・万葉集古今集新古今集の解題

古典の魅力―現代からの視点　言霊　犬養孝

演習

言葉の手引5　和歌の修辞

奥の細道　松尾芭蕉

旅こそ栖・学習の手引き

那須野の少女・学習の手引き

平泉懐古・学習の手引き

コラム5　蛙は古池に飛び込まない

【配当時間】

万葉集には、三時間をあてる。

【教材化された万葉歌】

天皇、蒲生野《かまふの》に遊猟《みかり》するときに、額田王《ぬかたのおほきみ》の作る歌

額田王

あかねさす紫野行き標野《しめの》行き野守《のもり》は見ずや君が袖振る

皇太子の答ふる御歌《みうた》

天武《てんむ》天皇

紫のにほへる妹《いも》を憎くあらば人妻ゆゑに我《あれ》恋ひめやも

柿本朝臣人麻呂《かきのもとのあそみひとまろ》、石見《いはみ》の国より妻に別れて上り来るときの歌　併せて短歌

柿本人麻呂

石見の海　角《つの》の浦廻《うらみ》を　浦なしと　人こそ見らめ　潟なしと　人こそ見らめ　よしゑやし　浦はなくとも　よしゑやし　潟はなくとも　いさなとり　海辺《うみへ》を指して　にきたづの　荒磯《ありそ》の上に　か青《あを》く生《お》ふる　玉藻《たまも》沖つ藻　朝羽振《はふ》る　風こそ寄せめ　夕羽《ゆふ》振る　波こそ来寄せ　波のむた　か寄りかく寄る　玉藻なす　寄り寝し妹《いも》を　露霜の　置きてし来れば　この道の　八十隈《やそくま》ごとに　万《よろづ》たび　かへり見すれど　いや遠《とほ》に　里は離《さか》りぬ　いや高《たか》に　山も越え来ぬ　夏草の　思ひ萎《しな》えて　しのふらむ　妹が門《かど》見む　なびけこの山

反歌二首

石見のや高角山《たかつのやま》の木《こ》の間《ま》より我《あ》が振る袖を妹見つらむか

笹《ささ》の葉はみ山もさやにさやげども我《あれ》は妹思ふ別れ来ぬれば

柿本人麻呂の歌

柿本人麻呂

近江《あふみ》の海夕波千鳥汝《な》が鳴けば心もしのにいにしへ思ほゆ

山上憶良臣《やまのうへのおくらのおみ》、宴をまかる歌

山上憶良

憶良らは今はまからむ子泣くらむそれその母も我《あ》を待つらむそ

神亀《じんき》元年甲子《かふし》の冬十月五日、紀伊国《きのくに》に幸《いでま》せるときに、山部宿禰赤人《やまべのすくねあかひと》が作る歌　併せて短歌

山部赤人

若の浦に潮満ち来れば潟を無み葦辺《あしへ》をさして鶴《たづ》鳴き渡る

志貴皇子《しきのみこ》のよろこびの御歌《みうた》

志貴皇子

石走《いはばし》る垂水《たるみ》の上のさわらびの萌《も》え出《い》づる春になりにけるかも

二十五日に作る歌

大伴家持《おほとものやかもち》

うらうらに照れる春日《はるひ》にひばり上がり心悲しもひとりし思へば

東歌《あづまうた》

作者未詳

多摩《たま》川にさらす手作りさらさらに何そこの児《こ》のここだかなしき

防人《さきもり》の歌

作者未詳

防人に行くは誰《た》が背と問ふ人を見るがともしさ物思《ものも》ひもせず

【教材の典拠となったテキスト】

小島憲之ほか『萬葉集〈新編日本古典文学全集〉』（小学館・

第一学習社（国総328）・桐原書店（国総330）

一九九四〜一九九六）

【典拠と教材との異同】

紙面の都合であろうか、天武の歌の題詞の一部、天武と赤人、家持の歌の左注が省略されている。また、歌をより分かりやすい形で提示するためか、石見相聞歌に見られる「一に云ふ」と言った異伝も省略されている。その他、題詞に見られる歌数も石見相聞歌の反歌が省略されている。

また、以下の語を仮名表記に改めている。額田の歌の題詞の「とき」、天武の歌の「ゆゑ」、人麻呂の歌の「万たび」「しのふ」「いにしへ」、憶良の歌の「まかる」、志貴皇子の歌の題詞の「よろこび」の部分が該当する。それぞれの改変理由は定かではないが、「懽」は常用漢字外であるため、これは生徒の学習への配慮として仮名に改めたものだと思われる。

反対に、テキストで仮名表記にしているものを漢字表記に改めている箇所もある。人麻呂の歌の「羽振る」は、原文の表記に倣っている。また、人麻呂の歌の「萎えて」、赤人の歌の「無み」、東歌の「何」は、単語の意味に沿った漢字が当てられている。これにより、視覚的に意味が理解しやすくなっている。これらは生徒の学習への配慮として改められたものだと考えられる。

【脚注の傾向と問題点】

「蒲生野」「石見の国」など地名に関する注が八項目。「遊猟」「紫野」など語句の意味に関する注が一八項目。「あかねさす」や「多摩川にさらす手作り」のように枕詞や序詞など歌の表現に関する注が六項目。「羽振る」や「さやにさやげども」のように訳を示した注が七項目。また、長歌と反歌のうちの反歌一首のみを採ったことを説明する注が一項目。合計四〇項目ある。作者に関する注は見られないが、これについては、八〇頁の万葉集に関する解説と合わせて示されている。

赤人の反歌を長歌から切り離した形で採録しているが、これについて「長歌に対する反歌」であることを説明している点は良いと思われる。

【学習の手引き等の傾向と問題点】

万葉集に関する「学習の手引き」は、「読解」と「表現」の二つの項目で構成されている。「読解」では、1「あかねさす」と「紫の」の歌ではそれぞれどのような感情が表現されているかを説明すること、2防人歌における作者の心情を説明することを課題としている。この二点は、脚注や八〇頁の作者の解説を参考に考えると、比較的解答しやすいものとなっている。だが、「額田王」の解説では、「天武・天智両天皇に愛された」という記述があり、当該歌を禁断の恋の歌として理解させる可能性がある。現在、蒲生野の二首については宴席歌とみるのが通説である。その点については、指導の際に留意する必要がある。

「表現」では、3「石見の海」の歌で対句になっている箇所を指摘させること、4憶良の歌における「まからむ」「なくらむ」の「らむ」の違いを説明させることを課題としている。だが、文法的事項に注目させるより、音の繰り返しに目を向けさせることで、歌のリズムに親しませる方が良いのではないかと思われる。

【趣意書の特色】

特に、この単元に限定した説明は見られない。主題に迫るために「学習の手引き」において必ず「読解」問題を設けたこと、〔伝統的な言語文化と国語の特質に関する事項〕の学習に資するため、「古文編」では本文下段に重要古語をまとめたこと等を述べる。「教育基本法・学習指導要領との関連」について示した項目を設けている点も特徴的である。

【指導書の構成と問題点】

「単元のねらい」「単元の構成」を説明した上で、「出典解説」や「本文研究」「語句と文法の解説」「授業の展開例」「板書例」「学習の手引き」の解答例がきめ細かに提示されている。一方で、「参考文献」の項目を参照すると紹介されている書籍はほとんどが昭和のものであり、最新の研究は反映されていないことが見て取れる。

また改訂前の指導書と見比べると、「単元のねらい」において、「和歌・俳諧の系譜と文学史上における重要性を改めて確認したい」などといった文言が消去され、代わりに「韻文の世界に触れることによって学習者の感受性を豊かなものにしたい」「それぞれの歌に詠まれた感動を追体験する」などの文言が加えられたことが分かる。こうしたところから、指導書の編集者は、古典教育の方向性を知識注入型の学習から鑑賞重視の学習へと変えようとしていることが読み取れる。

【総合所見】

文学史的な視点で万葉集をとらえるためであろうか、戦前の学説である四期区分説に基づき、各時期の代表とされる歌人たちの歌々と、東歌・防人歌によって構成されている。また、それらは様々な時代における秀歌観によって選ばれた「秀歌選のパッチワーク」の状態になっている。一方、採録された一二首のうち四首が柿本人麻呂の歌であり、万葉集の教材の中で同一作者の歌を四首も採録しているという点は、この教科書の特徴である。

参考資料等の問題としては、八〇頁の「柿本人麻呂」

「山上憶良」「大伴家持」の絵が挙げられる。これらはすべて後世に描かれたものである。視覚に訴える教材を使用することは、生徒に具体的なイメージを抱かせることができる。だが、使い方次第では誤ったイメージを刷り込んでしまうことにも繋がる。そのため、画像資料については再度吟味される必要があると思われる。

また、今回の改訂で、犬養孝の「言霊」が採録されるようになった。しかし、ここにおける言霊についての理解は現在の学説とは大きく異なっている。古い常識に基づくコラムを高校生に教える意味はあるのだろうか。コラム等を用いて生徒に関心を持たせることは有効な手段であると考えられるが、内容については再度検討を要する。また、「演習1」では、国ぼめ歌における舒明天皇の思いを読み取ることを課題としている。だが、国ぼめは天皇の個人的な感情を述べるものではない。問として不適切であろう。

最後に、指導書を参照すると、学習指導要領の改定に伴い、和歌と俳諧に関する学習の方向性も、知識注入型の学習から鑑賞重視の学習へと変化していることが見て取れる。だが、教材の内容は従来版と全く変わっていない。このことから、指導のねらいと教科書の内容が乖離してきているのが現状と言えるだろう。

桐原書店（国総331）『国語総合』

●万葉集の教材については、レイアウトに多少の違いがあること、重要古語として「まかる」を加えていることを除いて、同社の『探求国語総合　古典編』（国総330）の内容と同じである。また、趣意書の内容も、（国総331）を分冊の形態にしたことの説明を加えている以外は、同一内容となっている。したがって、この教科書・指導書については、そちらを参照のこと。

桐原書店（国総 331）

337	338	348	446	452	488	496	802	803	822	893	919	924	925	978	994	1418	1424	1500	1511	1552	1639	3373	3459	3724	4139	4290	4291	4292	4322	4325	4346	4401	4425
																									○								
○				○																		○						○			○		
○				○																		○						○			○		
	○						○	○					○									○			○							○	
							○	○					○									○			○							○	
																									○							○	
											○			○									○					○	○				
							○	○																				○					
○		○														○						○		○	○							○	
																						○			○							○	
○																						○			○								○
○																						○			○								○
○																○						○						○					
○																○						○						○					
									○	○						○		○				○		○				○			○		
									○	○						○		○				○		○				○			○		
							○	○			○								○			○						○				○	
							○	○			○								○			○						○				○	
						○														○	○				○								
○											○					○						○						○					○
○											○					○						○						○					○

337	338	348	446	452	488	496	802	803	822	893	919	924	925	978	994	1418	1424	1500	1511	1552	1639	3373	3459	3724	4139	4290	4291	4292	4322	4325	4346	4401	4425
																																○	
○		○														○						○		○	○							○	

表　「国語総合」における『万葉集』の採択状況一覧

凡例

・「国語総合」における『万葉集』の採択状況を、出版社別・教科書番号順に一覧とした。
・分冊形式を採る教科書については「古典編」のみ調査した。
・教科書名の右側の数字は『国歌大観』の歌番号である。

2012年検定／2013年出版

教科書会社	教科書番号	教科書名	8	17	18	20	21	28	30	48	105	131	132	133	141	142	208	211	255	266	270	317	318
東京書籍	国総 301	新編国語総合																		○			
	国総 302	精選国語総合				○	○													○		○	○
	国総 304	国語総合　古典編				○	○													○		○	○
三省堂	国総 306	高等学校国語総合　古典編				○	○													○			
	国総 307	精選国語総合				○	○													○			
	国総 308	明解国語総合				○														○			
教育出版	国総 309	国語総合		○	○				○							○							
	国総 310	新編国語総合　言葉の世界へ				○	○													○			
大修館書店	国総 312	国語総合　古典編	○							○						○						○	○
	国総 313	精選国語総合	○							○												○	○
	国総 314	新編国語総合																					
数研出版	国総 316	国語総合　古典編				○	○												○			○	○
	国総 317	高等学校国語総合				○	○												○			○	○
明治書院	国総 318	高等学校国語総合				○				○					○							○	○
	国総 320	精選国語総合　古典編				○				○					○							○	○
筑摩書房	国総 322	精選国語総合 古典編				○														○		○	○
	国総 323	国語総合				○														○		○	○
第一学習社	国総 325	高等学校新訂国語総合　古典編	○							○													
	国総 326	高等学校 国語総合	○							○													
	国総 327	高等学校標準国語総合						○								○							
	国総 328	高等学校新編国語総合																					
桐原書店	国総 330	探究国語総合　古典編				○	○					○	○	○						○			
	国総 331	国語総合				○	○					○	○	○						○			

2010年検定／2011年出版

教科書会社	教科書番号	教科書名	8	17	18	20	21	28	30	48	105	131	132	133	141	142	208	211	255	266	270	317	318
大修館書店	国総 051	新編国語総合　三訂版														○			○				○
	国総 053	国語総合　古典編				○				○						○						○	○

337	338	348	446	452	488	496	802	803	822	893	919	924	925	978	994	1418	1424	1500	1511	1552	1639	3373	3459	3724	4139	4290	4291	4292	4322	4325	4346	4401	4425
																									○								
○	○																					○						○			○		
○	○																					○						○			○		
							○	○					○													○							
																									○							○	
							○	○			○												○					○					○
														○			○					○				○					○		
																						○			○							○	
																																○	
○																						○			○								○
○				○																		○			○								
				○	○																		○		○								
									○	○		○						○				○		○				○			○		
										○					○	○					○			○									○
							○	○			○								○			○						○				○	
							○	○			○								○									○				○	
						○														○	○				○								
○	○															○						○						○					○
○																						○						○					○

337	338	384	446	452	488	496	802	803	822	893	919	924	925	978	994	1418	1424	1500	1511	1552	1639	3373	3459	3724	4139	4290	4291	4292	4322	4325	4346	4401	4425
																									○								
○	○																					○						○			○		
○			○		○											○										○				○			
							○	○					○													○							
	○						○	○			○												○	○				○	○				○
														○			○					○				○					○		
																						○			○							○	
																																○	
				○								○										○			○								
				○	○																		○		○								
○													○									○					○						○
										○					○	○					○												○
									○	○		○						○				○		○				○			○		
○																○						○											○
							○	○			○								○			○						○				○	
						○														○	○				○								
○	○															○						○		○				○					○
○	○															○						○						○					○

2006年検定／2017年出版

教科書会社	教科書番号	教科書名	8	17	18	20	21	28	30	48	105	131	132	133	141	142	208	211	255	266	270	317	318
東京書籍	国総 025	新編国語総合																		○			
	国総 026	精選国語総合				○	○											○				○	○
	国総 028	国語総合　古典編				○	○											○				○	○
三省堂	国総 029	高等学校国語総合　改訂版				○	○													○			
	国総 030	新編国語総合　改訂版																					
	国総 031	明解国語総合				○														○			
教育出版	国総 032	国語総合　改訂版	○					○	○							○							
	国総 033	新国語総合　改訂版				○	○								○					○			
大修館書店	国総 034	国語総合　改訂版				○				○												○	○
	国総 035	新編国語総合　改訂版														○			○				○
数研出版	国総 036	国語総合				○	○												○			○	○
明治書院	国総 037	新精選国語総合				○					○									○		○	○
	国総 038	高校生の国語総合								○						○							○
筑摩書房	国総 040	精選国語総合　古典編　改訂版				○														○			
	国総 041	国語総合　改訂版						○									○						
第一学習社	国総 043	高等学校　新訂国語総合　古典編	○							○													
	国総 044	高等学校　改訂版　国語総合	○							○													
	国総 045	高等学校　改訂版　標準国語総合						○								○							
	国総 046	高等学校　改訂版　新編国語総合																					
桐原書店	国総 048	探究国語総合　古典編　改訂版				○	○					○	○	○						○			
	国総 049	展開国語総合　改訂版				○														○			○
	国総 050	発見国語総合																					

2002 年検定／ 2003 年出版

教科書会社	教科書番号	教科書名	8	17	18	20	21	28	30	48	105	131	132	133	141	142	208	211	255	266	270	317	318
東京書籍	国総 001	新編国語総合																		○			
	国総 002	精選国語総合				○	○											○				○	○
	国総 004	国語総合　古典編																	○			○	○
三省堂	国総 006	高等学校国語総合　古典編				○	○													○			
	国総 007	新編国語総合																					
教育出版	国総 008	国語総合	○					○	○							○					○		
	国総 009	新国語総合				○	○								○					○			
大修館書店	国総 010	国語総合				○				○												○	○
	国総 011	新編国語総合														○			○				○
明治書院	国総 012	精選国語総合				○					○									○			
	国総 013	新編国語総合								○													○
右文書院	国総 014	国語総合	○																	○			
筑摩書房	国総 015	国語総合						○									○						
	国総 017	精選国語総合　古典編				○														○			
旺文社	国総 018	高等学校国語総合				○																	
第一学習社	国総 019	高等学校国語総合	○							○													
	国総 020	高等学校標準国語総合						○								○							
	国総 021	高等学校新編国語総合																					
桐原書店	国総 022	展開国語総合				○		○												○			○
	国総 024	探求国語総合　古典編				○	○					○	○	○						○			

Ⅳ 最新の研究で教材を読み解く

忘却された起源
——憶良の歌が定番教材となったわけ

品田悦一

はじめに——問題のありかを見失わないために

国語教育と文学研究との乖離に警鐘を鳴らすというのが本書の趣旨だが、国語教育という分野にもともとのしかかっている重圧を考慮に入れなければ、論議はおそらく空振りに終わるだろう。文学研究側の「成果」を誇りながら、それが教育界に取り入れられないことに苛立ってみせるのは、不遜である以上に不毛でもあると思う。「成果」を取り込めば問題が解決するというわけではないからだが、かく言う私自身、実はかつてそういう論調に陥っていたのであった。

そこで、自己批判を兼ねて、左に掲げる山上憶良の二作が定番教材となった経緯を追跡してみたい。

子等を思ふ歌一首、幷《あは》せて序

瓜食《は》めば　子ども思ほゆ　栗食めば　まして偲はゆ　いづくより　来りしものそ　眼交《まなかひ》に　もとなかかりて　安眠《やすい》し寝《な》さぬ

反歌

銀《しろかね》も　金《くがね》も玉も　何せむに　まされる宝　子にしかめやも

山上憶良臣の宴を罷る歌一首

憶良らは　今は罷らむ　子哭《な》くらむ　それその母も　吾《あ》を待つらむそ

1 最近の指導書

一九九〇年生まれの長男が高校生だったころのある日。ちょっと勉強を見て欲しいと国語の教科書を手渡され、表紙をめくると、口絵の先頭に見覚えのある日本画が掲げてあった。題して「憶良の家」。山上憶良が酒杯を片手に妻子とくつろぐ図で、作者は「飛鳥の春の額田王」などでも知られる安田靫彦《ゆきひこ》だ。一目見た私は、思わず「こんなことをいつまで続けるつもりかなあ」と呟き、息子にひどく怪訝《けげん》な顔をされた。「家で酒を飲んで何が悪いのさ。親父だっていつも飲んでるじゃないか」。

もちろん、苦言を呈した相手は画中の憶良ではなかった。実はこれより数年前にも、国語教育の雑誌に寄せたエッセイに私はこう記していたのである。

山上憶良の「宴を罷《まか》る歌」（万葉集・巻三・三三七）は、従来、宴席を中座する際の歌と解され、作者が酒席の付き合いよりも家庭を大事にしていたことの表れと目されてきた。だが、土橋寛《つちはしゆたか》氏によれば、これは宴の歌の機能を根本的に見誤った解釈にほかならない。古代の宴には、散会に際して主人側と客人側が歌で挨拶を交わすならわしがあって、憶良の歌は、そうした際に客人側の歌う「立歌《たちうた》」の一種だったのだ。立歌には踏まえるべき型があって、「（楽しいから）まだ帰りたくない」と歌う約束だったが、憶良はこの型を一捻りして「そうもしていられないからもうおいとましましょう」と歌った。散会になるのだから帰るのは当たり前なのだが、そこへ「子哭くらむ」云々と、老齢にそぐわぬ勿体をつけて、ユーモラスな謝辞を仕立てたのである。

土橋説が現れたのは、もう二十年も前のことだ。古代の歌の表現の論理を見据えたこの説は、専門家の間では広く支持されているはずだが、不思議なことに、高校の古典教育のカリキュラムにはまったく活かされていない。「宴を罷る歌」自体は多くの国語教科書に収録されているのに、相変わらず中座の歌として扱われている。中には、子どもを膝に乗せてくつろぐ憶良像を図版で示し、マイホーム・パパぶりを視覚的に印象づける教科書もある。これはどういうことなのだろうか。

（品田悦一「人間派歌人異聞２」『月刊国語教育』一八巻五号・一九九八(1)）

当該エッセイでは、続けて「子等を思ふ歌」にも説き及び、井村哲夫の序文理解(2)などを紹介しつつ、愛子の念という煩悩を払拭しようとして果たせない凡愚の立場がテーマになっている、とした。つまり、「宴を罷る歌」の場合と同様、子に対する愛を謳歌した歌とするかつての解釈はとうに否定されているのだが、教育界は新解釈をなかなか受け入れようとしない。そしてそのことは、明治ナショナリズムの遺産が少なくとも結果的に踏襲されてきたことを意味する――本書が企画され、執筆依頼が回ってきたときも、この線に沿っていくらか材料を増補すれば需《もと》めに応えられるはずだと考えたのだが、実際に着手してみるとそう簡単ではないことに気づかされた。

本書の基礎資料ともいうべき佐藤愛・高橋優美穂の調査(3)によれば、二〇一三年に出版された高等学校「国語総合」用教科書は九社・二三点を数える。大部分のものが『万葉集』の歌を採録しており、例外は二社・二点にすぎない。採録歌は特定のものに集中する傾向が著しく、二一点中のどれか一点以上に採録された歌は異なり数で四三首、のべ数では一八九首であるのに対し、五点以上採録歌は異なり数では一六首にすぎず、のべ数では一三五首にのぼる。

「宴を罷る歌」は五社・九点の教科書に掲載されている。この数値は、
①多摩川に　さらす手作り　さらさらに……（巻十四・三三七三　東歌　八社・一六点）
②あかねさす　紫野《むらさきの》行き　標野《しめの》行き……（巻一・二〇　額田王　七社・一四点）
③うらうらに　照れる春日に　ひばり上がり……（巻十九・四二九二　大伴家持　六社・一二点）
④淡海《あふみ》の海　夕浪千鳥　汝《な》が鳴けば……（巻三・二六六　柿本人麻呂　五社・一一点）
⑤天地《あめつち》の　分かれし時ゆ　神さびて　高く貴き……（巻三・三一七　山部赤人　五社・一〇点）
⑥田子の浦ゆ　うち出でて見れば……（巻三・三一八　山部赤人　五社・一〇点）
に次ぎ、②に応えた大海人皇子の歌（巻一・二一）および家持の「春苑桃李《しゅんゑんたうり》の歌」第一首（巻十九・四一三九）とともに第七位に該当する。

なお、憶良の作としては「子等を思ふ歌」（巻五・八〇二〜〇三）も三社・五点に採られており、「宴を罷る歌」と「子等を思ふ歌」を両方とも載せる教科書はない。ともに家族愛に関わる作として相補的に位置づけられているらしい。ほかには「貧窮問答歌」の反歌（巻五・八九三）が一社・二点に、「沈痾《ぢんあ》の時の歌」（巻六・九七八）が一社・一点に採られている。

「宴を罷る歌」または「子等を思ふ歌」を採録する教科書について、教師用指導書に当たってみた(4)（以下、「罷宴歌」「思子等歌」と表記する）。同一出版社による複数の教科書に同一の教材が採録された場合、各指導書とも同じ解説を載せるのが通例である。その分の重複を差し引けば、前者の解説は五種、後者のは三種となる。

前者五種には土橋説に触れたものはない。が、宴会終了時の作と見る点で土橋説に近い伊藤博の見解を引用した(5)ものが一種、直接引用はしないが明らかに援用したものが一種、これを旧来の解釈と折衷しようとしたものが一種あって、残る二種もかつてのような家族愛一辺倒の解釈ではなく、老人の憶良が「子哭《な》くらむ」と冗談めかして詠

むことで座を和ませ、中座を許されたのだろうとしている。また後者三種は、三種とも序文に言及して、愛子の念が煩悩に当たることを指摘しており、うち二種は作品全体の解釈も井村説に近い。残る一種は旧来の解釈と折衷しようとしたもので、「苦悩を心にもちながらも子供に対する愛情を素直に受け止めて生きていく姿」を認めるとともに「この歌が浅薄な愛情表現に陥らないのはこのような仏典にも精通した憶良の深遠な思想ゆえであろう」としている。

徐々にではあるが、学界の研究成果は教育界に浸透してきたといえるだろう。この程度ではまだ不十分だと評する向きもあるだろうが、少なくとも、旧説が墨守されていたひところの状態とは格段の相違である。

これはある意味では当然のなりゆきかもしれない。くだんの指導書の執筆陣には、『万葉集』や和歌史を専攻する研究者たちも名を連ねているし、そこには上代文学会の会員も含まれている。こうした人たちの尽力によって学界と教育界との壁が取り除かれていくのは、もちろん歓迎すべき動向に相違ない。

だが、この歓迎すべき動向がかえって不都合を呼び込んでいる面もありはしないか。罷宴歌や思子等歌を教科書に載せる理由は、旧解釈のもとでは一点の曇りもなくはっきりしていたのに、新解釈に従うときには、「これまで載せてきたから」という以上の積極的な理由が見出せなくなっているのではないだろうか。

では、罷宴歌や思子等歌が教科書に載るようになったそもそもの埋由とは何か。かつて草したエッセイに示した答えは「明治ナショナリズムの遺産」というものだったが、いま思えばまったく手ぬるい。以下、節を改めて掘り下げていきたい。

2 明治の文学史書

一九〇〇年までの代表作

山上憶良は、優美さが和歌の評価基準として最優先されていた江戸時代までは、万葉歌人中さほど尊重される存在ではなかった。(6) 明治中期に国詩革新の声が澎湃《ほうはい》として興り、和歌の旧態依然ぶりが厳しい批判に曝《さら》されると、これに対する反動として国学和歌改良論が展開され、その渦中で『万葉集』が一躍脚光を浴びて、きたるべき国詩《ナショナル・リテラチュア》の古代における先蹤として位置づけられた。そしてその結果、長大な詩形・平明な表現・幅広い用語と題材など、国詩に要求されていたもろもろの性質は実は万葉時代の和歌にはすべて備わっていたのだ、との語りが流通することになった。(7) 歌人や作品の評価がこの線に沿って組み換えられようとしたとき、憶良の作はにわかに注目を集め、和歌史上稀有な思想性や社会性が高く評価されたのだった。

山上憶良は、文詞稍粗笨《ややそほん》なれども、其思想と想像とは、極めて豊富にして、姿勢甚だ遒強《しうきやう》なり。憶良は漢学に長じたりしと見え、其歌序の如き、華麗なる漢文多くして、見るべきもの少からず。

（三上参次・高津鍬三郎『日本文学史』金港堂・一八九〇）

憶良は人情を細かに詠むと云ふ風に向いて居つた人である。外の人とは着目が違つて、色々な人事を詠み出しました。貧窮問答の歌の中に、貧乏人の有様を写して居る塩梅、西洋で云ふと「エピーケル」即ち叙事詩人になるやうな傾のある人でした。人麿のやうな上品な所はないが、思想にも言語にも変化があります。此人などが発達したら、餘程面白かつたらうと思ひます。此人の後を継いでやる人がなかつたのは、国歌の為めに惜しい事であります。

（芳賀矢一『国文学史十講』冨山房・一八九九。圏点略）

高い評価を得たのは具体的にはどの作だったか。明治期に多数書かれた文学史書のうち、手許にコピーがあるもの、または国立国会図書館デジタルコレクションがインターネット上で利用可能なものは、つごう三九点にのぼる（文末の資料1）。それらに憶良の代表作として例示されたものを集計すると、上位七件は左記のとおりである。

①思子等歌・反歌（巻五・八〇三） 一四点に掲載
②貧窮問答歌・長歌（巻五・八九二） 一二点に掲載(8)
③貧窮問答歌・反歌（巻五・八九三） 一一点に掲載
④思子等歌・長歌（巻五・八〇二） 九点に掲載
④惑《まと》へる情《こころ》を反《かへ》さしむる歌・長歌（巻五・八〇〇） 九点に掲載
④惑へる情を反さしむる歌・反歌（巻五・八〇一） 九点に掲載
⑦沈痾の時の歌（巻六・九七八） 七点に掲載

思子等歌の反歌「銀も金も玉も……」が首位に位置するが、当初からこうだったわけではない。一九〇〇年以前刊行の一六点に限れば、首位はなんといっても貧窮問答歌であり、長歌・反歌とも八点に掲載されていた。これに次ぐのは令反惑情歌で、長歌・反歌とも七点、続く好去好来歌は長歌・反歌二首とも三点で(9)、思子等歌の掲載は反歌が三点、長歌は二点にとどまっていた。

教育勅語の影

思子等歌の掲載頻度は、二十世紀の幕開けとともに急速に高まったのだ。なぜか。主要な原因は、中学校のカリキュラムに文学史が組み込まれた点に求められるだろう。

学校で文学史を教えることは、小学校教員の養成機関だった尋常師範学校ではすでに一八九二年から始まっていたが、当時制度上の位置づけが不明確だった中学校（尋常中学校・高等中学校）に対しては同種の措置が採られることなく、一八九九年の中学校令により高等普通教育機関としての位置づけが確立したことを受けて、一九〇一年三月の文部省令第三号「中学校令施行規則」において晴れて中学校にも導入されることになった。

国語及漢文ハ普通ノ言語文章ヲ了解シ正確且自由ニ思想ヲ表彰スルノ能ヲ得シメ文学上ノ趣味ヲ養ヒ兼テ智徳ノ啓発ニ資スルヲ以テ趣旨トス

国語及漢文ハ現時ノ国文ヲ主トシテ講読セシメ進ミテハ近古[10]ノ国文ニ及ホシ又実用簡易ナル文ヲ作ラシメ文法ノ大要、国文学史ノ一班〔斑〕ヲ授ケ又平易ナル漢文ヲ講読セシメ且習字ヲ授クヘシ

（「中学校令施行規則」第一章第三条、文部省内教育史編纂会『明治以降教育制度発達史』4所収・初版一九三八・重版一九六四・教育資料調査会）

国語教育の目的が知育・徳育の両面から規定されており[11]、「文学上ノ趣味」の養成もあくまで情操教育の一環として「知徳ノ啓発」と一体とされる。具体的に期待されていたのは、教育勅語に「父母ニ孝ニ兄弟ニ友ニ夫婦相和シ朋友相信シ……一旦緩急アレハ義勇公ニ奉シ以テ天壌無窮ノ皇運ヲ扶翼スヘシ」と指示されたような、忠孝を基礎とする国民道徳の啓発と見て誤らないだろう。実際、直前の第二条にはこう記されていた。

修身ハ教育ニ関スル勅語ノ旨趣ニ基キ道徳上ノ思想及情操ヲ養成シ中等以上ノ社会ニ於ケル男子ニ必要ナル品格ヲ具ヘシメンコトヲ期シ実践躬行《きゅうかう》ヲ励奨スルヲ以テ要旨トス

（同右）

教育勅語には多くの注解が現れたが、なかでも他を圧したのが井上哲次郎『勅語衍義』（敬業社・一八九一年）であり、事実上の公式注解と目されている。同書の一節に「国君ノ臣民ニ於ケル、猶ホ父母ノ子孫ニ於ケルガ如シ、即チ一国ハ一家ヲ拡充セルモノニテ、一国ノ君主ノ臣民ヲ指揮命令スルハ、一家ノ父母ノ慈心ヲ以テ子孫ニ吩咐《ふんぷ》スル

表A　明治後期中学校用文学史教科書の憶良作歌採録状況

	18	19	20	21	22	23	24	26	27	28	29	37	38
ナシ			●										
三三七	○												
八〇〇		○											
八〇一		○											
八〇二	○				○	○		○			○		
八〇三	○				○	○		○			○	○	○
八九二										○			
八九三										○			
八九四												○	
八九五												○	
九〇三							○						
九七八				○			○		○				

＊第一段の番号は稿末の資料1の通し番号。配列は刊行年順。

ト、以テ相異ナルコトナシ」と明言された、いわゆる家族国家論は、その後半世紀あまりにわたり大日本帝国の国家体制のイデオロギー的支柱でありつづける。

改めて示そう。中学校令施行規則の通達以後に中学校用教科書として編まれた文学史書は、当面の資料中に一三点ある。これらにおける憶良作歌の採録状況をまとめると、表Aのようになる。

思子等歌の反歌は過半数の七点に掲載され、長歌も五点に掲載されていて、断然首位を占める。三点に掲載された沈痾之時歌[12]がこれに次ぐが、そのほかの罷宴歌、令反惑情歌、貧窮問答歌、好去好来歌などは、みな一点のみの掲載にとどまっている。

中学校用文学史書として最初に刊行された18書は、思子等歌と罷宴歌の双方を掲載するとともに、憶良の歌人としての特色をこう説明する。「憶良は歌人としては二聖[13]に譲れども、学和漢を兼ねて、外遣唐使となり内国守となり、多情の資を以て彝倫《いりん》を述べ、豊富なる思想をやるに熱誠の辞を以てし、其歌姿頗《すこぶる》遒勁《しうけい》を以て称せられぬ」。

歌人として一流とはいえないが、人の道を熱心に歌い上げた点に見どころがあるというのだ。採歌の基準もこの点にあったとすれば、それは、子に対する愛を人間性の発露として扱う以上に、はるかな祖先の生活に淵源するわが日本の美風として顕彰する意図を伴っていたろうし、ひいては家族が国民道徳の根幹であることを例証する意味をも持ったろう。まさしく教育勅語の精神に則った取り扱いである。

教育的配慮というバイアスが、貧窮問答歌を押しのけ、思子等歌を定番教材の地位に押し上げたのであった。

3 昭和戦前・戦中期の国語読本

国民歌集『万葉集』の確立

一九一一年七月に中学校令施行規則が改正された際、国文学史は「国語及漢文」の教授要目から削除された。前々年の全国中学校長会議で「国語科に於て国文学史を教授するの要否」が諮問されており、現場の声を反映させた措置かと思われる。以後、中学校における文学史教育は、一九三二年に復活するまで公式には中断されたままとなる。すでに見とどけたとおり(14)、国語講読の教材は鎌倉時代以降現代までの文章とされていたから、初期の国文読本／国語読本には『万葉集』の歌はほとんど採録されなかったが、読本への万葉歌の採録率は大正期を通じ徐々に高まり、昭和初期にはほぼ百パーセントに達する。

その様子を一瞥しておこう。吉田弥平『中学国文教科書』は、国語教科書界きってのロング・セラーであり、明治末期から昭和初期までの三十数年間にわたり、何度も改訂を重ねながら刊行されつづけた。同書の万葉歌掲載状況が年を逐《お》ってどう推移したか、サンプルとして一九〇六年(明治三九)の初版、一九一二年(大正元)の修正七版、一九二三年（大正一二）の修正十五版、一九三四年（昭和九）の修正二十二版の四点を取り上げて確かめてみる――。

まず、一九〇六年版には一首も載っていない。次の一九一二年版には、第五学年用の巻十に「栄ゆる時」と題して短歌三首を掲げた箇所があり、うち二首が万葉歌（海犬養岡麻呂《あまのいぬかいのおかまろ》の九九六歌・大伴家持の四一六五歌）、残る一首は源実朝の「君にふた心わがあらめやも」の歌である（金槐・六八〇）。さらに一九二三年版は、巻十に「上古の文学」という解説文を掲げたのに続けて「祝詞」「歌謡」「歴史」の各文例を掲載する。うち「歌謡」の項目に、柿本人麻呂の「近江荒都の歌」、山部赤人の「不尽の山を望む歌」、そして憶良の思子等歌がそれぞれ長反歌とも掲げられている。最後の一九三四年版はますます盛りだくさんだ。巻十に一九二三年版のと同じ解説文「上古の文学」を載せ、「倭建の命」「万葉集抄」と続けるのだが、「万葉集抄」には以前からの近江荒都歌・望不尽山歌・思子等歌のほか、新たに家持の「族《うから》を喩《さと》す歌」（長反歌とも）と短歌一三首[15]、および旋頭歌一首[16]を追加している。

『万葉集』国民歌集化の動きは、明治中期に始まり、大正期を通じ大衆化して、昭和初期に頂点に達した。[17]『中学国文教科書』一九三四年版に満載された万葉歌は、当時の日本社会が迎えていた空前の万葉ブームの反映と見て間違いないだろう。

魔書『国体の本義』

しかもそれだけでは済まなかった。一九三五年に美濃部達吉の天皇機関説が弾圧され、国体明徴が声明されると、記紀・万葉をはじめとするもろもろの古典を国策遂行に動員する施策が打ち出されていく。[18]「醜《しこ》の御楯《みたて》」や「海ゆかば」があらゆる機会を捉えて宣伝されていくなかで、一九三七年五月には文部省作成のブックレット『国体の本義』が完成し、同年秋より全国の中等以上の学校の生徒・教員、小学校教員、および公共団体職員に約三十万部配布される。Ａ５判一五六ページの随所に記紀・万葉や『神皇正統記』、また歴代の詔勅、明治天皇御製歌などの引用をちりばめながら、日本は皇室を宗家に仰ぐ一大家族であると説き、天皇に絶対随順しつつ各自の分をまっとうすることが日本国民の務めである、と強調した文書である。

同書の「第一　大日本国体」「三、臣節」は「臣民」「忠君愛国」「孝」「忠孝一本」の四項からなり、うち「孝」の項は、「我が国に於ては、孝は極めて大切な道である。孝は家を地盤として発生するが、これを大にしては国を以てその根柢《こんてい》とする。孝は、直接には親に対するものであるが、更に天皇に対し奉る関係に於て、忠のなかに成り立つ」と説き起こし、

親子の関係は自然の関係であり、そこに親子の情愛が発生する。親子は一連の生命の連続であり、親は子の本源であるから、子に対しては自《おのづか》ら撫育《ぶいく》慈愛の情が生まれる。子は親の発展であるから、親に対しては敬慕報恩の念が生まれる。古来親子の関係に於て、親の子を思ふ心、子の親を慕ふ情を示した詩歌や物語や史実は極めて多い。万葉集にも山上憶良の子に対する愛を詠んだ歌がある。

として思子等歌の長反歌を掲げ、「まことに子を思ふ情を短い中によく表してゐる」と評する。さらに「男子名《をのこ》を古日《ふるひ》といふに恋ふる歌」の第一反歌（巻五・九〇五）を挙げて「我が子を思ふ惻々《そくそく》たる親心が見られる」と言い、「而《しか》して子が親を敬慕する情は、よく防人《さきもり》の歌等に現れてゐる」と収めるのだが、続く「忠孝一本」の項は、

我が国の孝は、人倫自然の関係を更に高めて、よく国体に合致するところに真の特色が存する。我が国は一大家族国家であつて、皇室は臣民の宗家にましまし、国家生活の中心であらせられる。臣民は祖先に対する敬慕の情を以て、宗家たる皇室を崇敬し奉り、天皇は臣民を赤子として愛《いつく》しみ給ふのである。

と書き起こされている。

『国体の本義』には『万葉集』からの引用が一〇首見られ、うち四首は長歌だが、長反歌全体をそっくり掲げたものは、思子等歌のほかには人麻呂の吉野讃歌第二歌群（巻一・三八〜三九）しかない。家族倫理の大切さを例証す

る歌と、「神ながらの道」を鼓吹する作――この二つが万葉歌中の双璧とされたのであった。

あるいはこう反問する向きがあるかもしれない。当局が頒布した冊子になど、誰も見向きもしなかったのではないか――だが、事実は正反対であった。『国体の本義』が刊行されるや、翌年の春には全国の旧制高校や各種実業学校、また師範学校の入試で出題が相次いだため、これを当て込んだ受験参考書が何種も出回ったのだ。それらの一つ、保坂弘司『国体の本義精講』（欧文社・一九三九）は、本文を適宜区切って罫で囲んで掲げ、そのつど大意・主眼をまとめるとともに語釈を施し、「研究問題」とその解答例を示す、という実に行き届いた構成の書で、例題中には、思子等歌の長歌と反歌の全文をそれぞれ「解釈セヨ」というものもある。家族国家のイデオロギーは、空念仏としてそっぽを向かれるどころか、全国の少年少女が受験のために必死に覚え込む事項となっていたのであり、その基本的かつ代表的な具体例が思子等歌だったのだ。

この取り扱いは、当然のように、当時の国語教育に反映した。後のページに掲げた表B[19]は、昭和の戦前・戦中期にあたる一九二六～四五年に刊行された中学校用国語読本のうち、管見に触れたものを対象に、憶良作歌の採録状況をまとめたものである。

25と26との間に太線を引いたのは、『国体の本義』刊行以前と以後とを区分するためである。この線を境に左右を見比べれば一目瞭然だが、もともと高かった思子等歌の採録頻度は26以後一段と高まっており、特に反歌は40までの一五点すべてに採録されている。25以前の読本では、沈痾之時歌も二五点中一三点と、過半数に採録されていたが、26以後は一五点中四点と激減する。

思子等歌を二箇所に掲載する読本すら現れた。◎印を付した27だ。同書は6の『新撰国語読本』の「新制」版なのだが、6の巻十にもともと思子等歌が掲載されていたのをそのまま引き継いで、しかも第四学年用の巻八に先述の『国体の本義』「孝」の一節を組み込んだ結果、同じ長反歌が巻八と巻十とに重複して載ることになった。

改めて言おう。明治後期以来、思子等歌は家族国家のイデオロギーを背負って国民教育に活用され、昭和の戦中期にはこの取り扱いが露骨なまでに徹底された。親しみやすい教材を通して親子の情愛の尊さを自然に納得させ、それを皇室に対する崇敬の念に接続させようとする。定番教材としての思子等歌の、今は忘れられた起源[21]とは、要するに、隠微にかつ広汎に実行された国家的洗脳にほかならなかった。

4 おわりに

本稿では戦後の教科書にまでは手が回らなかったため、思子等歌が後々まで定番教材でありつづけた理由を解明することはできなかった。たぶん戦後のある時点で、親子の情愛をヒューマニズムに結びつけるような再解釈[22]がなされたのではないか——そう推測してはいるが、再解釈がいつ、どのようになされたのかまでは見当もつかない。実地に調査してみれば、推測を裏切るような意外な経緯が浮かび上がってくるかもしれない。この点に関わって、目下の高校用教科書では罷宴歌の採録頻度が思子等歌のそれを圧倒しているが、両者の地位が逆転したのはいつごろで、何がそれを促したかという件も、興味深い課題として残されている。そしてその先に、解釈の更新された罷宴歌・思子等歌が現在なお教科書に載り続けている点について、単なる惰性でないとしたらどう納得すべき現象なのか、という問題も控えている。

これらは、労を惜しまずこつこつ調べさえすれば必ず答えの出る問題だ。調査に要する時日は、ざっと見積もって一ヶ月半。私の今後の研究プログラムからは外れているので、大学の卒業論文などでこの問題に取り組もうという気になった人は、ぜひご一報下されたい。お貸しできる知恵には事欠かないつもりである。

表B　昭和前期中学校用国語読本の憶良作歌採録状況（一例のみの歌は省いた）[20]

	1	2	3	4	5	6	7	8	9	10	11	12	13	14	15	16	17	18	19
刊年	26			27		28				29	30		32				33	34	
ナシ								●											
六三			○													○			
三三七	○		○				○			○		○	○		○				
八〇〇											○								
八〇一											○								
八〇二	○	○			○	○			○	○		○			○	○	○	○	○
八〇三	○	○			○	○			○	○	△	○			○	○	○	○	○
八九三											○								
九七八	○		○	○	○		○			○		○	○	○		○			○
一五三八														○					○

40	39	38	37	36	35	34	33	32	31	30	29	28	27	26	25	24	23	22	21	20
	40	39		38										37		36	35			
	○						○											○		
														○						
															○					
														○	○					
○	○		○	○	○	○			○	○	○	○	◎			○	○	○	○	
○	○	○	○	○	○	○	○	○	○	○	○	○	◎	○		○	○	○	○	○
	○																			
○		○									○	○				○		○		

＊第一段の番号は稿末資料2の通し番号。刊年は西暦の下二桁。

【注】

1　土橋説は『古代歌謡をひらく』（大阪書籍・一九八六）に詳しいが、概容は『万葉開眼（下）』（ＮＨＫブックス・一九七八）にすでに示されていた。

2　『憶良と虫麻呂』桜楓社・一九七三。いっそうこなれた記述が『万葉集全注 巻第五』に見られる。

3　「高等学校『国語総合』における三大集の採択状況」『日本大学大学院国文学専攻論集』11・二〇一四。本書「表「国語総合」における『万葉集』の採択状況一覧」も参照。

4　財団法人教科書研究センター附属教科書図書館収蔵資料を活用した。ここに記して謝意を表する。

5　『万葉集の表現と方法 下』塙書房・一九七五。

6　参照、品田悦一「近代万葉の特質を把握するための基礎的調査」『アナホリッシュ国文学』1・二〇一二。同稿の誤記をここで訂正しておく。

一一七頁上段三行
　五、四の基準により　↓　五、三・四の基準により

一二一頁【④近代に評価が上昇した歌・第二類】の第五首、
　3　四四九（×××／○○○13）妹と来し……　↓　削除
　＊正しくは（×××／○×○13）であり、このグループの基準を満たさない。

7　品田悦一『万葉集の発明』新曜社・二〇〇一。

8　うち一点は長歌の抜粋を掲載（資料1の36書）。

9　明治期全体では長歌と第一反歌が五点、第二反歌が四点に掲載されている。

10　鎌倉・室町時代に相当する。明治以来昭和初期まで、中学校・高等女学校・師範学校における国語の講読教材は鎌倉時代以降に限定され、平安時代以前の作品は教授対象から排除されていた。本節で文学史教科書を考察対象としたのは、明治期の中学校用国語読本／国文読本に『万葉集』の歌がほとんど載っていないからでもある。

11　徳育を兼ねようとする点は日本の国語教育政策の一貫した特徴といえそうである。現在の高等学校学習指導要領も、国語科

の目標を「国語を適切に表現し的確に理解する能力を育成し、伝え合う力を高めるとともに、思考力や想像力を伸ばし、心情を豊かにし、言語感覚を磨き、言語文化に対する関心を深め、国語を尊重してその向上を図る態度を育てる。」と規定している。

12 左注に記された作歌事情に触れた教科書はない。幕末の『明倫歌集』(一八六二年刊)や、堀秀成『名教百首』(一八七四年刊)、久保季茲『明教百首』(一八七三年刊)などですでにそうした取り扱いがなされていたように、男子たる者は出世して一廉《ひとかど》の人物となること目ざすべきだ、との訓戒の歌として教授されたものと思しい。参照、品田悦一『斎藤茂吉』(ミネルヴァ書房・二〇一〇)四九~五二ページ。

13 人麻呂と赤人を万葉の二大歌聖とする伝統的評価が半ば踏襲されている。

14 注10に同じ。

15 巻一・四八、五八、六三、巻三・三一六、巻六・九二五、九七四、九七八、巻八・一四一八、巻九・一七九一、巻十九・四一九九、四二九一、巻二十・四三二八、四三七三。

16 巻六・一〇一八。

17 前掲『斎藤茂吉』二一九~二三ページ。

18 前掲『斎藤茂吉』二五九~六八ページ。

19 国立教育研究所教科書図書館所蔵のもののうち、全冊完備のものを対象として調査した(→資料2)。ここに記して謝意を表する。なお、本稿の準備期間を通じ、東書文庫(東京書籍附設教科書図書館)は改装工事により休館中だったため、利用がかなわなかった。

20 △を付した一例は、自修用教材として付載されたもの。

21 『国体の本義』は戦後GHQにより極端な国家主義宣伝文書と認定され、廃棄が命ぜられた。

22 戦時下に戦意高揚を狙って大宣伝された防人歌が、終戦後十年も経たないうちに正反対の目的に供せられ、生徒たちの社会的関心を喚起する授業実践の教材とされた一件が想起される。参照、品田悦一『斎藤茂吉 異形の短歌』(新潮選書・二〇一四)一〇五~〇七ページ。

【資料1　明治期刊行日本文学史書】

＊○を付したものは中等教育用教科書。●はそれ以外。

1 ●三上参次・高津鍬三郎『日本文学史』博文館・一八九〇。
2 ○小中村義象・増田于信『中等教育日本文学史』博文館・一八九二。
3 ○下野遠光・山崎庚午郎『日本文学集覧』博文館・一八九二。
4 ○鈴木弘恭『新撰日本文学史略』青山堂・一八九二。
5 ●大和田建樹『和文学史』博文館・一八九二。
6 ●関根正直『日本文学史　哲学館第六学年講義録』哲学館・一八九三年十月識。
7 ○新保磐次『中学国文史』金港堂・一八九五。
8 ●池谷一孝（永井一孝）『日本文学史』東京専門学校・一八九七年十一月識。
9 ○三上参次・高津鍬三郎『教科適用日本文学小史』金港堂・初版一八九三・訂正九版一八九八。
10 ○佐々政一『日本文学史要』内外出版協会・初版一八九八・訂正再版一八九九。
11 ●Aston, William George. *JAPANESE LITERATURE*. first printed 1898, new impressions 1907, 1918. William Heinemann.
12 ●大和田建樹『日本大文学史』博文館・一八九九。
13 ●芳賀矢一『国文学史十講』冨山房・一八九九。
14 ○和田万吉・永井一孝『删定国文学小史』教育書房・一八九九年十二月識。
15 ○内海弘蔵『中等教科日本文学史』明治書院・一九〇〇。
16 ○鈴木忠孝『日本文学史教科書』興文社・一九〇〇。
17 ○弘文館『中学国文学史』弘文館・一九〇一。
18 ○坂本健一『日本文学史綱』大日本図書・一九〇一。
19 ○大林弘一郎『中等国文学史』国光社・一九〇一。
20 ○笹川種郎『中等教科日本文学史』文学社・一九〇一。

21 ○藤岡作太郎『国文学史教科書』東京開成館・一九〇一。
22 ○高野辰之『国文学史教科書』上原書店・一九〇二。
23 ○塩井正男・高橋龍雄『新体日本文学史』普及舎・一九〇二。
24 ○飯田永夫・中村才之助『中学教程日本文学史』敬業社・一九〇二。
25 ●杉敏介『本邦文学史講義』歴史及地理講習会編・吉川弘文館・一九〇二。
26 ○岡井慎吾著（藤井乙男閲）『新体日本文学史』金港堂・一九〇二。
27 ○池辺義象『日本文学史』金港堂・一九〇二。
28 ○木寺柳次郎・龍沢良吉『国文学史綱』六盟館・一九〇二。
29 ○小倉博『国文学史教科書』興文社・初版一九〇三・修訂二版一九〇四。
30 ●鈴木暢幸『日本文学史論』冨山房・一九〇四。
31 ●武島又次郎講述『日本文学史』早稲田大学出版部・一九〇五年ヵ。
32 ●林森太郎『日本文学史』帝国百科全書一三八編・博文館・一九〇五。
33 ●藤岡作太郎『国文学史講話』開成館・一九〇八。
34 ●芳賀矢一『国文学歴代選』（序論）、文会堂・一九〇八。
35 ●岡田正美『日本文学通覧』大日本図書・一九〇九。
36 ●鈴木暢幸『大日本文学史』日吉丸書房・一九〇九。
37 ○佐藤正範（芳賀矢一閲）『日本文学史要』光風館・一九一〇。
38 ○明治中学会『言文一致日本文学史講義』明治中学会・一九一一。
39 ●五十嵐力『新国文学史』早稲田大学出版部・一九一二。

【資料2　昭和戦前戦中期中学校用国語読本】

1　広島高等師範学校附属中学校国語漢文研究会『中等新国文』六盟館・一九二六。
2　新村出『国語新読本』東京開成館・一九二六。
3　八波則吉『現代国語読本』東京開成館・初版一九二三・修訂三版一九二六。
4　斎藤清衛『中学第一〜第十読本』育英書院・一九二七。
5　松井簡治『新撰国文読本』三省堂・一九二七。
6　佐々政一（武島又次郎等補）『新撰国語読本』明治書院・一九二八年版。
7　冨山房編輯部『国文』冨山房・一九二八。
8　藤村作・島津久基『新撰中等国文』至文堂・一九二八。
9　吉沢義則『新日本読本』修文館・初版一九二五・訂正三版一九二八。
10　三省堂編輯所『中等新国文』三省堂・一九二九。
11　垣内松三『国文選』明治書院・一九三〇。
12　三省堂編輯所『昭和新国文』三省堂・一九三〇。
13　笹川種郎『中学新国文』帝国書院・一九三二。
14　新村出・鈴木敏也・沢瀉久孝『新制中学国文』金港堂・一九三二。
15　藤井乙男『改訂中等国文』金港堂・初版一九二九年・改訂三版一九三二。
16　吉田弥平『新国文読本』光風館・一九三二。
17　松村武雄『最新中等国文』宝文館・一九三三。
18　岩波編集部『国語』岩波書店・初版一九三四・訂正再版一九三四。
19　穎原退蔵・市川寛『新国語読本』星野書店・一九三四。
20　藤村作・島津久基『改訂中等新国文』至文堂・初版一九三一・訂正三版一九三四。
21　芳賀矢一（上田万年・長谷川福平校）『帝国読本』冨山房・初版一九二五・新制二版一九三四。

22 吉田弥平『中学国文教科書』光風館・初版一九〇六・修正二三版一九三四。
23 高木武『大日本読本』冨山房・初版一九三一・新制二版一九三五。
24 千田憲『新編国語読本』右文書院・初版一九二六・改修四版一九三六。
25 冨山房編輯部『新修国文』冨山房・一九三六。
26 五十嵐力『純正国語読本』早稲田大学出版部・初版一九二九・訂正五版一九三七。
27 佐々政一（武島又次郎等補）『新撰国語読本新制』明治書院・訂正版一九三七。
28 東京開成館編輯所『新制国語読本』開成館・一九三七。
29 東京高等師範学校附属中学校内国文漢文研究会『中学国文』目黒書店・一九三七。
30 東條操『新制国語読本』三省堂・初版一九三二・修正五版一九三七。
31 能勢朝次『醇正国語』文学社・一九三七。
32 藤村作・島津久基『新中等国文』至文堂・一九三七。
33 藤村作『中等大日本読本新制版』大日本図書・一九三七。
34 保科孝一『新制昭和国語読本』育英書院・初版一九三一・改訂版一九三七。
35 吉沢義則『新制新日本読本』修文館・一九三七。
36 広島高等師範学校附属中学校国語漢文研究会『新制国語』修文館・一九三八。
37 吉田弥平（石井庄司補訂）『中学国文教科書』光風館・初版一九三七・修正再版一九三八。
38 鈴木敏也『新中学国文』目黒書店・一九三九。
39 池田亀鑑『中学読本』帝国書院・一九四〇。
40 久松潜一『国文』弘道館・一九四〇。
＊当時出回った教科書でこのリストに洩れているものも少なくない（↓注19）。

宴席のコミュニケーション術
――大伴坂上郎女の「姫百合」歌を例として

野口恵子

はじめに――生徒の興味を引き出すために

現行の「高等学校学習指導要領」（平成二十一年三月告示）には、「国語総合」の「目標」が以下のように記されている。

国語を適切に表現し的確に理解する能力を育成し、伝え合う力を高めるとともに、思考力や想像力を伸ばし、心情を豊かにし、言語感覚を磨き、言語文化に対する関心を深め、国語を尊重してその向上を図る態度を育てる。（傍線・波線は野口。以下同じ）

この目標は、旧学習指導要領（平成十一年三月告示）のそれとほとんど変わらない。

国語で適切に表現する能力を育成し、伝え合う力を高めるとともに、思考力を伸ばし言語感覚を磨き、進んで表現することによって社会生活を充実させる態度を育てる。

波線部における新旧の違いについて、『高等学校学習指導要領解説　国語編』(1)には以下のように記されている。

教科の目標については、小学校及び中学校との系統性を重視するため、想像力を伸ばすことについての記述を新たに加えているほかは、これまでと同様である。

すなわち、抜本的な変革は行われなかったと言える。とはいえ、今回の改正の基本的な考え方として、「教育基本法改正等で明確になった教育の理念を踏まえ、「生きる力」を育成」することを求めている。[2] つまり、「国語」の学習を通じて「生きる力」の育成につながるという考え方であろう。

とはいえ、指摘しておかなければならない点がある。新旧の指導要領において教科の目標の内容に変化がなかったのと歩調をあわせたかのように、「国語総合」の『万葉集』の教材化についても変化がほとんど見られないのである。古い常識がまかり通っているという指摘[3]も既にある。

そこでここでは既存の教材を使って、新たな指導法の提示をしたい。唯一教材化された大伴坂上郎女の作品「姫百合」歌を宴席歌として読めることを示し、教材としてどのように指導したら生徒の興味を引き出せるのか提案したい。なぜなら、大伴坂上郎女と言えば、宴席で活躍した女性であることは周知の事実である。また、学習指導要領に掲げられている「伝え合う力」を育むには宴席歌が適切な教材だと考えられるからである。高校生に『万葉集』の作品を古代の歌として指導するならば、宴席歌の表現方法を学ばせたい。そうした学びを通して、言語文化に対する関心を深めることが可能だろう。さらには、古代の人々が歌を通してどのようにコミュニケーションをとっていたのかを理解できれば、「伝え合う力」も「生きる力」も養うことが可能ではないかと考えるからである。

1 教材化された「姫百合」歌

序詞を学ぶための教材

大伴坂上郎女の歌一首

夏の野の　繁みに咲ける　姫百合の　知らえぬ恋は　苦しきものを

（巻八・一五〇〇）

当該歌は、筑摩書房から出版されている『国語総合』（国総322　文科省の検定に合格して与えられた記号と番号）と『精選国語総合　古典編』（国総323）に取り上げられている。(4) この歌が教材化されたのは一九八四年出版の『総合古典』（古総004）に始まり、二〇〇七年の『精選国語総合［改訂版］古典編』（国総040）、そして二〇一三年出版の現行教科書へと続いている。(5) 筑摩書房は採択率が低いためか、二〇〇四年以前は三種類の教科書を出版していたが、二〇〇五年に二種類へと減少している。その際に残った二種類が現在の教科書だが、その選歌や説明には一切変更がみられない。

では、「姫百合」歌はどのような理由によって採用されたのか。

どの教科書にも「学習の手引き」というものが付いているが、筑摩書房の教科書にも、「表現」という項目で以下のように記されている。

1、「夏の野の」の歌と「多摩川に」の歌を比較して、序詞とはどのようなものか、考えなさい。

指導書にも「指導のポイント」という項目で、次のような発問例が記されている。

発）序詞を指摘せよ。

答）夏の野の繁みに咲ける姫百合の。
発）序詞の表す風景と歌に詠まれた心情とはどのように関わっているか。
答）夏の野の繁みの中でひっそりと咲くという姫百合が、好意をよせる相手に知られることなくひっそりと思い続ける自身のありようを表している。

つまり、序詞を学ばせるために教材化されたのである。しかし、この説明で序詞の指導は適切と言えるのだろうか。先の「指導のポイント」にある二つ目の発問例と解答例に注目したい。「序詞の表す風景と歌に詠まれた心情」との関係性についての「答」の説明から推測すると、序詞は歌の本旨を導くための表現技巧として理解できる。加えて、教科書には『万葉集』『古今集』『新古今集』の歌々を載せた後に、「古典文法の窓8　和歌・俳諧の修辞」というコラムを掲載している。そこに序詞の説明が見られるが、それは、和歌は抒情詩として読むという前提で説明されている。(6)

序詞　ある語句に具体的なイメージを与える表現技巧。七音以上の長さ、作者の独断による語句である点を除けば、「枕詞」とその働きはほぼ同じである。おもに自然の景物と心情とを対比させ、心のありようを具体的なイメージとして形づくる。かかり方によって以下の三つに分類される。

①語義（比喩など）によるもの。
夏の野の繁みに咲ける姫百合の知らえぬ恋（三三二一・2）
②語音（掛詞）によるもの。
風吹けば沖つ白波たつた山（二八五・6）
③語音（同音反復）によるもの。
多摩川にさらす手作りさらさらに（三三二一・6）（傍線部は野口）

序詞が「枕詞とその働きはほぼ同じである」という説明にも注意すべきだが、序詞は歌に詠まれた心情を最大限に表現するためのレトリックであるという理解であり、当該歌も抒情詩的な解釈でとらえようとしている。これは戦後における『万葉集』の序詞に関する研究史を無視した説明である。

そこで、序詞の働きが明快な例を挙げてみよう。

我妹子《わぎもこ》が　赤裳ひづちて　植ゑし田を　刈りて収めむ　倉無《くらなし》の浜　（巻九・一七一〇）

この歌の場合、どのような序詞の表現によって地名を導くか、その目的がはっきりしていると言える。詳細は、本書所収の梶川信行「万葉歌から何を学ばせるか」に言及があるので、そちらに譲るとするが、「倉無の浜」という地名に興味を持ったので、それを面白がってこうした歌を詠んでいる。従って、心情表現は存在しないと言っていいだろう。地名がレトリックの契機となって、序詞の方がメインに詠まれているのである。この作品の場合は、そこにレトリックの面白さがある。

「序詞」についてはつとに、その場の状況に合わせて詠まれたものであることが指摘されている。

ところでこのような即境的景物、ないし矚目の景物が用いられるということは、序詞が心情表現のために用いられたものではないことを物語っている。「橘」や「明日香川」の序詞は心情表現以前に、あらかじめ歌の「場」によって規定されているのであって、それが何らかの方法で心情表現と結びつけられるのである。序詞と心情表現とは、それぞれ独立に要求されたものであって、その二つを結びつける方法が、比喩とか、同音異義とかの関係であると考えねばならない。つまりそのような序詞は、心情の「表現形式」ではなくて、始めに即境的景物を提示し、それに寄せて（寄せる方法はいろいろある）陳思する、という発想上の約束ないし発想形式というべき性格のものだと考えねばならないのである。（傍線部は野口）

と、序詞とは心情表現のために用いられたものではないことが述べられている。(7) この研究は基本的に首肯されるべきものであり、以後の研究史に大きな影響を与えている。

先に挙げた「倉無の浜」の歌も当該歌も、序詞を本旨と同じ重さで捉えるのが一般的である。教科書の説明は、そうした研究成果が考慮されず、古い常識に基づいている。

古い常識に基づいた説明

こうした古い常識に基づいた説明は、当該歌だけの問題ではない。他の教材化された万葉歌にも見られる。例えば筑摩書房の「国語総合」（国総322・323）には、［読解］として、

1、これらの歌を、句切れやリズムに注意して、繰り返し声に出して読みなさい。また、好きな歌を暗唱し、心ひかれた理由を文章にまとめなさい。

2、「近江の海」「天地の」「わが園に」の歌では、風景はどのように描かれているか、説明しなさい。

と、課題が示されている。確かに1のように声を出して歌を読むことで言語感覚は磨かれるだろう。また「心ひかれた理由」を文章にまとめたり、2のように歌の風景を想像しながら説明したりすることによって、「国語を適切に表現し的確に理解する能力」（「高等学校学習指導要領」）を養うこともできるだろう。

しかし、

近江の海　夕波千鳥　汝《な》が鳴けば　心もしのに　いにしへ思ほゆ　（巻三・二六六）

という人麻呂の歌の場合は、千鳥が鳴くその声を聴くと、昔を思い出してしんみりすると詠んでいる。声を聞くことで「古」に思いを馳せるこの歌に対して、その風景を描かせるという課題は、必ずしも適切ではないように思われる。指導書では、

①聴覚的な風景と視覚的な風景とを合わせて独自な風景を表している。

②時が過ぎても変わらないもの（自然のありよう）として描いている。

と説明されている。というのも【鑑賞】という項目に、以下のような説明が見られるからである。

変わらぬ自然を前にして、栄枯盛衰する人間の歴史を思う歌である。（中略）変わらざる自然の風貌を見せる湖面の景に触発された詠嘆である。「近江の海　夕波千鳥」は、助詞などを介さない名詞だけを畳み重ねた表現。しかも「夕波千鳥」は視覚と聴覚とをあわせた独自な造語である。湖という場も、夕べという時刻も懐旧の情を呼び起こすのにふさわしい。夕日を浴びてきらめき輝く波頭、静寂を際立てる千鳥の声々が、湖上の光景に深い奥行きを与えるとともに、かけがえのない所と時と物として、「こころもしのにいにしへ思ほゆ」と不可分に対応し、過ぎゆく時を思う心象風景になっている。（傍線部は野口）

「夕波千鳥」という語は人麻呂の造語であるという前提であり、ここで詠まれている風景は心象風景であると捉えている。確かに『万葉集』では「夕波千鳥」はこの歌のみである。一般に「少し技巧的すぎる成語」(8)と考えられている。通説とはいえ、一例しかないという理由で人麻呂の造語と判断してしまっていいのだろうか。なぜなら、「近江の海」「夕波」「千鳥」「汝が」「鳴く」という語構成であった可能性も考えられるからである。しかも、指導書でそれは人麻呂個人の心象風景であるという。「千鳥」の鳴き声から発想される作者の寂しさをどのように絵に描くことができるのだろうか。矛盾を感じてしまう。

実は二〇〇四年以前の指導書・教科書と、現行のそれらはほぼ同じ記述で、指導要領の改訂による変更が一切見られないのが現状である。従って、こうした指導は二〇〇四年以前から継続的に行われていたことになる。

以上、筑摩書房の教科書における「姫百合」歌と一部の万葉歌に対する教材としての取り扱われ方、学習指導要領の内容との乖離、両者における研究情報の古さについて触れてきた。これは筑摩書房に限ったことではなく、他の多くの教科書にも見られる問題点である。

②「姫百合」歌の研究史

では、当該歌は教材としてどのように扱うべきなのか、この点について触れなければならない。まずは、従来の研究ではどのように読まれているのかを整理してみたい。その上で、当該歌をどのように読むべきなのかを提示したい。

以下、主な注釈書の説明を年代順に並べてみた。

・窪田空穂『萬葉集評釋第五巻』（東京堂出版・一九四三）

心は明らかで、序詞によつていいかされてゐる歌である。夫婦間での訴へとも取れる。上代の妻は、常に夫に対しての憧れを持たされてゐたからである。

・武田祐吉『萬葉集全注釋七』（改造社・一九四八）

人知れず恋う苦しい心を訴えている。萬緑叢中に一点の紅を点ずるヒメユリを譬喩としたのは可憐で、風情がある。

・土屋文明『萬葉集私注四』（筑摩書房・一九四九）

これもヒメユリを主題とした題詠的動機からの作であろう。さういふ黠からすれば、序のつづきはヒメユリのヒメを「秘」に通はした言葉のあやと思はれる。「人に」は相手にである。

・澤瀉久孝『萬葉集注釋巻第八』（中央公論社・一九五七）

（三句目まで）夏の野の草の繁みにかくれて人に見られない姫百合のやうに、知られぬ、とつゞく譬喩《ひゆ》の序である。

・井手至『萬葉集全注巻第八』（有斐閣・一九九三）

夏草の生ひ茂る中に咲いた一本の姫ゆりを持ち出して、人に知られることのない片思いのせつなさを歌った。

・伊藤博『萬葉集釋注四』（集英社・一九九六）

上三句の清新な序詞によって輝く歌である。濃緑の夏の草むらに咲く一点朱色の可憐な姫百合は、片恋に沈む女そのものの姿をも象徴しているようだ。

・阿蘇瑞枝『萬葉集全歌講義巻七・巻第八』（笠間書院・二〇〇八）

単に知られていないことを言うだけの序詞であるならば、姫百合を持出すまでもなくもっと人目につきにくいものを歌うことは容易であったろうが、殊更に小さいながらも色の濃い花を序詞に用いたのは、可憐な姫百合をわが恋の比喩としたかったからであろう。（野口注・以下は土屋文明『萬葉集私注』の指摘ついての見解を指す）集中、姫百合はこの一例のみであるから、むしろ詠題は百合であったのを作者は姫百合を選び一首を構成したのかもしれない。

・多田一臣『万葉集全解3』（筑摩書房・二〇〇九）

「夏の野の繁みに咲ける姫百合の」—序。「知らえぬ」を導く。「姫百合」は、ユリの一種。山野に自生。朱を帯びた赤色の花をつける。小さく可憐なところからの名。

見ての通り、多くが「夏の野の　繁みに咲ける　姫百合」までが序詞で、その「姫百合」が次の「知られぬ」へと続くとされている。そして「姫百合」は、人に知られない恋情の苦しさを喩えている花として詠まれているとされる。しかも、「人に知られない恋」とあるその人は、世の中の人々を指すのか、恋の相手を指すのかで分かれているという状況である。加えて、阿蘇の「可憐な姫百合をわが恋の比喩としたかった」という説明は、その恋が作者自身の恋を前提にしていることが明らかである。作者個人の恋情が詠まれた抒情詩として読んでいると言ってよい。

ただし、土屋文明は「ヒメユリを主題とした題詠的動機からの作」であろうと推定し、ヒメは「秘」に通わした言葉のあやと思われると指摘している。これについては後に詳しく検討したいと考えている。

論文では、つとに若浜汐子が、「じっと堪える女の激しい恋情がこの歌には純直に真実に沁みている」とし、「ひめゆりはやはり女の歌うべき花だ。この小さなまっ赤な花弁には、女しか持ち得ない恋の心の色が滲んでいる」(9)と述べている。そして「ひめゆり」は女の歌うべき花としてふさわしく、坂上郎女、さらには一般の女性が実際に経験する、した恋愛を実体（実態化）化させて詠んでいる。

また渡辺護は、

> 卓抜な譬喩というものは、表現上の一技術といった軽さを超えて、現実的な風景を鮮やかに喚起させるものである。坂上郎女の次の一首（野口注：当該歌）は、その好例といえよう。（中略）姫百合の咲いている「繁み」とは、「一言繁み」を暗示する譬喩ではないかと考える。（中略）「百合」は諾うような「笑み」をたたえながら「後（ゆり）」（〝後で〟）と首を振る、誘う男を焦らす女の媚態を表わす恋と深くまつわる花とみなされていたらしい。(10)

と述べている。当該歌の比喩表現を高く評価しながら、「繁み」は「一言繁み」を暗示させ「百合」は女の「笑み」と「後」の両方を連想させるという。しかし、「百合」の用例から導いた論であり、なぜ「姫百合」であるのかについては一切触れられていない。

浅野則子は「単なる景物ではなく、恋の通い路、逢い引きの場としての『夏の野』を常に表現の中に孕んでいるといっても過言ではない」とし、「姫百合」は「自らのおんなとしての存在を意識し、恋の相手であるべきおとこに見出されることを目的としていたのではないか」、「むしろ『媚態』ともよべるほどの」恋歌であるという。[11]

この指摘に対して、小野寺静子は「そこまで読み取るべきなのだろうか」と疑問を提起し、「相手に知られない恋を歌っているととるべきものと考える」[12]という。

東茂美は、文化七年（一八一〇）に詠まれた村田春海の歌を例に上げつつ、当該歌と春海の歌には「模倣ということばでは捉えることのできない、そうした模倣の域を超えて共有される、歌の表現のちからが存在するのではないか」と述べたうえで、

少女の恋情は〈景〉から疎外されるかたちをとって表現されうたわれている、と考えられる。逆にいえば、「夏の野」から少女を疎外することによって、郎女のうたおうとする夏恋のこころは育まれ、そこではじめて「知らえぬ恋」・清楚な情調がきわやかに導き出され、歌の表現として獲得されたといってよい。これを郎女ならではの〈斬新な〉という形容を冠してよいならば、それまでの歌の表現にはみられなかった〈斬新な〉表現を、天平の某日、坂上郎女は掌中にしたのである。[13]

と、この歌の斬新さを指摘している。

以上見てきたように、当該歌は、人に知られない恋を「夏の野」に咲く「姫百合」に譬《たと》えて詠んだ歌であるとされる。この点は確かにそうであろう。ただ、あたかも坂上郎女の実体験が表現されているという理解で、抒情詩として捉えている指摘も見られる。また、坂上郎女歌から比喩表現の技術の高さが認められるとか、表現の斬新さがあるなど、当該歌の表現を評価する傾向も見られる。しかし、そうした歌の評価は、果たして必要だろうか。現代の我々の価値観で、古代の歌に対して秀歌・名歌と評価することは、決して適切なことではあるまい。そこで、次に当該歌はどのような歌であるのか、どのような表現構造なのかを、用例を挙げながら、その点を検証してみたい。

3 「姫百合」歌の表現構造

「姫百合」と「百合」の違い

『万葉集』中、「姫百合」はこの歌でしか詠まれていないが、「百合」の用例ならば数例見られる。この点をどのように考えるべきであろうか。まずは「姫百合」と「百合」の違いについて考えてみよう。

「姫百合」は、すでに指摘されているように、「ヒメ」+「ユリ」という語構成だと考えられる。(14)「ヒメ」については、例えば「接頭語として、小さな優しい感じのするものに冠する(15)」と説明されている。そこで、接頭語と考えられる「ヒメ」の用例をみてみると、

天《あめ》なる　日売菅原の　草な刈りそね　蜷《みな》の腸《わた》か　黒き髪に　あくたし付くな　（巻七・一二七七）

……　あしひきの　この片山に　二つ立つ　櫟《いちひ》が本に　梓弓　八つ手挟《たばさ》み　比米鏑《かぶら》　八つ手挟み　鹿《しし》まつと　我が居る時に　さ雄鹿の　来《き》立ち嘆かく　たちまちに　我は死ぬべし　（以下省略）　（巻十六・三八八五）

の二例が存在する。一首目の「日売菅原」は「ひめすげ（カヤツリグサ科の多年草）の一面に生えた原。一説に、地名で、美濃国可児郡久久利《かにぐんくくり》の近傍の姫の地かという(16)」。和名の由来は常緑で寒菅《かんすげ》よりも小さいことからきており、やはり「小さな」という意で「ヒメ」と表現されていると言えよう。

二首目の「比米鏑」は、

上古の鏃《やじり》の一種。諸説がある。契沖は『蟇目鏑《ひきめかぶら》』といい、蟇《がま》の目のような形の孔をうがった鏑と見る。宣長は「樋目鏑《ひめ》」と言い、鏑の孔の長くて樋状《といじょう》をなしたものと見る。略解引用の真淵説は、「姫鏑」と言い、小さな鏑

と見る。真淵説が最も妥当。(17)

という説明があるように、諸説分かれている。ただ「蟇目鏑」「樋目鏑」が古代に存在したかは確かめられない。とりあえず真淵説を取っておきたい。

以上の用例から見ても、「姫百合」の「ヒメ」は「小さな優しい感じのするものに冠する」接頭語であり、「姫百合」は単なる「百合」ではないことが明らかだ。坂上郎女は、このようなイメージを有する「姫百合」を、表現の一つとして意図的に選び取ったのだろう。

姫百合のもつイメージ

では、実際にはどのような容姿の花なのか。「姫百合」を植物辞典や図鑑などで調べてみると、大抵以下のように説明されている。

山地にまれにあるが、広く古くから栽培する。（中略）花は6―8月に、上を向いて咲く。花被片《かひへん》は朱赤色、斑点があり、長さ3―4cm、開出する。(18)（傍線は野口）

この花は、どの百合の花よりも小さい。しかも、上を向いて咲く。すなわち、「姫百合」の花は小さく咲くものの、堂々と上を向いて咲いている点が特徴と言える。当該歌では「繁みに咲ける　姫百合」とされているので、多くの草々が生えている中で、この「姫百合」だけが空に向かって咲いている状況であることは明らかである。

一方仙覚は、

さゆりはなゆりもあはむとつゞくることは、ゆりといふ名につりて、つゞけぬべきうへに、かの花は、こと花よりも、おほヰらかに、おもきによりて、風なといささかも吹時は、わきてゆられたちたれば、ゆりもあはんとよそへよめる也。(19)

と、「ユリ」は「揺り」の語源であると指摘している。確かに多くの「百合」の花は、下を向いて咲き、風によって左右に揺れる。「姫百合」のように上を向いて咲くというのは、他の「百合」とは相当異なることを留意しておかなければならないだろう。

当該歌において、坂上郎女が「姫百合」を詠んだのは、「姫百合」のように人に知られない恋をしている、その苦しさを単に表現するためではなかったのだろう。むしろ、一般的な「百合」とは異なり、小さいながらも凛と空に向かって咲き誇る「姫百合」の姿態から、「姫百合」という名称から連想するイメージ（小さな花を咲かせる百合）とズレ（相違点）がある事に着目したことによるのではないか。

しかも、その「姫百合」は「繁み」で咲いている。「繁み」は「草木の茂った所。ミは接尾語。」[20]である。ここではどのような草木かは特定されていない。つまり、「姫百合」だけが咲いていることを強調している表現なのである。夏という季節だからこそ、鬱蒼《うっそう》と草木が生えている緑一色の中で、赤みを帯びた花が空に向かってひっそりと咲いている様態である。一見「人に知らえぬ恋」とあるように秘めた恋としてふさわしい表現だが、草木が茂っている中で赤みを帯びた花が空に向かって咲いているのだから、名称から連想されるイメージとは程遠い。小さいながらも、恋人の方だけを向いて（見て）咲いている赤い花は、他の女性には負けないほどの恋情の強さを誇示しているようにも思える。

『万葉集』の「百合」の用例だが、

道の辺の　草深百合の　花笑みに　笑みしがからに　妻と言ふべしや　（巻七・一二五七）

と、茂みの中で咲く「百合」の花のように、一度あなたに微笑んだぐらいの事で、私を妻と呼ぶべきではないと相手の男性を非難している歌である。「百合」と「姫百合」の違いはあるが、「草深百合の花」と詠まれているように、当該歌同様、多くの草木が自生している中で咲いている「百合」である。咲いている花の印象は同じだと言っていいだろう。多くの女性がいる中で、ある一人の女性が行きずりの男性に対して好意を示す笑みとして、「百合の花」が譬えられているのである。従って「百合の花笑み」は、男性も好意の表れだと誤解をしてしまうほどの笑みなのである。こうした例から、「百合の花」は男性を虜にするものとして捉えることも可能であろう。当該歌で「姫百合」が太陽の光が指す方向に咲く様は、好意を寄せる男性に対して、恥じることなく直接向けている女性の笑みに譬えられているのではないだろうか。

以上、当該歌は、前半部分「夏の野の　繁みに咲ける　姫百合の」において、「姫百合」という名称によるイメージと、実際の花の様態とのギャップに注目して詠んでいる。しかも鬱蒼と繁る草木の中でひっそりと咲いている花の様態は、好意を寄せる男性への恋情を誇張させる効果も考えられる。それに対して、後半部分「知らえぬ恋は苦しきものを」では、「秘めた恋」の苦しさを表現している。つまり、この前半部と後半部にもズレが生じていると言える。前半部内でのギャップだけでなく、それを受けた後半部にもズレが認められ、それが当該歌の序詞の特徴なのである。こうした構造によって、後半部で表現されている心情がさらに強調させていると考えられる。作者・坂上郎女個人の、人に知られない恋の苦しさを詠んでいる歌ではないのは明らかであろう。「百合」ではなく、「姫百合」を選択した坂上郎女の、レトリック上の機知を垣間見ることができる作品と言ってよい。

4 宴席歌としての「姫百合」歌

宴席で愛でられた花

それでは、構成上、序詞が歌の中心となっている当該歌はどのような場面で詠まれたのか。『万葉集』には、「百

合」の歌がもう三首見られる。（傍線部は野口。以下同様）

A吾妹《わぎも》子《こ》が　家の垣内《かきつ》の　さ百合花　ゆりと言へるは　否と言ふに似る　（巻八・一五〇三）

B道の辺の　草深百合の　後《ゆり》もと言ふ　妹が命を　我知らめやも　（巻十一・二四六七）

Cさ百合花　ゆりも逢はむと　下延ふる　心しなくは　今日も経めやも　（巻十八・四一一五）

これら三首の「百合」は、「のち」という意の「後（ゆり）」という語を引き出すものとして詠まれている。Aは紀朝臣豊河《きのあそみとよかわ》の歌で、あなたの家に咲いている「百合」ではありませんが、「のち」に逢いましょうと言うのは、逢いたくないというのと同じことだと、相手の女性が体よく断ったことを非難している。Bは、道端の繁みに生えている「百合」のように「のち」に逢いましょうというあの子の寿命など私は知るものか、とこれも相手の女性に断られたことを詠んでいる。Cは大伴家持が越中の国守として赴任していた時の歌で、坂上大嬢《さかのうえのおおいらつめ》に「のち」に逢えるだろうと期待できなければ今日一日さえも過ごすことはできない、と逢えない嘆きを詠んでいる。以上三首のうち、詠まれた状況が推定できるのはCのみだが、いずれも相聞歌において掛詞として詠まれている例である。

次に挙げる「百合」の歌は、宴席で詠まれた歌で、かつ掛詞としても詠まれている例である。

油火《あぶらひ》の　光に見ゆる　我が縵　さ百合の花の　笑まはしきかも　（巻十八・四〇八六）

灯火《ともしび》の　光に見ゆる　さ百合花　ゆりも逢はむと　思ひそめてき　（巻十八・四〇八七）

さ百合花　ゆりも逢はむと　思へこそ　今のまさかも　愛《うるは》しみすれ　（巻十八・四〇八八）

題詞によると、宴席の主催者である秦忌寸石竹《はたのいみきいわたけ》が「百合」の花蔓を三枚作って高坏《たかつき》に重ね載せ、それを来客に捧げ贈ったので、招かれた客人はこの花蔓を歌に詠んだという。この宴席では「百合」の花蔓が、宴席の趣向として飾られたのである。宴席では、季節の花を持ち込み、同席した者同士で愛でたり、歌を詠んだりすることはしばしば見られる光景である。『万葉集』で代表的なものは、やはり大伴旅人の「梅花の宴」（巻五・八一五〜八四八）である。

大弐紀卿《だいにきのきやう》の歌に「梅を招きつつ」（巻五・八一五）とあることから、わざわざ梅の枝を折って宴席に持ち込んでいるのがわかる。他にも、橘奈良麻呂が主人として開催された宴席では、「黄葉《もみちば》」を「手折る」ことを前提として歌を詠むことが求められていた（巻八・一五八一～一五九一）。額田王の蒲生野《がもうの》の歌（巻一・二〇）においても、薬狩りで採取した薬草「茜」や「紫」が宴席の場に持ち込まれた可能性がある。これらの草花は、宴席での趣向の一つとして存在しているのだ。

色恋の余興

次の歌群も宴席で詠まれた歌である。

……嘆きつつ　我が待つ君が　事終はり　帰り罷《まか》りて　夏の野の　さ百合の花の　花笑みに　にふぶに笑み
て　逢はしたる　今日を始めて　鏡なす　かくし常見む　面《おも》変はりせず　（巻十八・四一一六）

これも、大伴家持が越中国守の時代に、宴席を催した時の歌である。傍線部では、「さ百合」の花がパッと咲いたように、にっこりと笑ってお会いできた今日からずっと会い続けましょうと、「さ百合の花」を人の笑顔に譬えている。ここでも「百合」の花が、女性の笑みに譬えられている。

以上のような用例から、当該歌も宴席歌だと考えられる。ただ、巻八の「夏相聞」に収められているため宴席歌ではないと指摘されるだろう。しかし、実は当該歌の直前にある大伴四綱《おおとものよつな》の歌（巻八・一四九九）は、その題詞に「宴吟歌」と記されている。従って、「相聞」に収められている歌でも宴席歌である可能性は十分考えられる。既に触れたように、当該歌は片思いの歌もしくは秘めた恋の歌と理解されている。いずれにせよ、人の目に触れる歌だったからこそ『万葉集』に収録されたのであろう。夏の野に咲いていた「姫百合」を折り取ってきて、宴席でそれを飾り、愛でながら詠まれた歌だったので、収録されたのであろう。

平成二十六年度の正倉院展において、「伎楽面　酔胡従《すいこじゅう》（伎楽の面）」が出陳されていた。それについて、図録の解説には、

> 鼻先を長く突き出して、ひげを蓄える胡人を表した面、赤ら顔で目尻と眉尻を下げる眠たげな表情から、酔胡従に比定される。八人で構成される酔胡従は、酔胡王に従って楽舞の終盤に登場し、泥酔した演技で観衆を楽しませたと推測される[21]。

と説明されている。呉の女性にちょっかいを出して、振られる役回りでもあるという。酒のふるまわれる宴席では、このように男女の色恋に関わる余興はつきものである。当然、宴席での女性は恋の対象となる。当該歌が詠まれたのも、宴席で同席していた坂上郎女が座興として恋の対象となり、その場を盛り上げるために歌を披露したのであろう。もしくは、「姫百合」が趣向として飾られる宴席を想定し、予め創作していたのかもしれない。

祭祀の花

これはまた「百合」の例になるが、この花は祭祀の場でも用いられている。『延喜式』神名帳にも見られる大和国添上郡《そえがみぐん》鎮座の率川《いさかわ》神社では、旧暦四月に挙行される三枝祭《さいくさまつり》でヤマユリが祭壇を飾る。この祭りは疫病の鎮遏《ちんあつ》を大物主神に願った祭祀と考えられ、『令義解《りょうのぎげ》』と「令釈」の記述によれば、「三枝の花」を酒罇《さかだる》に飾って祭るのだという[22]。「三枝花」は山百合だとされるが、この他にもイカリ草や三椏《みつまた》など諸説がある[23]。また、「三枝」の訓は、「サイクサ」「サキクサ」で、「幸草」の意とされ、茎が三枝に分かれた瑞祥と考えられている[24]。形状が珍種であるが故にめでたい草とされ、祭祀に用いられていたのだろう。当該歌が宴席歌だとすれば、その場に持ち込まれた「姫百合」は季節の花であるばかりでなく、瑞祥とされるめでたい花として宴席の趣向にあったからではないだろうか。

以上、確証は得られていないが、古代の人々の「百合」に対する共通イメージはどのようなものだったのかを、

様々な面から検討することによって、古代言語文化に関心を持つことも可能であろう。

⑤ 表現技巧を考えるための教材

つとに土橋寛《つちはしゆたか》によって、全ての「うた」を抒情詩として捉えることについて否定的な見解が示されている。

> 貫之に始まる伝統的抒情詩観の上に、国民詩運動のなかで形作られた抒情詩的民謡観、写生主義短歌の指導者によって作り上げられた万葉観が重なって、「うた」はすべて抒情詩だという考え方はしだいに固まり、常識化された。（略）それでは「うた」はすべて抒情詩だという考え方のどこがいけないのかというと、歌に表現された内容だけを見て、歌が何のために歌われたり作られたりするのか、という視点を持たなかった点にある[25]。

さらに、「うた」は何らかの目的のために歌われたものであり、その目的は表現ではなく、「何らかの意味での生活上の必要に答えることにある」とし、万葉歌も何らかの「実用的機能」があるともいう。

このような指摘がつとになされているにも関わらず、相変わらず抒情詩として捉えられている。その原因は、一つには教科書や指導書の改訂がきちんとなされていないからであろう。解説書に挙げられている参考文献に古いものが多い点[26]を見ても、それは一目瞭然である。

当該歌を教材として用いる際には、まず歌は表現によって成り立っていることを大前提に考えるべきであろう。つまり、どのような心情が詠まれているのかではなく、どのような言葉で心情を表現しているのかが最も重要な問題なのである。だからこそ、歌人には表現技巧が必要とされるのである。読み手は、そのレトリックの面白さを味わうことが出来るのである。それが宴席歌の場合では、作歌の技量としてレトリックが求められるのである。従って、宴席での恋歌で、どのような心情が詠まれているのかと問うのは、あまり意味がない。

では、なぜ宴席で恋歌が詠まれるのか。それは、宴席では歌や舞の他に、女性も花となるからである。事実、『万葉集』には宴席に女性が同席する例が多い。宴席に女性がいれば、自然に女性が恋の対象となり、披露される恋歌のレトリックが興を添える。ましてや、坂上郎女のように、恋の対象が歌を嗜《たしな》んでいる者であれば、その者に「女歌」を披露するように求められるのは必定である。

従って、当該歌を教材化した場合、生徒にはこうした宴席の場を具体的にイメージさせながら、序詞におけるレトリックをどのように考えるべきかを問うことが必要ではないだろうか。単に答えとして○か×か選択させるのではない。生徒に宴席歌としてどのような印象を持ったのか等を自由に書かせれば、歌のレトリックについて深く考えるのではあるまいか。古代の人々が宴席の場でどのようにコミュニケーションをとっていたのか考えることもできるだろう。

国語の授業で学ぶものの中には、答えの出る問題と出ない問題が存在する。国語という科目だからこそ、答えのない問いもあっていいのではないか。学習指導要領で掲げられている「生きる力」を育てるには、そうした区別をした上で、自分の考え方を論理的に述べる術を学ばせる機会にすべきであろうと考えている。

【注】

1　文部科学省『高等学校学習指導要領解説　国語編』（二〇一〇）。

2　文部科学省「高等学校学習指導要領の改訂のポイント」も参照した。
(http://www.mext.go.jp/a_menu/shotou/new-cs/youryou/1304385.htm・二〇一五年九月四日最終閲覧)。

3　梶川信行「国語教科書の中の『万葉集』―高等学校「国語総合」を例として―」（『語文』一四八輯・二〇一四）で指摘され

ている。

4　両教科書は、教材化された他の万葉歌もそれに関する説明も全く同じである。

5　当該歌が教材化される以前の教科書では、大伴坂上郎女の「来むと言ふも　来ぬ時あるを……」（巻四・五二七）が採用されていた。それは、一九八二年発行の「国語Ⅱ」（国Ⅱ027）から始まり、一九九五年発行の『国語Ⅱ』（国Ⅱ544）まで続いた。「来（コ）」という頭韻を踏んだ言葉遊びの歌である。採用された理由の一つは、このレトリックを学ばせるためであろう。

6　梶川信行「万葉歌は抒情詩か─高等学校「国語総合」の『万葉集』─」（『国語と国文学』九二巻一一号・二〇一五）においてすでに、「『国語総合』の教科書は総じて、万葉歌を抒情詩と考えているのであろう」と指摘されている。加えて「万葉歌を抒情詩として扱うことは不当だ、と言おうとするのではない。（中略）各教科書の中で教材化されている万葉歌は必ずしも、高校生が感情移入できるものばかりではないように思われる」とも述べている。

7　土橋寛『古代歌謡論』（三一書房・一九六〇）。初出は「序詞の概念と種類」（『萬葉』二一号・一九五六）なので、六〇年ほど前の指摘である。

8　土屋文明『萬葉集私注二』（筑摩書房・一九五〇）。

9　若浜汐子「姫百合」（『白路』二七巻八号・一九七二）。

10　渡辺護「譬喩の要因─万葉集巻八・一五〇〇番歌について─」（『岡大国文論稿』一四号・一九八六）。

11　浅野則子「『姫百合』考─坂上郎女一五〇〇番歌を考える─」（『大伴坂上郎女』翰林書房・一九九四）。

12　小野寺静子「恋の歌」（『大伴坂上郎女』翰林書房・一九九三）。

13　東茂美「ある『未通詞恋』歌の始発」（『大伴坂上郎女』笠間書院・一九九四）。

14　注13に同じ。

15　上代語辞典編修委員会編『時代別国語大辞典　上代編』（三省堂・一九六七）。

16　丸山林平『上代語辞典』（明治書院・一九六七）。

17　注16に同じ。

18　『原色日本植物図鑑（下）』（保育社・一九七三）。

19　仙覚『萬葉集注釋〈國文注釋全書〉』（皇学書院・一九一三）による。
20　注15に同じ。
21　奈良国立博物館編『第六六回「正倉院展」目録』（仏教美術教会・二〇一四）。酔胡従の伎楽面は、しばしば正倉院展で見られるが、この年の酔胡従は初出陳であった。正倉院には八口の酔胡従が伝わる（成瀬正和「正倉院伎楽面の分類的研究」『正倉院年報』一九号・一九九七）。
22　「令釈」（『令集解〈新訂増補国史大系　普及版〉』吉川弘文館・一九七四）と『令義解〈新訂増補国史大系　普及版〉』（吉川弘文館・一九七四）。
23　宮地治邦「三枝祭について」（『神道史学』一号・一九四九）。
24　津田勉「神祇令祭祀『三枝祭』の名義について」（『神道宗教』二一六号・二〇〇九）。
25　土橋寛「万葉序説」『万葉開眼（上）』（日本放送出版協会・一九七八）。
26　研究書の中で最も古いものは五味智英『古代和歌』（至文堂・一九五一）である。また、昭和に出版されたものが二三種の文献のうち二〇にも及ぶ。

明快な「読み」のない歌
――大伴家持「春愁歌」

吉村　誠

はじめに――最新の研究成果をどのように生かすか

高等学校以下の中等教育内容は学習指導要領に基づいて定められている。それに沿った形でカリキュラムの策定や教科書教材の選定がある。しかし教材の内容の解釈は『万葉集』教材に限ってみても基本的解釈のものが多く、最新の研究成果が必ずしも盛り込まれているとは言い難い。研究成果が教育に反映されることは当然のことと言ってよい。それは古典文学研究と国語教育の関係だけに限らず、国語の他分野や他教科でも同様であろう。

しかし国語の場合は、昨今の学力観の見直しにより、学習者の学力向上を目指すことに重点が置かれているので、一般的な読解能力を身に付けさせることに主力が注がれ、研究成果を教育に盛り込むことの意義や必要性が十分に把握されているとは言えない。これでは授業の方法が如何に優れていたとしても、内容が旧態然としたままで知識を付けさせてしまう危険性がある。学習者に「自ら学ぶ力」を付けることは重要であるとは言え、その内容が学問的発展に基づかないと、「学び」の結果が保証されなくなる。大学教育も含めて国語教育の基本事項の一つに「読み」を深めるということがある。これは従来は講義型であったが、学習者が主体的に「読み」を体験し、そこから自覚的に意味を理解させるという方法として普及してきているものである。従って研究成果も学習者に追体験させながら理解させる必要がある。しかし研究成果を教材解釈に盛り込み、学習者に学力をつけるという国語教育の目的に適うためには、教師の授業内容の再検討や方法の工夫が求められるところである。

そこで、ここでは、とりわけ古典教育を中心として、中でも『万葉集』の具体的な教科書教材を取り上げ、近年の研究成果の一例を示してどのように教育に生かすかを論じてみたい。

1 新学習指導要領を基盤とした古文の授業展開

古典を学ぶ意義

戦後の国語教育における古典教育分野は、終戦直後からしばらくは戦前の古典教育がもたらせた反動から受難の時期はあったものの、基本的には「古典に親しみ、我が国の伝統、文化を学び、愛国心を育む」を中心とした目標が設定されていて、戦後度重なる学習指導要領の改訂を受けて目標が変更されても、大枠では大きな変化はない。(1)そして二〇〇九年に改訂された新学習指導要領において、「国際化社会に対応するために、我が国の文化を知り、異文化を理解する」ことが出来るための古典教育が求められ、国語教育の根幹である「言語能力の育成」が古典に対しても求められるようになった。

周知のように高等学校の新学習指導要領は、二〇一三年度の入学生から学年進行に応じて導入されている。おおむね従来と変更されていないが、新たに明言されたことは、「伝統的な言語文化と国語の特質に関する事項」である。具体的には「国語総合」においては、「伝統的な言語・文化への関心を広げる」こと、従来の「古典講読」から改善を目された「古典A」では「我が国の伝統と文化に対する理解を深め、生涯にわたって古典に親しむ態度を育成する」ことをねらいとしている。また以前の「古典」の内容を改善することを目的とした「古典B」においては、「古典を読んで思想や感情を的確にとらえ、ものの見方、感じ方、考え方を豊かにすること」や「作品の価値について考察する」など、より高度な内容となっている。(2)

従って「国語総合」(必修)における「古文」は入門的な導入に位置づけられ、「読む」「書く」といった全領域からの学習活動が求められるが、「古典A」(選択)は、「伝統的な言語文化と国語の特質に関する事項」が重視され、興味関心をもたせることが中心となる。そして「古典B」は文語文法の指導も含めたより高度な古文に対する読解能力が求められ、理解や関心を深めることが指導の重点項目となっている。そして教材対象として新たに付け加えられたことは、古典について解説した近代以降の文章や、古典を素材にした近代以降の文章など教材の幅を広げることを述べた点である。これは「訓詁注釈」に偏った古典の授業に意義や関心を見いだせない学習者を作ってきた反省と、「生涯にわたって古典に親しむ」ことを目標に置かれた処置である。また古典Aにおいては、中国文化との関係を認識させることにも触れ、そこから我が国独自の文化に発展してきたことを自覚させるとする。

国語教育に限ったことではないが、教育には(1)学習の目標が設定され、(2)学習の方法が考えられる。古典においては「我が国の伝統と文化に対する理解を深める」を重視した目標に掲げられていて、(2)は学習者がその認識を深め、読解力がつくかという中で様々な授業の取り組みが考えられている。特に手段として興味を持たせるための工夫が模索される。ここに従来の講義型や記憶中心学習から離れ、グループ学習やワークショップ型、アクティブラーニング型、課題探求型などの学習者主体の授業方法が提案される。特に古典は、従来の文法学習や意味読解といった講義中心の授業方法により、学習者の古典嫌いや古典離れを引き起こしてきたという反省から、その原因を明確にし、興味付けを行う古典授業の模索が行われている。

しかし、一番重要なことは、その内容である。古典を学ぶ意義は、多く言われているが、

1　日本語の美しさを学ぶ（豊かな言語文化）。

2　日本の伝統文化を学ぶ（日本の文化）。

3　昔の人の生き方を学ぶ。

4　昔の人の教えを学ぶ。

という四点にまとめることが出来る。

これをどのように学習者に興味づかせ、生涯にわたって親しむ気持ちを形成させるかは、教師側の授業方法や経験による工夫が必要となる。その具体例として、第一は、「古文」の逐語訳にこだわらないことであり、内容を先に理解させることである。韻文である和歌においても、その内容を十分に把握させることが重要である。古典教材の組み立てに限って言えば、その上で古典を現代に引きつける方法と、異文化として古典に興味を持たせる方法の二種類がある。(3)現代に引きつける方法としては、マスコミが時々行うように古典に描かれる事象が必ずしも昔の出来事ではなく、同じことが現代でも存在するという方向で興味を持たせる方法や、恋愛といった普遍的な事象を取り上げて、「今も昔も変わらない」という方法で身近に感じさせる方法である。またアニメキャラクターを登場させて、現代的な感覚で再現するという方法もある。

異文化として古典に興味を持たせるとは、古典に描かれる世界をいわば異文化として冒険するという方法である。古典研究において、現代では失われた通念や習慣などを掘り起こして作品を読むという方法がある。作品の「読

み」を現代に引きつけて読むのではなく、作品成立の状況を探ることにより現代では失われた「読み」を発見するという方法である。もちろん興味のない学習者にとっては難しいだけであるが、一方で国際感覚を身につける一環として異文化を体験することによって日本文化を知るということが行われているように、時代の中で現代の感覚との異なりに気付くことによって、現代文化を知るという方法である。しかしこの実践には教師の教材研究が重要となる。

ただし、古文読解の基本は、「ことば」にある。これは研究においても同様であるが、作品に使用されている「ことば」の意味を丁寧に解釈し、たとえ現代に偏った解釈であったとしても、学習者に「ことば」を共有させることが必要である。そして次に必要なのは、その「ことば」の意味である。「ことば」の辞書的解釈だけではなく、文脈から見た「ことば」の意味や、当時の観念に置き換えて意味を捉える必要がある。ここに研究成果を盛り込む余地があるし、従来の講義型ではなく、課題探求型の学習活動を有効活用すれば効果的なものとなる。

このように考えると学習指導要領に基づいた学習指導目標は、興味付けを行い、学習者に国語力を付けさせることが第一の目的であり、教材解釈に特に新しい研究結果を反映させなくてもよいように思われる。しかしそれは誤りである。新しい研究結果を学習者に伝えるのが目的なのではなく、「読み」の発見の方法を伝えることに意味がある。

研究も同様に「読み」の新しい発見である。学習者に「読み」の方法を伝えることが重要なのであって、「読み」の結果を講義することではない。

次に問題を『万葉集』教材に限って考えて行く。

2 『万葉集』研究の目標

『万葉集』における歌を捉えるには、歌に対する現代観念と少し異なったとらえ方が必要である。現代短歌では

1 作者が、物を見たり、感じたことに対する感動や感情を読み取り、追体験する。

2 磨かれた言葉（晴の言葉）や、凝縮された表現の美しさを感じ取る。

というのが鑑賞の中心であるが、『万葉集』においては、作歌は必ずしも個人的「感動」ばかりとは言い切れない。宮廷行事における天皇に対しての讃美が目的であったり、旅中における行旅の安全を祈るといった現代にはない目的で歌われた歌もあるからである。

おおざっぱに言って万葉集研究は以下のことを意識して行われてきた。

1 研究の目的は、古代的意味を推定し、古代からのメッセージとして歌の意味を探る。

2 表現の性格や言葉の使い方を文学史的に位置づける。

3 中国文学との比較によってその影響を考える。

4 国語学、歴史、民俗学など隣接する諸科学から歌の意味をとらえる。

5 編纂物としての視点から歌を理解する。

従って、歌を解釈するには、土屋文明『萬葉集私注』が明確に項目立てを行っているように「作意」が必要であり、語句の意味内容だけでは判然としないことが多い。ただし、個々の歌の具体的内容は研究上でも諸説あり、また推定に過ぎないことが多く、我々の享受に過ぎない。そこで「読み」の問題が浮かび上がる。研究とは『万葉集』

を「書かれたテキスト」として読み、どのような普遍的な「読み」が出来るかということの模索であると言ってもよい。近年「読み」が強調されるのは、従来、歴史や民俗といった「読み」の外側にあるものを接続し、言わば外面的な要素を「歌」の意味に持ち込んできたことへの反省である。もちろんそれらは方法的にも確立されたものであるが、どのように解釈してもそれは歌を外面的な要素に置いたものに過ぎず、その歌の本質を言い当てているのかどうかはまた別の問題である。従って歌を理解するには、「語句」から出発しなければならないことを再発見した結果である。「テキスト」としての「読み」をどのように行うかが重要な視点となってきている。そういう意味では指導要領に示す目的と一致している。相違があるとするならば、教育では学習者に「読み」の力を付けさせることを目的としているのに対して、研究では「読み」そのものの方法開発とその結果を示すことに目的があることである。

そこで、次に具体例を掲げて、まず研究の現状を紹介する。

3 大伴家持の「春愁歌」

近代になって評価された歌

（天平勝宝五年二月）廿三日興に依りて作る歌二首

春の野に　霞たなびき　うら悲し　この夕影に　鴬鳴くも　（巻十九・四二九〇）

我が屋戸の　い笹群竹《ささむらたけ》　吹く風の　音のかそけき　この夕《ゆふべ》かも　（巻十九・四二九一）

廿五日作る歌一首

うらうらに　照れる春日に　ひばり上がり　心悲しも　ひとり（独）し思へば　（巻十九・四二九二）

春日遅々として鶬鶊《そうこう》正に啼《な》く。悽惆《せいちう》の意《こころ》、歌に非ずは撥《はら》ひ難き耳《のみ》。仍《よ》りて此の歌を作り、式《も》ちて締緒《ていしょ》を展《の》ぶ。但し此の巻の中に、作者名字を称せず、徒《ただ》年月所処縁起のみを録せるは、皆大伴宿祢家持が裁作《つく》れる歌詞也。

この三首目の歌（四二九二）は、高校国語総合の六社の教科書及び中学校教科書（東京書籍）に採用されている歌である。教科書によって歌本文のみを掲げているもの、題詞を訓読文で入れているもの、左注を訓読文で入れているもの、歌本文の表記も「ひばり」「ひとり」と平仮名のもの、「雲雀」「独」と漢字表記にしているものなど様々である。多くは歌本文のみであるが、教育出版、明治書院、筑摩書房は訓読文の題詞を含め、東京書籍は左注のみ訓読文で記載している。

家持の絶唱三作とか春愁歌《しゅんしゅうか》と呼ばれて、現代では評価の高い歌として知られているものであり、従来数多くの論がある。その中でも稲岡耕二[4]、小野寛[5]、鉄野昌弘[6]が従来の研究史を端的にまとめているので、三氏の論を参照しながら、現研究段階と問題点を整理する。以下、三氏の氏名だけの論の引用は、これらの論文を参照したものである。また教科書では最後の一首だけが掲げられているが、この歌の意味解釈には前二作も関係する所があるので、ここでは三首全て掲げる。

この歌は、小野寛や橋本達雄[7]によると、評価されるようになったのは、近代のことで、それ以前はことばの不分明さもあって低い評価であったらしい。最初に高い評価を与えたのは、大正二年の窪田空穂である。橋本達雄によれば、窪田空穂は「大伴家持論（文章世界）」で近代性を含んでいることを指摘する。また次いで大正四年の『万葉集選』に家持の特徴が最もよく出ている歌であることを述べる。その後大正十年には武田祐吉、大正一四年に久松潜一、吉沢義則が相次いで評価を行う。戦後もっとも詳細に論じたのは折口信夫である。それ以来、この歌が着目されるようになり、教科書への採択にも至っている。

しかしここで注意しておかなければならないのは、彼らは家持の歌の中に近代性を見出したのであって、春景の中での「孤独の悲哀」という近代人が共鳴する要素の発見である。従って、明治以前の評価は、賀茂真淵の古代に理想を置く論や、本居宣長の「漢心」の排斥もあって、奈良時代の歌全体ともどもあまり顧みられていない歴史がある。(8) そうした経緯を経て、近代以降の評価の高まりと共に現代に至るまで数多くの論が出されてきた。

明るい春景から暗い心情へ

この歌の前半部は、「うららかに日差しが明るく照ってひばりが飛び上がり」という視覚と聴覚による春景が描かれる。「うらうらに」というのは他に用例がなく、孤語であると言われており、正確にはどういう情景であるのかは再現出来ない。また視覚と聴覚による春景は、その二日前の歌（四二九〇）にも「春の野に霞がたなびく」と「鶯鳴くも」によって示されており、同様の春の光景である。そして「心悲しも」「独りし思へば」という孤独の情を述べる。これも二日前の「うら悲し」と同様の心情であると見られる。ここで中西進は二五日の歌は二三日の歌の繰り返しのようになっているので関連性はないと説いているが、(9) 多くの論はつながりがあるとしている。

「ひばり上がり心悲しも」は、明るい春景から一転して暗い心情につながる接点が理解できず、春景と情の関係に多くの論は集中する。「悲し」を讃美であるとする論も(10)あるが、やはり悲哀を表現していると見るのが妥当であろう。そこで多くの論は、この「景」と「情」の関係を解き明かそうとする。

毛詩との関係

そこで重要となるのが左注である。「春日遅々　鶬鶊正啼」が歌の春景の補足説明となっているが、この句は毛詩の句と類似しているという指摘が契沖『万葉代匠記（初稿本）』以来多く言われている所であり、ここから「心悲しも独りし思へば」の心情を理解しようという論が多い。契沖は毛詩に同じ句のあることを指摘した。契沖は、小《しょう》雅《が》「出車《しゅっしゃ》」の一節に「春日遅遅、卉木萋萋。倉庚喈喈、采蘩祁祁。」（春日遅遅《しゅんじつちち》たり、卉木萋萋《きぼくせいせい》たり。倉庚喈喈《そうこうかいかい》たり、蘩《はん》を采《と》ること祁祁《きき》たり。）を指摘したが、「豳風《ひんぷう》　七月」の一節に「七月流火、九月授衣。春日載陽、有鳴倉庚。女執懿筐、遵彼微行、爰求柔桑。春日遅遅。采蘩祁祁。女心傷悲、殆及公子同帰。」（七月流火《りうくわ》、九月衣《い》を授く。春日載《はじ》めて陽《あたた》かに、鳴く倉庚有り。女《ぢょ》は懿筐《いきゃう》を執り、彼《か》の微行《びこう》に遵《したが》うて、爰《ここ》に柔桑《じうさう》を求む。春日遅遅たり。蘩を采ること祁祁たり。女心《ぢょしん》傷悲す、殆《はじめ》て公子《こうし》と同じく帰《とつ》がん。）として同様の句がある。

「倉庚」というのは中国にいる「高麗鶯」のこととされ、少なくとも家持歌中にある「雲雀」とは異なる。そこで家持は誤解した（契沖『代匠記』）とか、詩を掲げて中国的な雰囲気をかもし出した(11)とか言われて来たが、引用の詩の主題との関係を考えなければならないであろう。

「出車」全体の詩の意味は、「王が匈奴の反乱を鎮圧するのに応じて将軍は兵を出す。苦しい戦いの末に平定して、凱旋する。平和な世が訪れ、のどかな春日の中で蓬採りを楽しんでいる。(12)」というものであり、左注に掲げられているものは平和になって人々が春を謳歌しているという意味の部分である。この意味を承けて、中西進は、左注はこの歌だけにかかるものとし、家持は「逆臣を平らげて完全な支配権を確立した天子のもと、りっぱな政治が行われている風景」を上の句で示そうとしたのであり、橘諸兄《もろえ》を中心とした天皇親政の風景を描こうとした。しかし平和を乱そうとする者（藤原仲麻呂）がいるということを諸兄を離れて「独り」で思うと「悲しい」と述べたのがこの歌であると解釈する。(13)

しかし毛詩の「豳風　七月」の「女心傷悲、殆及公子同帰。」に着目してここに「春愁」の原義があるとしたのが芳賀紀雄である。(14)この一節の解釈は、春の季節に蘩（白蓬）を采りに来た豳の公子（若者）と共に帰りたいと思う娘の悲哀を描いたものとする。「女心傷悲」の句の毛詩の解釈は、「春女悲」とし公子を慕って共に帰りたいとする女子の気持ちである。芳賀紀雄は、この春の傷悲は「閨怨詩《けいえんし》」の源流として位置づけ、毛詩にも引用されているが、淮南子《えなんじ》に「春女悲、秋士哀而知物化」（春女悲しみ、秋士哀みて物化を知る）とあるように、「春悲しむのは女性である。」とし、家持はこの春の情緒を和歌世界に展開したものであると説く。そして多くの論に従ってこの左注は前二首も包含するとして、特に第一首目の春景の中の「うら悲し」の感覚も含むものとする。

春を悲しと表現する歌は他に、

春の日の　うら悲しきに　後れ居て　君に恋ひつつ　うつしけめやも　（狭野弟上娘子《さののおとがみのをとめ》　巻十五・三七五二）

とあり、家持も

春まけて　もの悲しきに　さ夜更けて　羽振《はぶ》き鳴く鴫　誰が田にか住む　（巻十九・四一四一）

……うら悲し　春し過ぐれば……　（巻十九・四一七七）

と詠む。従って芳賀紀雄の指摘は、この家持歌だけではなく、家持の他の歌も含めて万葉集の随所に見られる「春」の「悲哀」の思潮ともなっているものである。

六朝詩との関係

また六朝詩においても、鉄野昌弘が指摘していることではあるが、『藝文類聚』掲載の晋の陸機《りくき》「樛歌行《きゅうかこう》」、宋の謝恵連《しゃけいれん》「三月三日曲水集」に同様の思潮が見られ、春の景の中での「悲哀」は、謝恵連「秋胡行」（藝文類聚）、梁の簡文帝「戯作謝恵連体十三韻」（玉台新詠）などを掲げることが出来る。個々に見ると「悲哀」の内容は「離群」であったり、「旅愁」であったりするが、いずれも毛詩の影響を持つ景を序し、情を述べる。

この方法は、『文心雕龍《ぶんしんちょうりゅう》』物色篇に、

春秋は代序し、陰陽は惨舒す。物色の動くや、心も亦揺《うご》く。蓋《けだ》し陽気萌《きざ》して、玄駒《げんく》歩し、陰律凝りて丹鳥羞《しょう》す。微虫すら猶或ひは感に入り、四時の物を動かすこと深し。夫《か》の珪璋《けいしょう》は、其の恵心を挺《ぬき》んで、英華は其の清気を秀《ぬき》んずるが若き、物色相召けば、人誰か安きを獲ん。是を以て歳を献《すす》め春を発すれば、悦予の情暢《の》び、滔滔《たうたう》たる孟夏には、鬱陶の心凝《こ》り、天高く気清めば、陰沈《いんちん》の志遠く、霰雪《せんせつ》垠《かぎり》無ければ、矜粛《きょうしゅく》の慮《おもひ》深し。歳に其の物有り、物に其の容《かたち》有り。情は物を以て遷《うつ》り、辞は情を以て発す。

とある詩論や『詩品』の「若し乃《すなわ》ち、春風・春鳥、秋月・秋蝉、夏雲・暑雨、冬月・祁寒《きかん》は、斯れ四候の諸を詩に感ぜしむる者なり。」に見られる原理が働いており、家持も左注に「悽惆之意非歌難撥耳　仍作此歌式展締緒」と述べ、また以前の天平一三年の歌の題詞に「橙橘初咲霍公鳥翻嚶　対此時候詎不暢志　因作三首短歌以散鬱結之緒耳（巻十七・三九一一）」（橙橘《とうきつ》初めて咲き、霍公鳥翻《ひるがえ》り嚶《な》く。此の時候に対《むか》ひ詎《あに》志を暢《の》べざらめや。因りて三首の短歌を作り、以て鬱結《うっけつ》の緒《こころ》を散らさまくのみ。）とも言っており、この詩論を学んだ結果であると言える。

中国詩学に基づく方法

そこで中西進は、春景の孤独の悲哀を表明する契機は、中国詩学に基づく方法であると謝霊運詩などと比較して論じ[15]、それを発展的に説いた辰巳正明は、「中国詩学を媒介として獲得した」ものであり、「情」と「景」の融合は、詩経の再解釈によりそれ以上の高まりを見せたとする。[16]

この詩学の考えを承けて、情と景の関係を謝霊運詩の中で見ようとしたのが、池田三枝子である。[17]池田は、景と情を融合させたのが謝霊運であると説き、その中で家持の孤独は、景を共有する交友への希求を断念した時に生じた気持ちであるとする。説得的ではあるが、池田の論の基盤は中西説によるこの歌一首に焦点を当てたものであり、四二九〇番歌の場合はどのようになるかもう少し言及する必要があるように思われる。

決め手に欠ける各説

中国詩学による春愁の様相は説得的であるが、池田が「孤独」の内実を把握しようとしたように、「孤独」の実態はどのようなものかの解答は得られていない。

閨怨詩の流れから発しているとするならば、特定の誰かを想定しているのか、或いは中国詩学の応用として、春愁を詠むことに目的があり、特に誰を指していると考えなくてもよいのかという疑問がなお残る。特定の相手を意識したものと思われるが、即物的でもない家持の深い感情から出ているともとらえられるので、思念的であり、鉄野の意見のように特定の相手を意識していないともとらえられる。窪田空穂『萬葉集評釋』は、「心が悲しいことだ、春の哀愁である」と解説し、次の「独りし思へば」に続く中で、「哀愁の上に更に孤独感が添加されている」と述べているが、先にも述べたように近代的孤独感の上に春の「哀愁」と説いていて、それだけでは意味不明としか言いようのないものである。[18]

また、この時の家持を取り巻く政治的事象とそこからくる家持の心情を読み取ろうとする論（北山茂雄、橋本達雄等）もなされてきた。藤原仲麻呂が台頭し、諸兄政権が後退する中で、家持も位階が上がらず、仲麻呂権力に押さえられている感の中で、将来に対する不安や失望が入り交じった中で孤独の悲しさをのどかな春景の中で発露したという論である。しかし外面的状態はどこまでも状況証拠的なものから出ることは難しく、歌内部の「読み」から理解は出発しなければならないであろう。

ただ様々な歌の成因や心情推察を経ても、結局家持の「独り思ふ」の内容にはいずれも迫り得ていない。鉄野は帰京したものの以前とは異なる都の情勢への孤独感から越中時代への回想であると言い、北山茂夫や橋本達雄は、政情への憂いであると説く。或いは中国詩学に基づく閨怨の情に倣っているとするならば、特定のものではない漠然としたもの思いの感傷となる。それらのものは言い得ているかも知れないが、誰にもわからないものである。

またこの歌が巻十九巻末に置かれていることから、巻十九冒頭歌と呼応しているという見方もある。それを承けて鉄野は「思ふ」対象が、越中時代であるという見方をし、巻十九が「天平勝宝二年三月一日之暮眺矚春苑桃李花」（天平勝宝二年三月一日の暮《ゆふべ》に、春苑の桃李の花を眺矚《てうしよく》して作る二首）歌から始まって、この春愁歌で終わるという呼応関係が見られると指摘する。

以上が、現在考えられているこの歌に対する解釈であるが、諸説こもごもであり、これをそのまま高校の授業現場に持っていくには、学習者と間隙があり過ぎる。高校レベルではこの解釈を行うには漢詩の基礎力が必要であり、そのままでは理解しにくいからである。従って、教師は現代のとらえ方の認識に立って、何を彼らに伝えるか、この中でどのような要素を取り出して、彼らにどのような力をつけるかという検討を行わなければならない。

そこで次に教材としてこの歌をどのようにとらえるかを考えてみる。

4 教材としての「春愁歌」

教師用解説書の内容

この歌が採用されている四社の教科書について、学習の手引きには、東京書籍のみが「それぞれの歌について詠まれた状況と作者の心情を話し合おう」とあり、他社は「句切れやリズムを問いかけた音読」にとどまっている。また教師用指導書としては筑摩書房は、「鑑賞」として、春景の視覚、聴覚による表現と、「独りし」という強意の助詞に注意しながら、「周囲から隔絶してしまった自己を、家持自身が見据えている」と述べて、少しつっこんだ解説を行っている。教育出版は、「歌について描かれた情景、心情を読み味わう」ことをねらいとして、「家持の当該歌は、春愁歌として高い評価を得ている」とした上で、左注を示して「詩経小雅」の影響であり、「無心の自然がそれに対する歌人の心に悲哀と孤独を感じさせ、またその一方で、無心の自然に、歌人の心を反映させる」との歌における情と景の関係を解説している。まさにその通りであるが、この解説に行き着くまでには上に述べた段階を追って初めて理解出来るものであろう。現場教師はどのように理解して、授業を行っているのであろうか。東京書籍では「春愁」の語を引き出すための発問を用意している。明治書院では指導上の留意点に情と景の関係に目を向けさせることに触れているが、明るい景と暗く沈んだ孤独の情の落差を指摘するだけで、それ以上掘り下げた解説は見られない。

もし生徒から「『春の悲しさ』とはどのような気持ちを言うのですか」という質問を受けると、教師はどのように答えるのだろうか。その答えは非常に難しいし、上に見たように研究においても様々な読みが考えられている状態であるので一概に正解を答えることは出来ない。

概して、教師用解説書は教師の予備知識としての解説に傾いており、教材研究の取り組みの参考とはなるが、教師にかなり深い造詣を求める形となっている。教材一つにかかわる時間も限定されており、解説書に頼らざるを得ない教師は、解説書に記載されたとおりの解説中心の授業になり、知識伝達型の講義授業となってしまうであろう。もちろん教師用解説書の役割としてはこれが限界であり、現行で理解されていることの概説を示すことが精一杯の内容であるとしても、学習指導要領の古典のねらいがどのように反映されているのか疑問となる所である。

また句切れは、どれが正解なのであろうか。三句切れとも見られる（連用中止法）が、倒置法になっているので、わかりやすいのは四句で切れる。この歌で句切れを問うことにどのような意味があるのだろうか。

「読む力」を付けるための格好の教材

しかし、教材としてこの作品ははずすべきではないし、十分に読み深めるべきものである。この歌は結局、研究史的には明快な解釈が与えられているわけではないが、それだけに指導要領にある「読む力」を付けさせるには格好の教材であると言える。その理由として、

1　教師が疑問を学習者に投げかけやすい。

2　正解がない。

3　納得いくまで考えを深めて行くことが出来る。

という学習活動が出来るからである。従って、この歌を教材化する上ではむしろ古代的感覚を前に押し出す解釈よりも、近代的な解釈でよいのではないかと思われる。近代的な解釈を行うにしても、この「悲哀」と「孤独」を読み取るには相当の読解力を必要とする。

要するにこの歌については、万葉集を教えるのではなく、万葉集で教えるということになるであろう。この歌の持つ春の季節感、孤独、悲しみといった感情が自分にとってどのようなものかを考える契機となれば十分である。

そこで、「授業」での問いかけとして、

①家持の「春の情感」を理解出来るか。自分の春の季節感を出し合ってみよう。

②家持が春を「悲しい」と言う気持ちを想像してみよう。

③「独り」とはどのような気持ちなのか、想像してみよう。

ということを、グループ学習の形で話し合い、それぞれ意見を出し合う。そして結論は敢えて出さない。という方法で学習活動を展開するのが一番である。

①の「春の情感」を取り上げてみても、現代の都会の子ども達が家持歌の「雲雀上がり」の光景をどれだけ思い浮かべることが出来るであろうか。「雲雀」の鳴き声を聞いたことがあるか、そのあたりの経験から出発しなけれ

ば、頭に浮かべることすら出来ないであろう。

ねらいとしては、文学的な情緒を理解することを中心として、

・「春景」を自分の経験や概念をもとに想像する。

・春景の中での孤独や悲しさを感じてみる

ということになるであろう。予想される子どもの解釈としては、『家持はこの時、失恋していた。だからのどかな春の日差しの中で悲しいのだ。しかも恋人と別れて独りで思っていると」などとあるかも知れない。しかし現代的「読み」としては評価に価するものであろう。ある意味で「閨怨」を言い当てていると言える。ただし、「ことば」の「読み」と「読み」の根拠を明確にして、自由な読みは制限しなければならない。それをどのようにまとめるかは教師の力量である。

一般的に言って、古典に親しむことが出来ないのは、

1　文法や語法が現代と異なっており、加えて語句が古語であり、意味がそのままでは分からない。

2　生活実感がない。

3　従って追体験出来ない。

という原因を考えることが出来る。従って興味がないというのが大きな要因となっている。そのためには当時の風習、生活感を解説したり、歴史的な要素に触れる必要が出てくる。しかしこれも教師の力量にかかっており、学習者の興味を引き出す形にしないと逆効果になってしまう。その点、この歌は近代的な要因を含んでいるために、まったくそのことを出す必要もなく、言葉の理解や情緒に直接入っていくことが出来る。

ただ欲を言えば教科書において左注も併記すべきではないか。前にも述べたように東京書籍のみが左注を訓読文で加えている。自由に読み取らせることはよいが、少なくともこの歌は左注による補足説明がついている。そして

左注と歌本文との対比が一番問題になっており、中国文学との関係で読み解こうとする論が一般的である。高校生にとって『詩経』はまだ難しい教材かも知れないが、左注と詩経の該当部分の紹介もあっていいであろう。学習指導要領の「中国文化との関係」を具体的に盛り込むことが出来、歌への理解の方法の一助となるはずである。

もちろん、このことを講義型にすると、学習者はたちまち興味を失うであろう。『詩経』は原文、訓読、大意をつけて、学習者に考えさせるという方法が最も適切である。

5 おわりに

以上、具体的な教材を掲げながら、研究段階で理解されていることをどのように教材化していき、授業で展開するかを述べてきた。学力観の変化により、学習者の学力向上に資する教育方法の開発が求められている。そうした中で古典教育のあり方も従来のような知識伝達型の講義ではなく、学習者が能動的に関わる方法が必要になってきている。従って教育においても作品の「読み」が重視されることになるが、そうした中で研究成果としてある「読み」は教育現場においても重要なものとなろう。研究の厚い歴史が「読み」を深めていっているからである。教育現場における「読み」も研究史に導かれなければならない。

ここで取り上げた大伴家持「春愁歌」は正解のない「読み」を持っている。従って上述のように現研究段階を踏まえて、学習展開を考える必要があるであろう。その他教材として教科書に採択されている「人麻呂阿騎野遊猟歌」の理解方法や、「赤人富士山歌」など、現研究段階における理解と教材解説に開きがあるものがある。特に「赤人富士山歌」においては、「見る」という言葉の解釈が重要なポイントとなっており、詳細は別に述べたことがあるが[19]、家持歌とは異なり、叙景歌という見方を修正して教える必要があろう[20]。

ただもう一つ古典文学の場合には宿命とも言える基本的問題がある。それは高校段階において日本史が多くの地域では選択科目であるために、日本史を履修しない学習者がいるということである。従って古典文学作品の時代的前後関係が理解出来ず、また興味もないという学習者が多い。国語教科としての古典文学の学習は言葉の読み取りにねらいがあるとは言え、最低限の歴史知識も必要である。

ちょうど本稿を執筆時に教員免許更新講習を行なう機会を得た。そこで現場の先生方にこの問題をどのようにとらえるかを伺ってみた。その結果、以下の二点のような回答が多くを占めた。

1　講義で示された教材解釈の深さや緻密さには驚くし、教材研究としても深く行うことの必要性は認められるが、一般的解釈に子どもの学力を持っていくのが精一杯である。

2　時間的制約の中で、教材の選択も含めてどのように集約するかが課題である。

中学校の先生が多くをしめたが、全体を通して、教材の深い解釈の必要性は認識されてはいるものの、それが子どもたちの学力向上とどのように結びつくかがもっとも重要な課題であるという受け止め方であった。従って今後学問的成果を授業に反映させることについて、時間的配慮も踏まえて、教材の授業における展開と方法が問題となって来よう。

そうした内容を踏まえて指導案を考え、魅力ある古典教育が展開されることを期待したい。

【注】

1　最近、身近な所で学習指導要領の改訂の変遷をまとめられたものに坂東智子「大村はま古典学習指導の歴史的・現代的意義」

『山口大学教育学部研究論叢』第六四巻第一部　二〇一五）がある。
2　「高等学校新学習指導要領の展開　国語科編」鳴島甫・高木展郎編著・明治図書・二〇一〇。
3　この観点は従来から言われていたことであるが、最近では梶川信行が『万葉集』と付き合う方法として「こちら側に近づける方法とこちら側が近づいていく形」の二通りのあることに言及している。「万葉集は叙情詩か―高等学校国語総合の『万葉集』―」『国語と国文学』（東京大学）九二巻一一号・二〇一五。本書「古過ぎる教科書の万葉観」。
4　稲岡耕二「天平勝宝五年春二月の歌」『万葉集を学ぶ』有斐閣・一九七八。
5　小野寛「絶唱三首」『万葉の歌人と作品第九巻　大伴家持（二）』和泉書院・二〇〇二。
6　鉄野昌弘「巻十九巻末三首をめぐって」『大伴家持「歌日誌」論考』塙書房・二〇〇七。
7　橋本達雄「秀歌三首の発見―窪田空穂顕彰―」『大伴家持作品論考』塙書房・一九八五。
8　例えば、賀茂真淵『万葉集新採百首』において、大伴家持の歌はほとんど採択されていない。
9　中西進『大伴家持　第六巻　もののふ残照』角川書店・一九九五。
10　佐藤和喜「讃歌としての『春愁三首』」『文学』五六巻二号・岩波書店・一九八八。
11　小島憲之「万葉集と中国文学との交流」『上代日本文学と中国文学』塙書房・初版一九六四。
12　日本語訳は、漢文大系２『詩経』高田真治訳による。
13　中西進　前掲書。
14　芳賀紀雄「家持の春愁の歌」『万葉集における中国文学の受容』塙書房・二〇〇三。
15　中西進「自然」『万葉の詩と詩人』弥生書房・一九九五。
16　辰巳正明「天平の歌学び」『万葉集と中国文学』笠間書院・一九八七。
17　池田三枝子「景と孤愁」『藝文研究』（慶應大学）七七・一九九九。
18　中川幸広「自然と自然と交響するかなしみと」「家持の自然―天平十六年四月五日独居の歌をめぐって―」『万葉集の作品と基層』桜楓社（現おうふう）・一九九三。
19　吉村誠「研究の現状と教材化―『万葉集』山部赤人「不盡山」歌を通して―」『山口大学教育学部研究論叢　第三部』六四号・

二〇一五。

20　上掲論文にも引用しているが、梶川信行「荒ぶる神の継承」『万葉史の論　山部赤人』翰林書房・一九九七など。

※詩経の訓読文は漢詩大系（集英社）による。

『古事記』倭建命

——読み換えられる《悲劇の英雄》

鈴木雅裕

はじめに——教材『古事記』の大半は倭建命の物語

『古事記』景行記に登場する倭建命《やまとたけるのみこと》は、テキストの中で誕生から死までの軌跡が語られている。天皇ではない人物を一代記のごとく詳細かつ劇的に語るのは異例であり、それゆえ国家形成史において、いかに重要な存在であったかを示唆する。その人物造形が現在でも人を引き付けているということは、たとえば小説、漫画を初めゲームのキャラクターとして現れるという事実から窺うことができる。その中で見ることのできる倭建命の造形は、『古事記』の要素を確かに残しつつも、そこから独立した描かれ方がなされており、テキストを越えて享受されているとも言える。

そうした倭建命を取り巻くコンテクストの一つとして、国語教科書を考えてみたい。平成二一年、文部科学省から新たな高等学校学習指導要領が告示され、平成二五年度の入学生からその新指導要領が施行された。新課程への移行に伴い、それまでの科目であった「古典講読」「古典」は、新たに「古典A」「古典

Ｂ」へと再編された。並行して従来の教科書の改訂が行われたが、『古事記』倭建命の採択状況に関しては、改訂前後で大きな変化は見られない。教科書と倭建命の関係は、明治三六年以降に用いられた国定教科書や、それ以前の検定教科書の段階から始まるが[1]、今なお変わらずに採択され続けているのである。

文学史の始まりとされる『古事記』を教材として載せるのは、意味のあることだろう。新指導要領には「古典を読んで、我が国の文化の特質や、我が国の文化と中国の文化との関係について理解を深める」ことを[2]指導すべき項目として挙げている。海外から輸入された漢字のみで『古事記』が成り立っていることから、「我が国の文化と中国の文化との関係」を見ることが可能だと思われる。

そうした新指導要領の趣旨に適う『古事記』であるが、教材として選ばれるのは倭建命の物語が圧倒的に多い。そこで、実際に教科書の中で、倭建命がどのように教材化されているのかを考え、現代における享受の一端を見ようとするのが本稿の主たる目的である。以上のような問題を立てた上で、新課程で用いられる「古典Ｂ」の教科書を対象に考察を加えていくことにしたい。

1 教科書『古事記』の基礎調査

倭建命が占める割合

教科書で『古事記』を教材化する時、取り上げられるのは倭建命の物語が多数を占める。そこで、基礎調査として「古典Ｂ」における『古事記』の収録状況、並びに収録箇所について確認していくことにしよう。

現在、「古典Ｂ」の教科書を出版する教科書会社は一〇社あり、合わせて一九冊が刊行されている。

東京書籍　『新編古典B』古B301（文科省の検定に合格して与えられた記号と番号）
『精選古典B　古文編』古B302
三省堂　『高等学校古典B　古文編』古B304
『精選古典B』古B306
教育出版　『古典B　古文編』古B307
『新編古典B　言葉の世界へ』古B309
大修館書店　『古典　古文編』古B310
『精選古典』古B312・『新編古典』古B313
数研出版　『古典B　古文編』古B314
明治書院　『精選古典B　古文編』古B316
『高等学校古典B』古B318
右文書院　『新編古典』古B319
筑摩書房　『古典B　古文編』古B320
第一学習社　『高等学校古典B　古文編』古B322
『高等学校標準古典B』古B324
『高等学校　古典B』古B328
桐原書店　『探究古典B　古文編』古B325
『古典B』古B327

以下、教科書の呼称には古B301などの略号を用いる。一九冊の内、『古事記』を採択するのは、東京書籍・三省堂・教育出版・大修館書店・明治書院・右文書院・筑摩書房・桐原書店の八社で、計一二冊。さらに採択箇所別に見てみると、海幸山幸神話を採るのが大修館・古B310、須佐之男神話を採るのが明治・古B318と右文・古B319である。その他の九冊は全て倭建命の物語を教材としており、その割合は教科書全体で半分、『古事記』を採択した教科書の中では約八割にまで上る。次に挙げるのがその内訳である。

東書　古B301…倭建命、古B302…倭建命
三省堂　古B306…倭建命
教出　古B307…倭建命、古B309…倭建命
大修館　古B310…海幸山幸
明治　古B316…倭建命、古B318…須佐之男
右文　古B319…須佐之男
筑摩　古B320…倭建命
桐原　古B325…倭建命、古B327…倭建命

なぜ多く採用されるのか

以下、倭建命を取り上げる六社九冊の教科書を対象に見ていくことにする。まずは、倭建命の物語が教材として多く採用される理由を考えることから始めたい。そこで、当物語がどのような評価が与えられてきたのかを確かめてみよう。次に挙げるのは、現在までに刊行された代表的な注釈書などからの引用である(3)。

①荻原浅男・鴻巣隼雄『古事記　日本古典文学全集1』
景行紀が美濃国行幸・熊襲親征・東国巡幸などを長々と話すのに比べ、史実としてはともかく、一貫した主題、

劇的な構成、主人公の浪漫的性格、生彩に富む表現の点で物語として『日本書紀』をはるかにしのぐといえよう。

②西宮一民『古事記　新潮日本古典集成』

景行天皇は小碓命《をうすのみこと》（＝倭建命―鈴木注）の凶暴の情を恐れ疎み、西国の熊曾征伐に派遣する。いわば、臼（ここでは小碓命の性質を指す―鈴木注）の強壮さを利用したわけで、そこに天皇のもつ政治力の大きさが暗示されている。王族将軍の栄光と悲哀との命運はすでにここに胚胎していた。記中の叙情性濃い叙事文学の雄篇。

③次田真幸『古事記（中）　全訳注』

これらの生き生きとした表現によって、ヲウスノ命の剛勇ぶりを、人形劇でも見るように痛快に描き出したところに、この物語のすぐれた文学性がうかがわれる。

④青木和夫ほか『古事記　日本思想大系1』

紀（日本書紀―鈴木注）の話が国家的、政治的に構成されているのに対し、記のは私心的・個人的といえる素朴な物語構成であり、両者のそれぞれの特性は以下の征討物語に一貫している。

⑤尾畑喜一郎編『古事記事典』

倭建命の伝承は、若い皇族の将軍が征討の旅路の果で悲劇的生涯をとげる伝承として、歌謡を含みながらかなり文芸的に昇華した構成を持っているといえる。

⑥池澤夏樹『古事記　日本文学全集01』

ここに来て文体が一変する。稚拙な神話的表現と権力の配分に関わる系譜ばかりだったのが、この話の殺害場面の生き生きとした描写力はほとんど映画だ。

傍線を付した箇所が、物語の評価に関わる言説である。たとえば、①・②・③・⑤を見てみると、倭建命の物語が文学的に優れた質を有しているという評価は一致している。④にしても、素朴というのは決して否定的なものではなく、肯定的な受け止め方と見てよいと思われる。表現についての評価は①・⑥などで触れられるが、とりわけ⑥は作家池澤夏樹の発言なだけに説得力のあるものだろう。そうした質が、現在における文学教材として取り上げられる一要因と考えることができる。

物語の掲載範囲

次に、その掲載範囲について確認してみる。倭建命物語の分量は、『古事記　修訂版』(4)に従えば一二七頁・一一行目から一三九頁・一行目の約一二頁となる。景行記自体が一二五頁・六行目から一四〇頁・七行目までの一五頁であるから、三分の二以上が倭建命の物語に割かれていることになる。ただし、教科書には紙面上の制約もあって、物語の一部始終を掲載することは不可能である。そのため、物語の中から一部分が取り上げられることになる。そこで、九冊の教科書でどの箇所が採られているのかを挙げてみよう。

東書　古Ｂ301☆…一三一頁・三行目～一三八頁・一二行目
　　　古Ｂ302　…右に同じ
三省堂　古Ｂ306☆…一三〇頁・一三行目～一三八頁・一二行目
教出　古Ｂ307☆…一三二頁・九行目～一三七頁・八行目
　　　古Ｂ309　…右に同じ
明治　古Ｂ316　…一三五頁・四行目～一三八頁・九行目
筑摩　古Ｂ320☆…一三〇頁・一三行目～一三八頁・二行目

桐原　古B325☆…一三〇頁・一三行目～一三七頁・八行目

古B327　…右に同じ　（☆は本文中に梗概、省略のあるもの）

教科書によっては梗概を付すものもあるが、ここでは本文として掲載されている部分のみを対象とする。各教科書を合わせた範囲は、一三〇頁・一三行目から一三八頁・一二行目までだが、それは西征を終えた倭建命が、新たに東征の命令を受けた場面から死に至るまでとなる。参考までに、掲載範囲が最も広い三省堂・古B306の本文を載せておくことにしたい。

天皇《すめらみこと》、また、しきりに倭建命《みこと》にのりたまはく、「東《ひむがし》の方《かた》の十二《とをあまりふたつ》の道の荒ぶる神とまつろはぬ人どもを言向《ことむ》け和《やわ》し平らげよ」とのりたまひて、御鉏友耳建日子《みすきともみみたけひこ》を副《そ》へて遣はしし時に、ひひら木の八尋矛《やひろほこ》を賜《たま》ひき。

故《かれ》、命《みこと》を受けて、まかり行きし時に、伊勢大御神《いせのおほみかみ》の宮に参入《まゐい》りて、神の朝廷《みかど》を拝《をろが》みて、すなはちその叔母、倭《やまと》比《ひ》売《めの》命に白《まを》さく、「天皇の、すでに吾《あれ》を死ねと思ふゆゑや、何。西の方の悪《あ》しき人どもを撃ちに遣はして、返り参上《まゐのぼ》り来《こ》し間に、いまだいくばくの時を経ぬに、軍衆《いくさども》を賜はずして、今、さらに東の方の十二の道の悪しき人どもを平げに遣はしつ。これによりて思ふに、なほ吾をすでに死ねと思ほしめすぞ。」と憂へ泣きてまかりし時に、倭比売命、草那芸剣《くさなぎのつるぎ》を賜ひ、また、御嚢《みふくろ》を賜ひて、のりたまひしく、「もし急《には》かなることあらば、この嚢の口を解け」とのりたまひき。

故、しかくして、相武国《さがむのくに》に至りし時に、その国造《くにのみやつこ》、詐《いつは》りて白ししく、「この野の中に大き沼あり。この沼の中に住める神は、甚だちはやぶる神ぞ」と白しき。ここに、その神をみそこなはさむとして、その野に入りましき。しかくして、その国造、火をその野につけき。故、欺《あざむ》かえぬと知りて、その叔母、倭比売命の賜へる嚢の口を解き開けて見れば、火打ち、其の内にあり。ここに、まづその御刀《みはかし》をもちて草を刈り払ひ、その火打ちをもちて火を打ち出だして、向かひ火をつけて焼き退《そ》け、還《かへ》り出でて、皆その国造らを切り滅ぼして、すなはち火をつけて焼きき。故、今に焼遣《やきつ》といふ。

倭建は東国を次々と平定していったが、伊吹山《いぶきやま》の神を討とうとして大きな痛手を受けた。力尽きた倭建は、ふるさと大和《やまと》へ向かう。

そこより幸《いでま》して、三重村《みへのむら》に到りし時に、また、のりたまひしく、「吾が足は、三重にまがれるがごとくして、甚だ疲れたり。」とのりたまひき。故、そこを名づけて三重といふ。そこより幸して、能煩野《のぼの》に至りし時に、国を思《しの》ひて、歌ひていはく、

倭は　国のまほろば　たたなづく　青垣《あをかき》　山籠《ごも》れる　倭し麗し

また、歌ひていはく、

命の　全《また》けむ人は　たたみこも　平群《へぐり》の山の　くまがし葉を　うずに挿せ　その子

この歌は、国思ひ歌ぞ。また、歌ひていはく、

愛《は》しけやし　我家《わぎへ》の方《かた》よ　雲居《くもゐ》立ち来《く》も

この時に、御病《みやまひ》、いと急《には》かなり。しかくして、御歌にいはく、

おとめの　床の辺に　わが置きし　剣《つるぎ》の太刀　その太刀はや

歌ひをはりて、すなはち崩《さ》りましき。

ここに、八尋の白智鳥《しろちどり》となり、天《あめ》に翔《かけ》りて浜に向ひて飛び行きき。故、その国より飛び翔り行きて、河内国《かふちのくに》の志幾《しき》に留《とど》まりき。故、そこに御陵《みはか》を作りて鎮め坐《いま》せき。すなはちその御陵を名づけて白鳥御陵《しらとりのみささぎ》といふ。しかれども、また、そこゝよりさらに天に翔りて飛び行きき。

（傍線は鈴木。後ほど検討する）

文学性豊かな倭建命の東征

教科書では倭建命の西征は取り上げられず、東征を中心に据えていることになるが、その東征はどのように捉えられているのか。先程と同じく、いくつかの評を挙げてみよう。

⑥池澤夏樹『古事記　日本文学全集01』

このあたりからヤマトタケルの人格にぐんと奥行きが増す。このような悲哀はここまでの登場人物にはなかった。

⑦西郷信綱「ヤマトタケルの物語」『古事記研究』(5)

古事記のヤマトタケルの物語の文学性を根本的にささえているのが、父であり天皇であるオホタラシヒコとその皇子・小碓との、前にいったような対立・緊張の関係に他ならぬゆえんを、ここでもはっきりと認めることができる。

⑧阪下圭八「古事記の中巻」『古事記の語り口　起源・命名・神話』(6)

やや短絡的にいえば、ヤマトタケルの漂泊と死には国家のもとにおける英雄的個人の運命を強く暗示するものがあり、そうした体制と人間との相剋・矛盾をとらえ得ている点に、この物語の傑作たる理由が存しよう。『古事記』は序文にしるすごとく、「邦家の経緯、王化の鴻基」として編述された。しかしヤマトタケル物語を国家意思の所産とすることはできず、むしろそれと背馳する方向においてゆたかな文学性がもたらされている。

たとえば、⑥では倭建命の人格を取り上げて、東征以降にその深まりが増していくとする。⑦については、そうした倭建命が天皇と対立関係を作り出すところに「物語の文学性」があるとしたが、⑧も同様で、「体制と人間との相剋・矛盾をとらえ得ている点」を傑作とし、そこに「ゆたかな文学性」を見出している。
東征に関わる以上の評からは、文学的とされる物語の中でも、とりわけ倭建命と天皇との対立が明確になっていく東征こそ文学性に富むということになる。倭建命の東征が教材として多く選ばれるのは、そうした文学性を有するという把握の線上に位置付けられよう。

『古事記』を載せる単元名

では、教材として選ばれた倭建命の東征は、どのような枠組みの中で扱われているのか。それを端的に示すのが、教科書における単元名であろう。次に載せるのは、各教科書で用いられる単元名である。

東書　古Ｂ301…伝承の世界、古Ｂ302…上代の文学
三省堂　古Ｂ306…伝承
教出　古Ｂ307…物語、古Ｂ309…物語
明治　古Ｂ316…伝承
筑摩　古Ｂ320…伝承
桐原　古Ｂ325…歴史と伝説、古Ｂ327…歴史と伝説

全体の傾向を見てみよう。東書・古Ｂ302は「上代の文学」、教出・古Ｂ307、古Ｂ309は「物語」、桐原・古Ｂ325、古Ｂ327は「歴史と伝説」とするが、それらを除けば、多少の差はあるものの、「伝承」の名称が用いられている。また、桐原・古Ｂ325、古Ｂ327は同単元に歴史物語である『大鏡』を載せることから、『古事記』を伝説として位置づけているると言えるが、その辞書的意味からすれば「伝承」に近似する。つまり、九冊中六冊は「伝承」の枠組みで『古事記』を取り上げていることになる。教育出版のみが単元名を「物語」としているが、それは同単元に『大鏡』『平

家物語』を含めたことによると考えられる。ただし、後述するように『古事記』を「伝承」として位置づけていることは、解説などから窺うことができる。単元名が持つ意味については次の②で詳しく見ていくことにする。

以上が、教科書用に教材化された『古事記』の状態である。この基礎調査を踏まえて、次から『古事記』倭建命の扱われ方についてより具体的に考えていくことにしたい。

② 「伝承」という枠組み

「伝承」とは何か

先に確認したように、大半の教科書では、『古事記』を「伝承」という単元名で扱う。まずは、その「伝承」の意味する内容を抑えておこう。

「伝承」はfolkloreの翻訳語とされるが、それが意味するのは、民間における言い伝えといったものである。現在でも、一般的な意味としては、たとえば国語辞書の説明を見ると次のようにある。(7)

①伝え聞くこと。人づてに聞くこと。②ある社会や集団の中でのしきたりや信仰、口碑、伝説などを受け継いで後世へ伝えゆくこと。また、その事柄。

辞書の説明に従えば、「伝承」という語句には多分に口承性のあることが見て取れる。また、他に用いられる単元名との比較もしておきたい。たとえば、東書・古B306では「伝承」以外に、「説話」「随筆」「物語」「日記」「軍記」「和歌」「評論」といった単元名が使われる。その他の教科書でも、わずかな違いはあるものの、ほぼ同様な名称を用いている。それらは概ね文学の形態を表すジャンルだが、そうした諸単元名との関わりからすれば、「伝承」も文学形態のジャンルとして見る必要がある。先の単元は「和歌」を除けば記載文学と言えるが、その記載文学に対して、文学史の始まりである『古事記』を「伝承」の文学とする時、『古事記』は語り継がれてきた伝承を文字化した作品という位置づけが与えられることになる。倭建命の物語は、そのような基盤の上で理解されていくことになるのである。(8)

何を学ばせようとしているのか

以上の枠組みの中に置かれた『古事記』は、どのようなものとして扱われることになるのか。そのことを具体的に考えるため、各教科書会社が載せるシラバスの学習内容をいくつか見てみよう。(9)

三省堂　古B306

話の内容を理解するとともに、独特の文体や古代歌謡を読み味わおうとする。文章を通して、倭建の人物像を読み取る。

教出　古B307・古B309

『古事記』を読み、独特の文体を読み味わうとともに、人間や社会・自然などに対する思いや考え方を知る。

『古事記』を繰り返し音読することで、独特な韻律の美しさを味わう。

明治　古B316

音読を通して上代特有の言葉遣いに慣れ、独特のリズム感を味わう。

筑摩　古B320

古代文学独特の表現を読み味わう。

各シラバスの中で特徴的に現れるのは、〈独特の〉という形容、またそれを〈味わう〉ということである。〈独特の〉が修飾するのは文体を初め韻律・リズム・表現と様々だが、読み〈味わう〉ことのできる〈独特〉さとは具体的に何を指しているのか。

リズム・韻律・訓読・文体の曖昧さ

まずは、リズム・韻律という点から考えてみる。教材化された『古事記』の本文は、諸注釈で読みの分かれる箇所が少なくない。たとえば、教科書では『古事記　日本古典文学大系1』[10]『古事記　新潮日本古典集成』『古事記　日本古典文学全集1』『古事記　新編日本古典文学全集1』[11]の四冊を本文として用いるが、著者の立場によって読みは異なっている。教科書の範囲から、その例を挙げてみることにしよう（傍線部参照）。まず「白」についてだが、『大系』『全集』が「マヲシタマヒケラク…トマヲシタマヒテ」「マヲシタマハク…トマヲシタマヒテ」としているのに対し、『集成』『新編全集』は「マヲシタマヒシク…」「マヲサク…」とするように、読み添えの有無という差異がそこにはある。

次に、倭建命の科白から「思吾死乎何撃遣西方之悪人…」の部分の訓読について見てみる。『大系』『全集』『集成』は、微細な点で異なるが、ほぼ同様な訓読文となっている。

『大系』…シネトオモホスユヱニカ、ナニトカモニシノカタノアシキヒト
『全集』…シネトオモホスユヱカ、ナニシカモニシノカタノアシキヒト
『集成』…シネトオモホスユヱカ、ナニトカモニシノカタノアシキヒト

そうした通説的な読み方に対して、『新編全集』は「シネトオモフユヱヤ、ナニ。ニシノカタノアシキヒト」と読み、同時に解釈も先の三つとは異なるものとなっている。つまり、同様の解釈であっても訓読には多少の違いがあり、また場合によっては訓読文も解釈も異なることがあるのである。

解釈自体が変わるものは別として、微妙な訓読のゆれについては、いずれかが正しいという択一的な問題ではない。それは次に載せる亀井孝の発言に集約される(12)。

「訓を以て録」した散文の部分を、韻文のやうに表現の細部にいたるまで、一定の、このヨミかた以外ではいけないといふかたちでヨムことをヤスマロは要求してゐたらうか。それを要求しなかつたからこそ、歌謡の部分だけを、あのやうなかたちで書きのこしたものであらう。しかし、それなら、古事記はよめないか。いな―。それは、完全なかたちではヨメない。しかし、訓で書いてあるからには、よめる。

『古事記』は完全な読みを施せるようなものではなく、また一定の訓読文に還元されることを想定していないと言う。そうした把握は、『古事記　新編日本古典文学全集1』に引き継がれている(13)。

『古事記』の本文は、日本語として読まれることを期待して書かれたものと考えられる。ただし、その表記のあり方からみて、細部に至るまで唯一無二のかたちで読まれるというようなことを期待して書かれたものとは思われない。したがって、本書に掲げた訓読文は、当時の常識的な読み方を追求し、一応一つの読み方に絞って示したものであって、他の読み方は考えられないというようなものでは必ずしもない。

試みられてきた訓読文が、当時の読みとして正しいという保証はなく、必ずしも想定された唯一の読み方というわけではない。本文が様々な読み方をされるのであれば、美しさを味わえる『古事記』の〈独特な〉韻律・リズムというのは、曖昧なものとなるのではないか。

次に、文体についても見ておこう。『古事記』が持つ文体の独自性という点で言えば、その序文にある次の箇所が想起される。

或《あ》るは一句《ひとことば》の中《うち》に、音《こゑ》と訓《よみ》とを交へ用ゐつ。或るは一事《ひとこと》の内に、全《また》く訓を以て録《しる》しつ。

（『古事記　新編日本古典文学全集1』）

文体の独特さは、音訓の交用もしくは全訓で記したところにあるが、その独特な文体は漢字のみで記された原文の場合に見ることができるものである。この点については、三省堂・古B306の解説で、「漢字を使った独特の文体」と説明されている。ただし、『古事記』は古文の科目で扱われるため、例外なく訓読した形で載せられる。原文を独特な文体とは言えても、訓読した文章を独特な文体とすることはできまい。

口頭の語りを前提とした『古事記』

では、なぜ教材化された『古事記』の読みを通じて〈独特な〉文体やリズム・韻律を〈味わう〉ことができるとされるのか。そうした把握は「伝承」という枠組みによって支えられているのではないか。たとえば、教出・古B307、古B309の冒頭では、「稗田阿礼という人物の語りをもとにして書かれた」と説明される。また、桐原・古B325、古B327の解説で「天武天皇の命によって稗田阿礼《ひえだのあれ》が誦み覚えた伝承を、太安万侶《おおのやすまろ》が筆録・編纂した」とすることから、口頭での語りを前提にしていることが窺える。そもそも、韻律やリズムはオーラルな次元で成り立つものであろう。たしかに歌謡に関しては記載されたものであっても韻律を感じ取ることは可能である。しかし、本文の読みを通じて〈味わう〉とされることからは、散文も〈味わう〉べき韻律を持つものとして扱われる。そうした韻律・リズムの美しさは、本文を読む時に把握されるようなものではなく、稗田阿礼の語りという前提から導かれたのではないか。言い換えれば、口承性ゆえに美しいということになる。〈独特な〉文体もその延長線上に位置づけられているのだろう。〈独特な〉文体とは、口承の伝承を文字化したところにある。

「伝承」という単元の中に置かれた時、『古事記』の文章は〈味わう〉べき〈独特な〉美しいものとして捉えられていく。その美しさは、語られてきた「伝承」ということに基づくのである。

3 倭建命の人物像

単元末の設問から探る

「伝承」という単元によって『古事記』は読み〈味わう〉べき価値のあるものとして捉えられることになるが、その中で現れる倭建命は、どのような人物として位置付けられていくのかを考えてみたい。そうした人物像の把握に関係してくるのが、単元末で用意される設問である。次に、問われている内容を確認してみよう。

東書　古B302

1　倭建命がたどった道筋を確認し、その地での行動をまとめよう。

2　能煩野の地で歌われた四首の歌謡には、それぞれどのような心情が表れているか。

3　次の点について話し合おう。

（1）倭建命はどのような人物として描かれているか。

（2）倭建命が白鳥となり、飛んでいったという伝承には、古代の人々のどのような心情が表れているか。

三省堂　古B306

1　倭建は、どのような人物として描かれているか、次の三点をてがかりにまとめてみよう。

・天皇の命令への対応

・相武国での行動

・能煩野の地で歌われた四首の歌謡

教出　古Ｂ307・古Ｂ309

1　この物語の中で、弟橘比売命《おとたちばなひめのみこと》は、どのような役割を果たしているか。

2　「倭は国のまほろば」と詠った倭建命の思いはどのようなものであったのか、考えて見よう。

明治　古Ｂ316

1　「草薙剣《くさなぎのつるぎ》」を置いてきたことや「言挙げ」したことは、倭建命にどのように影響したか、考えてみよう。

2　「倭は　国のまほろば」「命の　全けむ人は」の二つの歌謡には、倭建命のどのような心情がたくされているか、それぞれ考えてみよう。

筑摩　古Ｂ320

1　倭建命は、東国の征討に行かされる理由をどのようなことだと思っていたか、指摘しなさい。

2　この話の最後はどのような場面で終わっているか。また、それが倭建命のよんだ歌とどのように関係しているか、考えなさい。

桐原　古Ｂ325・古Ｂ327

1　「大和は……」、「命の……」、「愛しけやし……」、「をとめの……」の歌から読み取れる倭建命の心情の推移をたどってみよう。

2　本文中の歌謡について、表現上の特色を指摘してみよう。

傍線を付した箇所を中心に見ていきたい。東書・古Ｂ302の３（1）の問いは、本文全体から読み取れる倭建命の人物像の把握となる。三省堂・古Ｂ306も同様の問いを置くが、ポイントとして三つの項目が立てられている。全てに共通しているのは、倭建命の歌謡に表れる心情の読み取りである。そうした人物把握の問いに関連する教科書の説明をいくつか取り上げてみよう。

東書　古Ｂ302

景行天皇の皇子倭建命は、天皇から西国の討伐を命じられて九州の熊曽を平定した。疲れ果てて都に帰ったが、その疲れを癒やす暇もなく、すぐまた東国を平定せよという命令を受ける。

教出　古Ｂ307・古Ｂ309

景行天皇は、皇子倭建命が兄を殺害したことによって、その力に恐れをいだき、遠ざけるために西方の国の討伐に向かわせる。任を終えて帰還した倭建命に対して、今度は東方の反対勢力を平定するように命じる。

明治　古Ｂ316

倭建命は、『古事記』に登場する、英雄の一人である。景行天皇の皇子であり、若年より武力・知力に優れていた。父の命で、出雲・九州・東国へと、平定の旅を続け、全国統一への過程の一面を担った。

桐原　古Ｂ325・古Ｂ327

第十二代景行天皇の皇子、倭建命は、父の命を受けて西国を平定したが、大和に帰還するとやすむ間もなく東国の平定を命じられる。

教科書によっては導入に展開の確認を置くが、目を引くのは東書・古Ｂ302および桐原・古Ｂ325、古Ｂ327の傍線箇所である。どちらも本文中の「未だ幾時もあらねば」に対応するものだが、言葉自体は「すぐに」などを意味するものである。それを桐原・古Ｂ325が「やすむ間もなく」とするのは、倭建命の身体的状況に添った解釈である。東書・古Ｂ302は「疲れ果てて都に帰った」「その疲れを癒す暇もなく」としているが、「疲れ」としているのは、先の「やすむ間もなく」をより強調した解釈と言える。ただし、「やすむ」にも疲れのニュアンスは伴っており、程度の差はあるものの二つの捉え方に大きな違いはない。そうした説明は、人物の心情を読み易くし、共感しやすさを生み出す。その上で人物像を読むとすれば、読者に悲劇性を印象づけるのではないか。

また、全ての教科書で載せられる歌謡の問いについてだが、その問い方は教科書により様々である。たとえば、東書・筑摩・桐原の教科書では四首から心情を読み取るものであるが、明治・古B316は「倭は　国のまほろば」「命の　全けむ人は」の二首に限定している。さらに、教出・古B307、古B309では「倭は　国のまほろば」の一首のみを対象とする。つまり、全ての教科書で共通するのは「倭は　国のまほろば」だけとなる。本文によると、当歌謡は「国を思ひて」詠んだとされている。だとすれば、歌謡を問うことの主題は、故郷を思うという内容の読み取りにあると言えよう。単元末の問いから窺えるのは、倭建命が故郷を思いつつ死んでいくという悲劇的な人物造形であろう。先に見た導入部分の説明は悲劇性を助長するものだったが、それは単元末の問いとの関係から生まれたと見ることもできよう。

「悲劇的英雄」に対する認識のズレ

さらに、明治・古B316のように英雄とすることも併せて見ておきたい。その梗概以外にも、たとえば桐原・古B325、古B327の説明には、「古代英雄物語という文学的側面も少なくない」とあり、教出古B307・古B309のシラバスでも、「倭建命の人物像を読み取り、古代人の描いた英雄像について考える」ことを目標の一つとしている。

倭建命を英雄として見る時、想起されるのは昭和二十年代に議論された英雄時代の問題である。その先駆的業績に挙げられるのは、高木市之助である。(14) それは倭建命に関する本格的な文学研究の始まりとも言えるが、西洋で十八、九世紀にかけて流行した浪漫主義思想を支える「人間性としての浪漫性」を、日本文学の中に見出そうとし、そこで取り上げられたのが『古事記』の倭建命であった。高木は「廣義の浪漫精神が普遍的な人間性に根ざしている」とした上で、その人間性が倭建命にはあると述べる。また、倭建命の物語から受け取れるのは「感情・憧憬・悲劇」であり、それらを総合したところに浪漫精神があるとした。つまり、倭建命を「廣義の浪漫精神の、日本文学に於ける一つの起源、或は原初的状態」として捉え、その倭建命を〈英雄〉としたのである。この〈英雄〉という見方については、後に石母田正が高木の指摘を継いで浪漫的英雄と称していったが(15)、次に載せる一文は倭建命に対して用いられる〈英雄〉の意味を知る上で参考となろう。

作者は天皇から、すなわち国土の天皇統治という政治的理念から尊《みこと》を解放することによって、あるいは尊を天皇とその世界に対立させることによって、英雄としての日本武尊の物語の世界が、新しい広い展望をもってひらけてくることをしっていた。

徳光久也は、英雄時代論に関わる先行研究を詳細にまとめていき、英雄時代論を「古事記という、この古代デスポティズムの定本から、その「対置された英雄性」を発掘し、読み取ってゆく」ことにあると意義づけたが(16)、そこでも倭建命は、「天皇に忌み恐れられる、王権対抗者」として捉えられている。研究史の中で言えば、倭建命に用いられる〈英雄〉は王権の外側に位置する者を示す術語であった。

なぜ倭建命が王権の外側に位置するのかについては、たとえば三浦佑之が次のように述べている(17)。

大君の子として誕生するという申し分のない血筋の御子でありながら、父である大君に恐れられ遠ざけられてしまう原因は、ヲウス自身が生まれながらに宿していた暴力性であったわけです。

『古事記』における倭建命が王権に疎外される原因は、兄を殺害するという暴力性にある。倭建命を死に追いやったのは、自分自身の性格にあった。

その疎外という文脈に深く関わってくるのは、東征を命じられた際に倭建命が発した次の科白である。

天皇の既に吾《あれ》を死ねと思ふ所以《ゆゑ》や、何。西の方の悪しき人等《ひとども》を撃ちに遣して、返り参ゐ上り来し間に、未だ幾ばくの時を経ぬに、軍衆《いくさども》を賜はずして、今更に東の方の十二《とをあまりふたつ》の道の悪しき人等を平げに遣しつ。此に因りて思惟《おも》ふに、猶吾を既に死ねと思ほし看《め》すぞ。

(『古事記　新編日本古典文学全集1』)

右に挙げた科白は、教出・古B307、古B309と明治・古B316を除いた六冊の教科書が載せており、教出の二冊が導入にてその内容に触れているが、その科白の中心は傍線部分にある。景行天皇は、兄を殺すほどである倭建命の性格に対して、「御子の建《たけ》く荒き情《こころ》を惶《おそ》りて」との感情を抱き、それゆえ追放することとなる。先に挙げた倭建命の科白は、そうした天皇の考えを察するという「運命の自覚」(18)を語るのである。そして、疎まれながらも東征を果たしていくところに悲劇性は見出される。

しかしながら、兄殺しという疎外のきっかけに触れるのは、教出・古B307、古B309のみである。「天皇の既に吾を死ねと思ふ」ことの正否は、「御子の建く荒き情を惶りて」に関わる説明がなければ判断できない。まして、そこに「運命の自覚」を読み取ることは不可能である。つまり、過半数の教科書の中では、倭建命を不条理に派遣されていく人物として捉えていくことになる。「運命の自覚」を語る科白は、単に不条理を嘆くものへと変化していく。さらに、科白自体を省く明治・古B316では、そうした不条理な状況すらも嘆かないという、全く異なる人物像を作り上げることになる。

以上の構成は、王権から疎外されていく悲劇とは異なる悲劇を語り出す。その上で倭建命を英雄として位置づけていくとすれば、かつて論じられてきた〈英雄〉と意味することは異なると言うべきだろう。教科書における《英雄》倭建命は、王権に対置する人物ではなく、不条理な状況に晒されながらも命令に忠実に従い、果てには故郷を思いつつ死んでいくという点で悲劇的な人物なのである。

④ 教科書が生み出す新たな倭建命

本単元を扱う際に、読み取るべき内容は倭建命の人物像、歌謡に表れた心情である。そのような授業内容についての目標は、各教科書会社のシラバスに単元目標として掲載されている。

東書　古Ｂ301

上代の文学を読み、古人の心情や考え方を知ろう。

東書　古Ｂ302

上代の文学を読み、古代の人々の心情や考え方について理解する。

本文の叙述をふまえた話し合いを通して、倭建命の人物像やこの話を伝承した古代の人々の意図を理解する。

三省堂　古Ｂ306

登場人物の心情を理解するとともに、独特の文体や古代歌謡を読み味わう。

話の内容を理解するとともに、独特の文体や古代歌謡を読み味わおうとする。文章を通して、倭建の人物像を読み取る。

教出　古Ｂ307・古Ｂ309

『古事記』を読み、独特の文体を読み味わうとともに、人間や社会・自然などに対する思いや考え方を知る。

倭建命の人物像を読み取り、古代人の描いた英雄像について考える。

明治　古B316
古代の英雄像をとらえ、古代人の豊かな想像力を読み味わう。
筑摩　古B320
伝承文学の持つ古代的精神に触れると共に、現代にも通じる人間のあり方を考える。
桐原　古B325・古B327
歴史物語・古代の伝承を読んで、登場人物の行動や心理を話の展開に即して読み取る。また、上代特有の表現や「古事記」の文学史的位置づけについて理解する。

単元目標の中で、右のように「古代」「古代人」とされることに注目したい。教出・古B307、古B309の「思い」、「考え方」については、主格を欠くものの、「古代人の」と見て間違いあるまい。よって『古事記』における倭建命の心情は、古代人の想像や心情といった精神性へとスライドされることになる。倭建命という《英雄》は、列島全体を覆う古代人たちの所産として普遍化されるのである。教科書の中で『古事記』は「伝承」という単元で扱われるが、古代人のものという把握を可能にするのは、その単元名に他ならない。また古代人の「伝承」ということから、『古事記』の文章は、美しい韻律のある〈独特な〉文体として〈味わう〉べきものへと位置づけられていく。古代人のオーラルな語りという点で評価されるものだと言ってよい。そのため、倭建命の人物像を読むことは、古代人の描いた英雄像を読むことと等しい営みとして扱われていくのである。

そのようにして捉えられた倭建命は、『古事記』とは少なからず距離があると言える。紙面上の制約もあり、その物語を過不足なく伝えるのは難しく、結果としてダイジェストとなってしまうのは避けられない。また、教材化の際には情報の取捨選択や説明の言葉も新たに加えられていく。そうした教材としての『古事記』を読むことは、必ずしも本来の『古事記』を読むことと一致するものではない。それが「伝承」という単元に置かれることで、教科書を読むことと古代人の思想を読むことが結びつけられていくのである。

古代人の伝承を文字化したという把握の上で、倭建命は《英雄》として位置づけられる。教科書の中の倭建命は、不条理ながらも天皇の命に忠実に従い、最後は故郷を思う歌を詠いながら死を迎える悲劇的な人物として語られる。それは、かつて見出された王権に対置する〈英雄〉ではなく、教科書の中で再構成された《英雄》像である。そうした《英雄》像が教科書を媒介に、『古事記』を越えて古代人の描いた普遍的な《英雄》として享受されることになる。教科書の『古事記』を読む時、そこでは新たな《英雄》としての倭建命が生み出されていくのである。

最後に、今後の課題に触れた上で本稿を閉じることにしたい。述べてきたように、「古典B」の教科書で掲載される『古事記』倭建命は、その説明にステレオタイプな見方のされている部分がいくつかある。また、その取り上げ方も『古事記』本来の文脈と必ずしも一致するものではない。教材化とはそうした性格を持つのであり、論者自身、調査の中で気付かされることが多かった。「古典B」の教科書で半分程が倭建命を教材として取り上げられている。そのことを踏まえれば、今後の課題として、どのように扱うことが適当なのか、また、その教材化の方法自体が妥当であるかを考える必要があるのではないかと思われる。

【注】

1　三浦佑之「国定教科書と神話」『古事記を読む』（吉川弘文館・二〇〇八）。

2　学習指導要領の引用は、文部科学省のホームページによる。http://www.mext.go.jp/

3　諸注釈の出版社並びに刊行年は次の通りである。

・荻原浅男・鴻巣隼雄『古事記　日本古典文学全集1』（小学館・一九七三）。

・西宮一民『古事記　新潮日本古典集成』（新潮社・一九七九）。

・次田真幸『古事記（中）全訳注』（講談社・一九八〇）。

・青木和夫ほか『古事記　日本思想大系1』（岩波書店・一九八二）。
・尾畑喜一郎編『古事記事典』（おうふう・一九八八）。
・池澤夏樹『古事記　日本文学全集01』（河出書房・二〇一四）。
4　西宮一民『古事記　修訂版』（桜楓社・一九八六）。
5　西郷信綱「ヤマトタケルの物語」『古事記研究』（未来社・一九七三）。
6　阪下圭八「古事記の中巻」『古事記の語り口　起源・命名・神話』（笠間書院・二〇〇二）。
7　日本国語大辞典第二版編集委員会・小学館国語辞典編集部編『日本国語大辞典　第二版　第九巻』（小学館・二〇〇一）。
8　伝承文学について、『広辞苑　第六版』（岩波書店・二〇〇八）を引いてみると、「口承文学に同じ」と説明される。その口承文学は「記載文学の発生以前、口承によって語りつぎ歌いつがれてきた文学」と定義しており、具体的には「神話・伝説・説話・昔話・民謡あるいは語り物など」を指すとされている。一方で、『伝承文学資料集成』（三弥井書店・一九九九）に挙げられているのは、「聖徳太子伝記」「神道縁起物語」など中世、近世ごろの作品が中心となっている。また、「説話・伝承学会」で対象とされている作品は多岐にわたるが、そこで『古事記』が積極的に取り上げられているというわけではない。
9　各教科書会社のシラバスについては、それぞれのホームページからの引用である。
東京書籍　http://www.tokyo-shoseki.co.jp/
三省堂　http://www.sanseido-publ.co.jp/
教育出版　http://www.kyoiku-shuppan.co.jp/index.rbz
明治書院　http://www.meijishoin.co.jp/
筑摩書房　http://www.chikumashobo.co.jp/
桐原書店　http://www.kirihara.co.jp/
10　倉野憲司・武田祐吉『古事記　日本古典文学大系』（岩波書店・一九八二）。
11　山口佳紀・神野志隆光『古事記　新編日本古典文学全集』（小学館・一九九七）。
12　亀井孝「古事記はよめるか」『古事記大成　言語文字篇』（平凡社・一九五七）。

13　注11に同じ。
14　高木市之助『吉野の鮎』（岩波書店・一九四一）。
15　石母田正「古代貴族の英雄時代―『古事記』の一考察―」『神話と文学』（岩波書店・二〇〇〇）。
16　徳光久也『古事記研究史』（笠間書院・一九七七）。
17　三浦佑之『古事記講義』（文藝春秋・二〇〇七）。
18　注12に同じ。

付記　本文の引用は、山口佳紀・神野志隆光『古事記　新編日本古典文学全集』（小学館・一九九七年）によった。
　また、教科書の引用にあたり、一部省略したところがある。

V

こう教えたい『万葉集』

――新たな教材の提案

■ 梶川信行

はじめに――教材の提案

「各教科書にはこんなに問題がある」でも指摘したように、従来の教科書は総じて、戦前の学説である四期区分説（35頁参照）に基づくものである。ところがその実態は、和歌の伝統を反映した〈秀歌選のパッチワーク〉にほかならない。アララギ派の影響も強い。そうした教科書の『万葉集』に対して、どのような形の教材が提案できるか。学習指導要領の趣旨を活かしつつ、その一例として、「国語総合」（必修）と「古典B」（選択）の教材を示すことにしたい。

とは言え、これはあくまでも方向性を示したものに過ぎず、教材化する歌については、さらに検討の余地があると考えている。また脚注は、教科書の難易度やスペースを配慮し、適宜取捨選択することを想定している。

1 音読する『万葉集』——「国語総合」

【教材のねらい】

当然のことだが、万葉歌は韻文である。リズム感が大切であることは、言を俟たない。しかも、これは和歌というジャンルの入門教材である。文学史的な知識や文法事項に関する学習は、上級学年で履修する「古典B」などに譲り、まずはリズム感豊かな歌々を音読・朗誦することを学習の中心としたい。

高等学校学習指導要領でも、「文章を読み深めるため、音読や朗読などを取り入れること」とされている。音読・朗誦を通して、韻文の心地よさをぜひ体感させたい。また、言葉遊び的な世界に親しむことによって、『万葉集』の短歌は決して堅苦しい世界ではないということも印象づけたいと思う。

そのため教材には、同音をリズミカルに反復する歌、同語を反復する歌など、音読・朗誦に適したものを選んでいる。旋頭歌一首を例外として、短歌ばかりを教材としたのは、長歌は一気に音読するには長過ぎるからである。また、長歌は叙述性が豊かな分だけ、意味を取ることに力を注がなければならない。初年次における音読を中心とした学習には、短詩型の方がふさわしいと考え、あえて長歌を入れなかった。

いずれも平易な歌なので、現代語訳はほとんど不要であろう。歴史的背景や文法等の説明は最小限に留め、繰り返し音読・朗誦することを通して、自然に意味がわかって来ることを促したい。また、序詞の効果や鳥の鳴き声の聞きなしのおもしろさなどを体験させることで、生徒たちが言葉の不思議さと豊かさに気づくことも、学習の目標としたいと思う。

あえて東歌を二首選んだが、それらは聞こえて来た音が自然に言葉に転換されて生まれて来たような歌々だからである。自然の中の音が具体的な言葉に転換されて行くおもしろさを味わってほしい。また、庶民の生活の中にも、豊かな音の世界が広がっていて、それが歌という形で掬い取られたという事実を知る機会ともしたい。

なお、本教材は「和歌」の単元として、『古今和歌集』と『新古今和歌集』を同時に学ぶことは想定していない。三大歌風などといった高度な文学史的知識は、上級学年で履修する選択科目に譲り、初学の高校生が和歌に親しむことを最優先する。比較的平易な万葉歌は、それに適した教材であると考えられる。

【教材】

天皇の吉野宮に幸《みゆき》しし時の御製歌

A淑《よ》き人の　良しと吉《よ》く見て
好しと言ひし　芳野吉く見よ
良き人よく見つ　（巻一・二七）

大伴郎女《いらつめ》の和《こた》ふる歌

B来むと云《い》ふも　来ぬ時あるを
来じと云ふを　来むとは待たじ
来じと云ふものを　（巻四・五二七）

大伴宿禰《すくね》家持の秋の歌

C秋の野に　咲ける秋萩
秋風に　なびける上に　秋の露置けり　（巻八・一五九七）

吉野宮　奈良県吉野郡吉野町に置かれた離宮。大海人皇子はここで挙兵し、壬申の乱に勝って天武天皇となった。

秋萩　秋の景物の代表。『万葉集』でもっとも多くの歌に詠まれた植物である。

強語り　嫌がるのに無理やり聞かせること。教訓を含む昔語りか。

大宝元年　西暦七〇一年。この紀伊国行幸のことは、『続日本紀』にも見える。和歌山県南部、白浜町の湯崎温泉がその目的地。

太上天皇　譲位した後の天皇の称号。これは持統である。

巨勢山　奈良県御所市（ごせし）古瀬。持統天皇が藤原京から紀伊国へと向かう際、ここを通った。

天皇《すめらみこと》、志斐嫗《しひのおみな》に賜はる御歌

D否《いな》と云へど　強ふる志斐《しひ》のが　強語《しひがた》り
この頃聞かずて　朕《あれ》恋ひにけり　（巻三・二三六）

大宝元年辛丑《しんちう》の秋九月、太上天皇の紀伊国に幸しし時の歌

E巨勢《こせ》山の　つらつら椿
つらつらに　見つつ偲はな
巨勢の春野を　（巻一・五四）

右の一首、坂門人足《さかとのひとたり》

長忌寸意吉麻呂《ながのいみきおきまろ》の詔に応へたる歌

F大宮の　内まで聞こゆ
網引《あび》すと　網子《あご》整ふる　海人《あま》の呼び声　（巻三・二三八）

山上臣憶良、秋の野の花を詠む歌

G萩の花　尾花葛《くず》花　撫子《なでしこ》が花
女郎花《をみなへし》　また藤袴　あさがほの花　（巻八・一五三八）

東歌

H多摩川に　晒《さら》す手作り
さらさらに　何そこの子の　ここだ愛《かな》しき　（巻十四・三三七三）

I鳥とふ　大をそ鳥の
まさでにも　来まさぬ君を　子ろ来《く》とそ鳴く　（巻十四・三五二一）

重阪峠（へいさかとうげ）という低い峠を越える道だが、巨勢という地名には、「越せ」の意が暗示されている。

つらつら椿　つくづくとの意の「つらつらに」を呼び起こすための表現で、並び連なる椿の意か。花の時期ではない。

詔に応へたる歌　天皇のご下命に応じて作った歌の意。

網子　網を引く人。漁民。

萩の花　以下、秋の七草を詠んでいる。五七七・五七七という形の旋頭歌である。

あさがほ　現在の何にあたるか諸説がある。キキョウであろう。

多摩川　東京都の西部を流れ、東京湾に注ぐ川。

手作り　手作りの布の意。古代の武蔵国多摩郡は調（税の一種。特産物）として布を献上した。

ここだ　こんなにもはなはだしく、の意。

愛し　自分の力ではとても及ばないと感じる切なさを言う。恋か肉親の死か、原因は別として、胸が痛くなるような状態。

大をそ鳥　大変なあわて者の鳥の意。「をそ」は軽率なこと。

まさでに　確かに、はっきりとの意。

子ろ来　鳥の鳴き声をコロクと聞きなし、それを「子ろ来」（あの子

Jくへ越しに　麦食《は》む子馬《こま》の
はつはつに　相見《あひ》し子らし　あやに愛《かな》しも
（巻十四・三五三七）

くへ　柵、垣根の東国語。
はつはつ　馬が麦を嚙む音を、ほんのわずかの意の副詞に転換している。

が来る）の意と捉えた。

【テキスト】
多田一臣訳注『万葉集全解』全七巻・筑摩書房・二〇〇九～二〇一〇年。ただし、原文を活かすために、適宜表記を改めたところもある。

【学習の手引き】
一、教材とされた歌々を、句切れ等に注意しながら音読し、それぞれの調べを味わおう。
二、それぞれの歌の調べがどのような働きをしているか、考えてみよう。
三、鳥の鳴き声を「子ろ来」と聞きなしているが、日常生活の中で何かの音が言葉のように聞こえる体験を話し合ってみよう。

【作者】
A**天皇**　これは天武天皇である。在位は六七三年～六八六年。
B**大伴郎女**　一般に大伴坂上郎女と称される。万葉の歌人として知られる大伴旅人の妹で、家持の叔母。女性の中では、『万葉集』にもっとも多くの歌が採られている。
C**大伴宿禰家持**　一般に『万葉集』の編者とされる。延暦四年（七八五）没。六十八歳か。当該歌は天平十五年（七四三）八月作。若い頃の歌である。

D天皇　これは持統天皇。天武天皇の皇后で、夫の死後即位。在位は六九〇年~六九七年。

D志斐嫗　伝未詳。持統の乳母か。「志斐の」は親愛の気持ちを込めた呼び方。

E坂門人足　伝未詳。

F長忌寸意吉麻呂　伝未詳。忌寸は渡来系氏族に与えられる姓《かばね》。宴席における即興の歌を得意とした。

G山上臣憶良　遣唐少録として大宝二年（七〇二）に渡唐。後年、筑前守として、大宰府で大伴旅人と交流を持つ。天平五年（七三三）、七十四歳で没か。

【解説】

『万葉集』では題詞に歌数を記すことが一般的だが、教材化するにあたって、形式の統一性を図るために、それを省略した。また歌は、音数律が目に見えるように、句ごとにスペースを入れ、意味のまとまりなどが明確になるように、適宜改行して提示した。その多くはいわゆる句切れだが、そこで息継ぎをすると意味がよくわかるものも見られる。いずれにせよ、五・七のリズムが基本であることが理解できよう。学習指導要領も音読・暗唱を求めているが、まずはそれを参考にして、音読することを促したい。

A「淑き人の　良しと吉く見て」の歌には左注があり、『日本書紀』を引用しつつ、天武八年（六七九）五月の吉野行幸における天皇の歌と位置づけている。その吉野行幸では、皇位継承の争いが起きないようにと、天皇と皇后の前で、有力な六皇子が盟約を行なった。

ヨシ（ヨキ・ヨク）という語を句頭に繰り返し用いるレトリックは、我が国最初の歌論書『歌経標式』で「聚蝶《しゅうちょう》」と呼ばれ、「雅体」の一つとされたものである。重要な政治的イベントの意義が、このようなリズミカルな歌とともに語り伝えられていたのであろう。盟約を行なった吉野を、しかと記憶に留めさせようという歌である。また、文字で記録するにあたって、その漢字表記に変化がつけられた点にも注意を向けたい。

因みに、同じ語の繰り返しは、『古今和歌集』の仮名序に「三十字あまり一文字」のはじめとされる、スサノヲの歌にも見られる。

八雲立つ　出雲八重垣　妻籠《ご》みに　八重垣作る　その八重垣を

という古事記歌謡である。もちろん、これを神代の歌と見ることはできないが、同音・同語の繰り返しによってリズム感を生成することは、歌というものの根源的な姿なのかも知れない。

B「来むと云ふも　来ぬ時あるを」の歌は、藤原麻呂が大伴坂上郎女に贈った三首に対して、坂上郎女が和した四首のうちの一首。この歌も「淑き人の」と同じく、「聚蝶」の例である。『万葉集』の贈答歌の女歌は、男の歌の言葉尻を捉え、しっぺ返しのような形で斬り返したり、男の不実を詰《なじ》ったりするものが多い。これも、なかなか訪ねてくれない男を遣り込めるような一首だが、「聚蝶」というレトリックが生むリズム感のお蔭もあって、決して陰湿な感じを受けない。その知的な斬り返しの巧みさを味わいたい。

C「秋の野に　咲ける秋萩」の歌も、「聚蝶」的な技巧を凝らした一首である。「秋」を四回繰り返しているが、季節の到来を詠んでいるように見えて、実は同じ言葉を詠み込むこと自体を目的とした歌なのであろう。歌を言葉遊びの具としている点に注意を向けたい。家持にとって歌を詠むことは、心情表現の具であるとともに、知的な遊びでもあったのだ。

同音の繰り返しは、さまざまな形でなされている。D「否と云へど」の歌の場合、「強ふる志斐のが　強語り」のシの音と、「この頃聞かずて　朕恋ひにけり」のコの音の繰り返しがリズム感を作っている。その軽快なリズムによって、乳母の「強語り」を懐かしむ気持ちを伝えているが、「朕」という表記には、記録した人の敬意が現れているのであろう。これには志斐嫗が言い返す歌があり、二人の深い信頼関係を窺わせる。

E「巨勢山の　つらつら椿」の歌は大宝元年（七〇一）、持統天皇の晩年に行なわれた紀伊国行幸の際の一首。花のない九月に、一面に花の咲いた状態を想像した歌である。『万葉集』では、地名を詠む場合、「明石（赤し）」「明日香（明日）」「筑紫（尽くし）」などのように、掛詞的に同音を利用して、イメージを広げることが多い。紀伊国への道では、「真土山《まつち》」（和歌山県橋本市真土）でも「待つ」ことがうたわれているが、「巨勢（越せ）」もその一例である。心はずむようなリズム感とともに、そうしたレトリックにも注目させたい一首である。

F「大宮の　内まで聞こゆ」は応詔歌である。一般に、文武天皇三年（六九九）の難波宮行幸の時の歌だとされる。難波宮は、現在の大阪市中央区に史跡公園として保存されている。かつては海に近かったと推定されているが、現在では埋め立てが進み、大都市の中の史跡となっている。

ここでは「網引すと　網子整ふる　海人の呼び声」と、ア音の繰り返しがリズムを作っているが、いくら海に近いとは言っても、「海人の呼び声」が「大宮」の内にまで聞こえて来たとは考えにくい。応詔歌なので、海人たちが心を一つにして労働に勤《いそ》しんでいることをうたうことで、太平の世を称えたものか。

G「萩の花」の歌は、おそらく宴席歌であろう。五七七・五七七という旋頭歌だが、秋の七草をすべて詠み込むために、あえて六句体を選択したのであろう。ハナが脚韻のような働きをしている点にも注意を向けたい。

「萩の花」や「尾花」は、秋の代表的景物として多くの歌に詠まれている。季節感は日本文化の根幹と言ってもよいが、奈良時代にはすでに、四季を代表する植物や動物が、歌の素材として定着していたことに気づかせたい。また、春の七草にも、それを覚えるための歌があるが、この歌を暗唱することを通して、秋の七草もしっかり頭に入るものと思われる。

H「多摩川に　晒す手作り」の歌は東歌の一首だが、これについては現在も、その声調のすばらしさを称える評が多い。したがって、教科書の定番教材となっている。初句と第二句は序詞で、「さらさらに」を導き出す。川の流れの音の擬声語を、さらにさらにと思いが募って行く様子の擬態語へと転換し、恋歌とされているのだ。序詞は単に心情表現を導き出すためだけにあるのではない。むしろ、どんな景から心情表現を導き出すか。その転換の巧みさこそが、作者の機智の輝きなのである。

I「烏とふ　大をそ鳥の」という歌は、烏の鳴き声を「子ろ来」と聞きなし、そんな鳴き方をする烏を、大あわて者だと腐《くさ》したところにおもしろ味がある。「子ろ来」を掛詞と見てもよいが、自然の中の音が言葉のように聞こえて来ることは、現代人の日常でもよくあることではないか。それを天から降りて来た言葉のように、歌の表現として転換したところに、一首の妙味がある。発展的学習として、何かの音を言葉のように聞きなした経験を、短歌の形にしてみるのもおもしろい。

J「くへ越しに」の歌も、東歌の一首。子馬が柵越しに首を伸ばして、麦の穂を食べようとしているが、辛うじて届いて、それを嚙む音がハツハツと聞こえる。そのハツハツを、ほんのちょっと見かけた状態を表わす副詞に転換している。そんな娘なのに、恋しくて仕方がないという一首。若い男の歌であろうが、東国の農村風景から生まれた牧歌的な歌である。また、聞こえて来た音が発想の契機となり、一首が生まれている点にも注意を向けたい。

以上は、一首一首を音読しつつ、生徒たちに万葉歌独特のリズム感や語感を体感させることを第一の目的とした授業を展開するための教材である。

2 東アジアの中の『万葉集』――「古典B」

【教材のねらい】

『万葉集』の生まれた奈良時代は、東アジアの中で漢字・漢文が国際共通語の役割を果たしていた。当時の日本ではまだ仮名が成立していなかったこともあって、『万葉集』もすべて漢字で書かれている。そこには、外国の文字を使用して日本の歌を表記するために、さまざまな工夫がなされている。

作者名や作歌事情などを記す題詞と左注は、漢文体を基本としている。一方、歌の表記には「咲花」「春苑」など現代でも普通に用いる正訓字も用いられたが、「和何則能尔《わがそのに》　宇米能波奈知流《うめのはなちる》」などと、すべて一字一音の仮名書きにした巻もある。いわゆる万葉仮名である。こうした表記のありようは、現代で言えば、題詞・左注は英語で書かれ、仮名書きの歌はローマ字表記のようなものだと言ってもよい。このように、すべて漢字で書かれているという事実も、『万葉集』が東アジアの中の文学として生まれた、ということを示している。

高等学校学習指導要領では、「国語総合」の「内容の取扱い」の中で「広い視野から国際理解を深め、日本人としての自覚」を持つことが求められている。また「古典」の「内容の取扱い」には、「中国など外国の文化との関係について理解を深めるのに役立つこと」とも見える。『万葉集』が東アジアにおける漢字文化圏の中の文学として生まれたという事実を学ぶことは、そうした趣旨にも適うものであろう。

八世紀の東アジアにおけるグローバル化によって育まれた文化の一つとして『万葉集』を学べるように、遣唐使・遣新羅使など国際交流に関わる歌々、渡来系氏族の作者の歌々などによって、全体を構成した。また、短歌ばかりでなく、長歌と旋頭歌が存在することも、『万葉集』の大きな特色の一つである。そこで教材には、長歌一首と旋頭歌一首を加えた。さらには、奈良時代には宴席が社交の場であり、歌文化を育んだ重要な場であったことも学習できるように配慮している。平安朝以後の和歌史の中で評価されて来た著名歌人たちの歌々によって構成される従来の教科書とは異なり、奈良時代における広範な歌文化の広がりを知ることができるように、無名の人々の歌を含めた点も、本教材の特色である。

【教材】

大宰少弐小野老朝臣《をののおゆのあそみ》の歌

Aあをによし　寧楽《なら》の京《みやこ》は
咲く花の　にほふがごとく　今盛りなり　（巻三・三二八）

梅花の歌

B我が園に　梅の花散る
ひさかたの　天《あめ》より雪の　流れ来るかも　主人　（巻五・八二二）

天平勝宝二年三月一日の暮に、春の苑《その》の桃李の花を眺矚《なが》めて作れる歌

C春の苑《その》　くれなゐにほふ
桃の花　下照る道に　出《い》で立つをとめ　（巻十九・四一三九）

鳥を詠める

D春霞　流るるなへに
青柳の　枝くひ持ちて　うぐひす鳴くも　（巻十・一八二一）

湯原王《ゆはらのおほきみ》の七夕の歌

E牽牛《ひこぼし》の　念《おも》ひますらむ　情《こころ》より
見る吾《われ》苦し
夜の更《ふ》け行けば　（巻八・一五四四）

額田王《ぬかたのおほきみ》の歌

F熟田津《にきたつ》に　船乗りせむと　月待てば

あをによし寧楽　奈良時代の「あをによし」の用例は、平城京を称える働きを持つ。「寧楽」も奈良を美化する表記。

にほふ　奈良時代には、赤く色づくこと、美しい色彩に輝く様子を意味した。

梅花の歌　天平二年（七三〇）正月、大宰府長官の邸宅で催された宴席での歌。この宴には、大宰府と九州各国の官人三十二人が集まり、それぞれ梅の歌を一首ずつ詠んだ。

ひさかたの　「天」を導き出す枕詞。

天平勝宝二年　西暦七五〇年。この題詞には作者名がないが、『万葉集』巻十九で作者を記さない歌は、すべて大伴家持の作。当時、家持は越中国（現富山県）の国守で、従五位下。

苑　広大な庭園を言う。「園」よりも広い。

くれなゐ　紅色。クレ（呉）・アヰの約で、渡来した藍の意。

春霞流るる　漢語「流霞」の訓読とされる。『懐風藻』の漢詩（八一）にも「流霞酒処に泛（うか）び」と見える。

なへ　〜するとともに、の意。

見る　地上から天の川を仰ぎ見ている。

潮も適《かな》ひぬ
今は漕《こ》ぎ出《い》でな　（巻一・八）

天平五年癸酉《きいう》、遣唐使の船の難波を発ちて海に入りし時に、親母の子
に贈れる歌

G秋萩を　妻問ふ鹿《か》こそ　一人子に　子持てりと言へ
鹿子《かこ》じもの　吾が独《ひと》り子の　草枕　旅にし行けば
竹珠《たかだま》を　繁《しじ》に貫き垂れ　斎瓮《いはひべ》に　木綿《ゆふ》取り垂《し》でて
斎《いは》ひつつ　吾が思ふ吾が子　ま幸《さき》くありこそ　（巻九・一七九〇）

反歌

H旅人の　宿りせむ野に　霜降らば
吾が子羽ぐくめ
天の鶴群《たづむ》ら　（巻九・一七九一）

山上臣憶良の大唐にありし時に、本郷を憶《おも》ひて作れる歌

Iいざ子ども　早く日本《やまと》へ
大伴の　御津《みつ》の浜松　待ち恋ひぬらむ　（巻一・六三）

肥前国松浦郡の狛嶋《こましま》の亭《とまり》に船泊まりせし夜に、遥かに海の浪を望み、
各旅の心を慟《いた》めて作れる歌

J帰り来て　見むと思ひし
我が屋前《やど》の　秋萩薄《すすき》　散りにけむかも　（巻十五・三六八一）

熟田津　愛媛県松山市付近にあった港。穏やかな干潟を意味する地名。斉明天皇七年（六六一）正月に寄港した。

遣唐使の船　天平五年（七三三）の遣唐使については、『続日本紀』に「遣唐の四船、難波津より進み発つ」と見える。この時の大使は多治比広成（たぢひのひろなり）。同七年三月に帰国の報告をしている。

鹿子じ　「じ」は体言に接して、～らしいさま、の意。

竹珠を　以下の四句は、神祭りを行なう際の飾りつけ。

斎ひ　無事を祈って精進潔斎すること。

日本　大宝元年（七〇一）に制定された大宝律令によって、正式な国号となった。

大伴の御津　大阪府堺市堺区付近の港か。遣唐使船の帰港地。

狛嶋の亭　現在の佐賀県唐津市の神集島（かしわじま）とする説が有力。

我が屋前　ヤドには家の意もあるが、家のある辺りの意で、ここは庭を指す。

右の一首は、秦田麻呂《はたのたまろ》

天平二年庚午《かうご》、勅《みことのり》して擢《てき》駿《しゅん》馬《め》使《し》大伴道足《みちたり》宿禰を遣はしし時の歌

K奥山の　磐《いは》に苔生《む》し
恐《かしこ》くも　問ひ賜ふかも
念《おも》ひあへなくに
（巻六・九六二）

右は、勅使大伴道足宿禰を帥《そち》の家に饗す。この日に、会集《つど》へる衆諸《もろびと》、駅使《はゆまづか》ひ葛井連広成《ふじゐのむらじひろなり》を相誘ひて、「歌詞を作るべし」と言ふ。すなはち、広成声に応へて、すなはちこの歌を吟《うた》へり。

旋頭歌

L高麗錦《こまにしき》　紐の片方《かたへ》そ　床《とこ》に落ちにける
明日の夜し　来《こ》むと言ひせば　取り置きて待たむ
（巻十一・二三五六）

【テキスト】

多田一臣訳注『万葉集全解』全七巻・筑摩書房・二〇〇九～二〇一〇年。ただし、原文を活かすために、適宜表記を改めたところもある。

【学習の手引き】

一、教材とされた歌々を、改行に注意しつつ音読してみよう。

二、右の中には、別の形に改行することが可能な歌もある。改行の仕方を変えた場合、歌の意味がどう変わるかを

奥山の磐に苔生し　「恐し」を導き出す序詞。

帥の家　帥は、大宰府の長官。その邸宅。

高麗錦　高句麗様式の布。この歌は、五七七・五七七という形の旋頭歌である。歌謡的な性格の濃い歌体とされる。

考えてみよう。

三、『万葉集』の歌人としては、一般にどのような人が知られているか。図書館などで調べてみよう。

【作者】

A **小野老朝臣**　大宰府の長官だった大伴旅人の部下。天平九年（七三七）没。姓《かばね》を下にする形は、敬称法。大宰少弐は大宰府の官人で、従五位下相当。

B **主人**　宴のホスト役を言う。ここは大宰府長官の大伴旅人。当時は正三位。家持の父。天平三年（七三一）没。六十七歳。『懐風藻』に漢詩が一首見える。

C **大伴家持**　延暦四年（七八五）没。六十八歳か。一般に『万葉集』の編者とされる。

E **湯原王**　天智天皇（六二六～六七一）の孫だが、伝未詳。『万葉集』に短歌一九首。

F **額田王**　生没年未詳。父は鏡王。天武天皇の最初の妃で、十市皇女《とをちのひめみこ》を生む。天智朝（六六七～六七一）に宮廷歌人的な活躍をするが、この時は斉明女帝（五九四～六六一）の側近だったと見られる。

I **山上臣憶良**　遣唐少録として大宝二年（七〇二）に渡唐。帰国の年は不明。後年、筑前守として、大宰府で大伴旅人と交流を持つ。天平五年（七三三）没か。七十四歳。

J **秦田麻呂**　伝未詳。天平八年（七三六）に派遣された遣新羅使の一員。

K **大伴道足宿禰**　大伴旅人の弟。この時擢駿馬使（駿馬を選抜するために派遣された使者）。当時、正四位上。天平十三年（七四一）没。この時は客人なので、道足宿禰と敬称法にされている。

K **葛井連広成**　生没年未詳。百済系渡来氏族の人。当時は正六位上。式部省の秀才の試験に合格して官人となり、遣新羅使などを歴任。『懐風藻』に漢詩二首も見える。

【解説】

『万葉集』では題詞に歌数を記すことが一般的だが、教材化するにあたって、形式の統一性を図るために、それを省略した。また歌は、音数律が目に見えるように、句ごとにスペースを入れ、意味のまとまりなどが明確になるように、適宜改行して提示した。その多くはいわゆる句切れだが、そこで息継ぎをすると意味がよくわかるものも見られる。いずれにせよ、五・七のリズムが基本であることが理解できよう。学習指導要領も音読・暗唱を求めているが、まずはそれを参考にして、音読することを促したい。

平城京は、『万葉集』のもっとも中心的な舞台だが、碁盤の目のような条坊制の都である。東アジアにおける国際標準に基づいて計画された都市であった。『万葉集』は、そうした都市を母胎として生まれた作品集である。A「あをによし　寧楽の京は」の歌は、大宰府における望郷歌だが、この時代の律令官人たちにとって平城京はどのようなものであったのか、最初にその点を確認させたい。

平城京の官人たちの多くは地方に派遣され、中央集権的な国家体制を支えていた。中でも大宰府は、九州全体を統括する行政府だったばかりでなく、東アジアの国々への国際的な玄関口でもあった。そこはあたかも明治時代の横浜のような土地であって、先進的な外来の文化が花開いた。大宰府の長官であった大伴旅人の邸宅で、天平二年（七三〇）正月に催された梅花宴は、まさにその精華とも言うべき催しであった。

ウメは呉音メに基づく語で、外来の植物。今ならばカタカナ語のようなものである。平城京の貴族たちは、自分の家の庭にこぞって梅を植えた。それがステイタス・シンボルだったと言ってもよい。またその序文には、王羲之《おうぎし》の「蘭亭序」など、漢籍の影響が指摘されている。B「我が園に　梅の花散る」という一首にも、そのホスト役を務めた旅人の矜持が窺われる。

国守として越中に赴任した大伴家持も、外来の文化に憧れた一人であった。漢籍を手本として、「桃李」を一対としてうたう歌をなしたが、C「春の苑　くれなゐにほふ」という歌はそのうちの一首。古来秀歌とされて来たものである。正倉院所蔵の鳥毛立女屏風《とりげりゅうじょのびょうぶ》が有名だが、この歌はシルクロード全域に広がる樹下美人図をイメージしている。都から遠く離れた越中にあっても、家持は国際都市とも言うべき平城京の文化を強く意識していたのだ。

この歌には「吾が園の　李《すもも》の花か」（巻十九・四一四〇）という歌が続いている。「くれなゐにほふ」大きな「春の苑」と、白いスモモの花の咲く小さな「吾が園」が対にされている。家持は「苑」と「園」を書き分けているが、当該歌は大きな庭園が見事に「くれなゐにほふ」状態であることをイメージしているのであろう。

鳥を詠む歌にも、外来の文化の影響が見られる。D「春霞　流るるなへに」の歌は、「流霞」という漢語を利用しつつ、「咋鳥文《さくちょうもん》」という図柄の影響の下に生まれたものである。生命の樹の枝、瑞草、宝珠、綬等を咥《くわ》えて飛ぶ鳥の姿は、西域の文様である。唐を通じて日本に伝わったものだが、遣渤海使などによっても日本にもたらされたとされる。この文様は、正倉院の御物に多く見られる。金器、銀器、衣服の文様として、奈良時代に広く流行していたことが窺われる。とは言え、「青柳の枝」を「くひ持ちて」いては、鶯は鳴くことができない。しかし、事実に基づいてうたうことよりも、そうした図柄を歌にすることの方が重要だったのであろう。

日本で、七夕の行事がいつ頃から行なわれるようになったのかは不明だが、天平期の平城京で行なわれていたことは確実である。七夕に限らず、白馬《あおうま》の節会や上巳《じょうし》の宴など、平城京で大陸由来のさまざまな行事が行なわれていたが、それは『万葉集』からも知ることができる。

E「牽牛の」という歌は、七夕の夜の空を眺めつつ詠んだ歌。一年に一度の逢瀬なので、牽牛と織女が無事に逢えたのかどうかを心配している。その日は、天の川が見えなかったのかも知れない。いずれにせよ、七夕の宴における作であろう。

額田王の歌からは、直截的に国際交流に関わる歌々である。F「熟田津に　船乗りせむと」は、従来の教科書でもしばしば取り上げられて来た一首。斉明天皇の七年（六六一）、百済の滅亡を受けて、朝鮮半島に派兵する途中、伊予の熟田津で作られたものである。最良の船出を言挙げした歌だが、その後、唐・新羅の連合軍と交戦し、日本は敗戦の憂き目を見た。やがて高句麗も滅ぼされ、新羅が半島を統一したが、半島情勢は『万葉集』の形成にもさまざまな影響を与えていたのである。

G・H「秋萩を　妻問ふ鹿こそ」という長歌とその反歌は、息子が遣唐使の一員として派遣された母親の作である。遣唐使関係の公式的な歌には、神々の加護によって無事帰還することを言挙げしたものも見られるが、そうした歌よりも、ひたすら我が子の無事を願う母親の歌の方が切実である。これは、夜の鶴は子を思って鳴くという漢籍（『白氏文集』）を踏まえた歌だとされる。遣唐使に選ばれた息子はまさにエリートだが、その母親もなかなかの教養の持ち主だったのであろう。

I「いざ子ども　早く日本へ」は、大宝二年（七〇二）に渡唐した遣唐使の一員だった山上憶良が、帰国の際に「大唐」でなした一首とされる。「いざ子ども」と一同に呼びかけている点からしても、宴席歌であったと考えられる。『万葉集』中、海外で詠まれた唯一の歌だが、無事の帰還を願う歌である。日本という国号は、大宝律令によって正式に定められたが、憶良はヤマトを「日本」と表記している。そこには、日出る国の遣唐使の一員としての憶良の矜持が示されている。

遣新羅使歌は『万葉集』に一四五首収録されているが、その中には渡来系氏族の人の歌も含まれている。J「帰り来て　見むと思ひし」とうたった秦氏の田麻呂もその一人であった。秦氏は秦の始皇帝の末裔と称していたが、実際には朝鮮半島の出身であったとする見方が有力である。彼らは通訳などとして活躍したのであろう。

『万葉集』巻十五に収録された遣新羅使歌群には、残された妻たちと、秋には帰ると約束して出発したということが、繰り返しうたわれている。その約束が果たせず、往路の肥前国で秋を代表する草花のハギとススキが散ってしまったことを嘆く歌である。

秦氏に限らず、外交の場面ではしばしば、渡来系の人たちが活躍していた。そして、彼らも歌の場を成り立たせた一員であったことは特筆されてよい。周知のように、日本の古代国家の形成にあたっては、中国大陸や朝鮮半島から多くのことを学び、それを日本風にアレンジしたが、ヤマトウタの世界も、この列島の中だけで純粋培養されたものではなかったのだ。

K「奥山の　磐に苔生し」の作者葛井連広成はまさに、歌の場の中心にあった渡来系氏族の人である。葛井連氏は百済系。現在の大阪府藤井寺市と羽曳野市の一部を本拠地とし、先進の学問を伝えた家柄であった。広成も式部省の秀才の試験に合格し、官人に登用されたが、『懐風藻』には漢詩二首も見られる知識人である。「私なんぞに歌を求められるとは、恐れ多いことです」と謙譲しつつ、即座にそれを短歌定型にし、挨拶の歌として披露したところが、広成の機智である。

L「高麗錦　紐の片方そ」は、名もない庶民の娘の旋頭歌。高麗錦は高句麗風の錦の意だが、その紐がお洒落アイテムの一つとして、平城京の庶民の間にも流通していたことが窺われる。ここでは、それが恋の駆け引きに使われている。女は、毎日でも来てほしいが、男はなかなか来てくれない。床に落ちた高麗錦の紐を拾い上げた女は、チャンスと見て、勝負に出た。明日来てくれるなら、返してあげる、と。その目の輝きが見えるような一首である。

このように、奈良時代の平城京や大宰府は国際的な文化の花開いた世界であり、渡来系氏族の人たちもさまざまな場面で活躍していた。『万葉集』は、そうした環境の中で、漢籍の影響をも受けつつ形成された東アジアの中の文学だったのである。

【参考文献】

研究の進展を踏まえるとともに、入手が困難なものを避ける意味でも、比較的新しいものを中心に選んだ。

▼注釈書

『萬葉集〈新編日本古典文学全集〉』全四巻　小島憲之ほか校注・訳　小学館・一九九四～一九九六

『萬葉集全歌講義』全十巻　阿蘇瑞枝　笠間書院・二〇〇六～二〇一五

『万葉集全解』全七巻　多田一臣訳注　筑摩書房・二〇〇九～二〇一〇

▼解説書

『東アジア万葉新風景』東茂美　西日本新聞社・二〇〇〇

『万葉びとの生活空間　歌・庭園・くらし』上野誠　塙書房・二〇〇〇

『万葉集の発明　国民国家と文化装置としての古典』品田悦一　新曜社・二〇〇一

『短歌学入門　万葉集から始まる〈短歌革新〉の歴史』辰巳正明　笠間書院・二〇〇五

『木簡から探る和歌の起源』犬飼隆　笠間書院・二〇〇八

『額田王　熟田津に船乗りせむと〔日本評伝選〕』梶川信行　ミネルヴァ書房・二〇〇九

『万葉集を訓んだ人々「万葉文化学」のこころみ』城﨑陽子　新典社・二〇一〇

『古語の謎』白石良夫　中央公論社・二〇一〇

『音感万葉集』近藤信義　塙書房・二〇一〇

『万葉集鑑賞事典』神野志隆光編　講談社・二〇一〇

『山上憶良〔コレクション日本歌人選〕』辰巳正明　笠間書院・二〇一一

『残したい日本語』森朝男・古橋信孝　青灯社・二〇一一

『額田王と初期万葉歌人〔コレクション日本歌人選〕』梶川信行　笠間書院・二〇一二

『東歌・防人歌〔コレクション日本歌人選〕』近藤信義　笠間書院・二〇一二

『万葉集の春夏秋冬　古代の暦で楽しむ』東茂美　笠間書院・二〇一三

『万葉集をどう読むか　「歌」の発見と漢字世界』神野志隆光　東京大学出版会・二〇一三
『大伴家持』鉄野昌弘　創元社・二〇一三
『万葉集と日本人　読み継がれる千二百年の歴史』小川靖彦　角川書店・二〇一四
『万葉語誌』多田一臣編　筑摩書房・二〇一四
『『古事記』と『万葉集』』多田一臣　放送大学教育振興会・二〇一五

あとがき

今日、少子化などを原因として、大手の大学が定員の削減を求められていることもあって、若手の研究者が育ちにくくなっています。とりわけ人文系の学会は、未曽有の危機を迎えております。そうした中、上代文学会では、危機を打開するためのさまざまな方策を打ち出して来ましたが、本書の企画もその打開策の一つとして始まりました。若い人たちに上代の文学に興味を持ってもらうためには、まずは国語の教科書からということで、いろいろと問題のある教科書の『万葉集』について、総合的に検討し、シリーズ「上代文学会研究叢書」の一冊として刊行しようというものでした。

ところが、この企画の出版をお引き受け下さった笠間書院から、できるだけ多くの読者の手に届く形にすべきであるというご意見をいただき、研究書ではなく、一般書の形で刊行されることになりました。出版人としての高い見識の後押しによって、こうした形で本書が世に出ることは、学界にとってのみならず、教育界にとっても裨益するところが多いものと思われます。本書の刊行を強力にお進め下さった笠間書院の皆様に、心から敬意を表したいと思います。とりわけ、入念な編集作業など実務的な面で支えて下さった重光徹氏には、感謝の言葉もありません。また、編者の微意を受けとめ、貴重な原稿をお寄せ下さった執筆者の方々にも、篤くお礼を申し上げます。

本書が多くの方々の手に届き、旧態依然とした国語教科書の『万葉集』が、未来を拓く教材へと変わって行く契機になればと願ってやみません。

編者

万葉集歌索引

執筆者一覧（執筆順）

多田一臣（ただ・かずおみ）二松学舎大学特別招聘教授・東京大学名誉教授

著書『万葉集全解 1 ～ 7』（筑摩書房・2009 ～ 2010）、『古代文学の世界像』（岩波書店・2013）など。

菊川恵三（きくかわ・けいぞう）和歌山大学教育学部教授

論文「新学習指導要領の〔伝統的な言語文化〕と古典教育」（『日本語学』28 巻 3 号・2009）、「夢歌からみた巻十一・十二―人麻呂歌集・出典不明歌・巻四―」（『萬葉集研究』34 集・塙書房・2013）など。

城﨑陽子（しろさき・ようこ）國學院大學兼任講師

著書『近世国学と万葉集研究』（おうふう・2009）、『万葉集編纂構想論』（共著・笠間書院・2014）など。

永吉寛行（ながよし・ひろゆき）神奈川県立上溝南高等学校教頭

著書『新精選古典文法』（共著・東京書籍・2013）、論文「教室で文学作品を扱うということ―高等学校の現場から」（『日本語学』32 巻 4 号・2013）など。

野口恵子（のぐち・けいこ）日本大学法学部准教授

論文「漂流する「女歌」―大伴坂上郎女論のために―」（『天平万葉論』翰林書房・2003）、「記紀歌謡と万葉集を読む」（『日本古典文学』弘文堂・2015）など。

佐藤織衣（さとう・おりえ）青山学院大学大学院文学研究科博士後期課程

鈴木雅裕（すずき・まさひろ）日本大学大学院文学研究科博士後期課程

論文「高等学校「国語」教科書における『古事記』の位置―明治書院「古典 B」を中心に―」（『日本大学大学院国文学専攻論集』11 号・2014）、「『古事記』中巻の展開―「神話的叙述」による意味の生成―」(『語文』151 輯・2015) など。

佐藤　愛（さとう・あい）日本大学高等学校非常勤講師

論文「高等学校『国語総合』における三大集の採択状況」（共著・『日本大学大学院国文学専攻論集』11 号・2014）。

品田悦一（しなだ・よしかず）東京大学大学院総合文化研究科教授

著書『斎藤茂吉』（ミネルヴァ書房・2010）、『斎藤茂吉 異形の短歌』（新潮社・2014）など。

吉村　誠（よしむら・まこと）山口大学教育学部教授

著書『大伴家持と奈良朝和歌』（おうふう・2001）、論文「研究の現状と教材化―『万葉集』山部赤人「不盡山」歌を通して―」（『山口大学教育学部論叢』第 64 巻第 3 部・2015）など。

おかしいぞ！ 国語教科書

古すぎる万葉集の読み方

編者

梶川信行

（かじかわ・のぶゆき）

日本大学文理学部教授。博士（文学）。上代文学会代表理事（2015・2016年度）。〔主要著書〕『万葉史の論　山部赤人』（翰林書房・1997、上代文学会賞）、『額田王　熟田津に船乗りせむと』（ミネルヴァ書房・2006）、『額田王と初期万葉歌人〔コレクション日本歌人選〕』（笠間書院・2012）、『万葉集の読み方　天平の宴席歌』（翰林書房・2013）など。

監修

上代文学会

平成28（2016）年11月30日　初版第1刷発行

ISBN978-4-305-70815-1　C0037

発行者

池田圭子

発行所

〒101-0064　東京都千代田区猿楽町2-2-3

笠間書院

電話 03-3295-1331　Fax 03-3294-0996

web ://http://kasamashoin.jp/　mail:info@kasamashoin.co.jp

装丁　笠間書院装幀室／組版　ステラ／印刷・製本　モリモト印刷